中國佛教典籍選刊

# 三論玄義校釋

〔隋〕吉藏著
韓廷傑校釋

圖書在版編目(CIP)數據

三論玄義校釋/(隋)吉藏著;韓廷傑校釋. —北京:中華書局,1987.8(2025.9 重印)
(中國佛教典籍選刊)
ISBN 978-7-101-00154-9

Ⅰ.三… Ⅱ.①吉…②韓… Ⅲ.①三論玄義-注釋 ②三論宗-佛教哲學 Ⅳ.B946.2

中國版本圖書館 CIP 數據核字(2002)第 081200 號

封面設計:周 玉
責任印製:管 斌

中國佛教典籍選刊
三論玄義校釋
〔隋〕吉 藏 著
韓廷傑 校釋
*
中 華 書 局 出 版 發 行
(北京市豐臺區太平橋西里 38 號 100073)
http://www.zhbc.com.cn
E-mail:zhbc@zhbc.com.cn
北京建宏印刷有限公司印刷
*
850×1168 毫米 1/32 · 10¼印張 · 2 插頁 · 162 千字
1987 年 8 月第 1 版 2025 年 9 月第 10 次印刷
印數:21101-22600 冊 定價:60.00 元

ISBN 978-7-101-00154-9

吉藏繪像

〇三論源流系譜

龍樹—伽那提婆—羅睺羅—青目—清辨 智光—地婆伽羅 唐日照—法藏 賢首

伽那提婆—龍智

羅睺羅—堅慧

青目—沙車王子 須利耶蘇摩弟 須利耶跋陀兄—鳩摩羅什

鳩摩羅什—道融 僧叡 曇影 僧肇 僧導 著三論疏 慧觀 道場 道生 道恒 慧嚴 東安 僧標 僧䂮 僧弼 彭城寺 僧苞 祇洹寺 曇鑒 江陵辛寺 慧安 廬山凌雲寺 曇無成 淮南中寺 道溫

僧鐘 僧宗 法瑗 曇濟 僧瑾 道猷 法智 曇諦 僧濟

曇濟—道朗 河西—僧詮 攝山止觀寺

法朗 楊都興皇寺 辨公 長千寺 慧勇 大禪眾寺 慧布 攝山棲霞寺 慧峯—智琨

慧覺 慧日 義褒 慈恩

〇嘉祥吉藏 道莊 慧日 法澄 慧日 羅雲 荊州龍泉 慧哲 襄州龍泉 智炬 眞觀 靈隱—玄鏡

慧朗 慧灌 高麗 智凱 嘉祥 慧振 通泉 法冲 法集 慧嵩 智拔 常濟 慧感 慧頤

福亮—吳智藏 智光 禮光 道慈 靈叡

藥寶—願曉 元興—聖寶 醍醐—延敞—觀理 東南院 隆海 觀賢 法藏

善議—勤操 安澄—實敏—玄叡 西大

法緣—澄心—濟慶—有慶—顯眞—永觀 禪林—珍海

敏覺—明遍—貞敏—貞玄—道寶—信忠

錄自金陵刻經處本三論玄義

# 中國佛教典籍選刊編輯緣起

佛教是世界三大宗教之一，約自東漢明帝時開始傳入中國，但在當時並沒有産生多大影響。到魏晉南北朝時期，佛教和玄學結合起來，有了廣泛而深入的傳播。隋唐時期，中國佛教走上了獨立發展的道路，形成了衆多的宗派，在社會、政治、文化等許多方面特别是哲學思想領域産生了深刻的影響。這時佛教已經中國化，完全具備了中國自己的特點。而且，隨着印度佛教的衰落，中國成了當時世界佛教的中心。宋以後，隨着理學的興起，佛教被宣布爲異端而逐漸走向衰微。但是，佛教的部分理論同時也被理學所吸收，構成了理學思想體系中的有機組成部分。直到近代，佛教的思想影響還在某些著名思想家的身上時有表現。總之，研究中國歷史和哲學史，特别是魏晉南北朝隋唐時期的哲學史，佛教是一項重要内容。佛學作爲一種宗教哲學，在人類的理論思維的歷史上留下了豐富的經驗教訓。因此，應當重視佛學的研究。

佛教典籍有其獨特的術語概念以及細密繁瑣的思辨邏輯，研讀時要克服一些特殊的困難，不少人視爲畏途。解放以後，由於國家出版社基本上没有開展佛教典籍的整理出版工作，因此，對於系統地開展佛學研究來説，急需解決基本資料缺乏的問題。目前對佛學有較深研究的專家、學者，不少人年事已高，如果不抓緊組織他們整理和注釋佛教典籍，將來再開展這項工作就會遇到更多困難，也不利於中青年研究工作者的成長。爲此，我們在廣泛徵求各方面意見的基礎上，初步擬訂了中國佛教典籍選刊（第一輯）的整理出版計劃。其中，有幾部重要的佛教史籍，有中國佛教幾個主要宗派（天台宗、三論宗、唯識宗、華嚴宗、禪宗）的代表性著作，也有少數與中國佛學淵源關係較深的佛教譯籍。所有項目都要選擇較好的版本作爲底本，經過校勘和標點，整理出一個便於研讀的定本。對於其中的佛教哲學著作，還要在此基礎上，充分吸取現有研究成果，寫出深入淺出、簡明扼要的注釋來。

由於整理注釋中國佛教典籍困難較多，我們又缺乏經驗，因此，懇切希望能够得到各方面的大力支持和協助，使這項工作得以順利完成。

中華書局編輯部

一九八二年六月

# 目録

# 序言

## 一、吉藏及其著作

三論玄義的作者吉藏是三論宗的創始人。本姓安，祖籍西域安息，故有「胡吉藏」之稱，其傳記稱「貌像西梵，言實東華」，即外表長得像西域人，說話却完全是漢話。

吉藏的祖先爲了避仇，移居南海，後來遷居金陵（今南京）。吉藏就出生在金陵，生於梁太清三年（五四九）。幼年時期，父親常帶他去見真諦（Paramārtha，四九九——五六九，著名的佛經翻譯家），吉藏這個名字就是真諦給他起的。

吉藏的父親是個虔誠的佛教信徒，後來出家當了和尚，法名道諒。這樣的家庭環境使吉藏的幼小心靈蒙受了佛教的深刻影響。父親常帶他去興皇寺聽法朗（五〇七——五八一）講「三論」，吉藏七歲時即投法朗出家。

續高僧傳卷十一稱吉藏的師傅是道朗，實爲法朗之誤。道朗何許人也？僧傳内不載其名。我們只知道：他曾於玄始十年（四二一）爲涅槃經撰序，又於永和五年（四三七）爲浮陀跋摩翻譯的毘婆沙論證文。由此可見，道朗與吉藏並非同時。而且，世稱河西道朗，與興皇寺毫無關係。可見，吉藏傳中所稱興皇道朗顯然是興皇法朗之誤。

吉藏十四歲時就開始學百論，十九歲時已顯出驚人的記憶力，覆述法朗師的講義，一無所遺。二十一歲時受具足戒，爲他起名的真諦去世，三十三歲時法朗去世。此時吉藏的佛學觀點已趨成熟，聲望日增，深受陳桂陽王伯謀的賞識。此時正值戰亂年代，吉藏與同學數人致力於搜集佛教文疏，並於戰後進行整理。

隋朝取得百越（今浙江、福建一帶）後，吉藏去金陵，東遊吴越（今江浙一帶），然後住會稽（今浙江省紹興縣）秦望山的嘉祥寺約十五年，在此講經説法，聽衆常達千餘人，因此後世人稱他爲嘉祥大師。吉藏在嘉祥寺時曾開講法華經，並著章疏。於開皇十七年（五九七）致書天台宗創始人智顗（五三八——五九七），請講法華，智顗因病未赴，不久逝世。吉藏只好從智顗的弟子灌頂（五六一——六三二）學習天台宗教義。

開皇末年，隋煬帝（六〇五——六一八年在位）爲太子時建四道場：揚州的慧日寺、長安的清禪寺、日嚴寺、香臺寺。隋煬帝即位後，於大業二年（六〇六）吉藏奉命居慧日寺，後移居日嚴寺。三論玄義即居慧日寺時所著，故標題稱「隋慧日道場沙門吉藏奉命撰」。

吉藏對「三論」的注疏是居日嚴寺時完成的。此時他還曾與受齊、陳、周三代尊崇的號稱「三國論師」的僧粲辯論，往復四十餘次，終於取勝，使吉藏的聲望更加提高，人們紛紛向他獻「布施」、「供養」，吉藏用此大興佛教事業，寫兩千部法華，並造二十五尊佛像。

因僧制混亂，唐高祖李淵（六一八——六二六年在位）在長安設立十大德（有「偉大德行」的高僧）統領僧衆，吉藏是其中之一。他在長安先居實際寺和定水寺，後居延興寺，所以他的傳記稱爲唐京師延興寺釋吉藏傳（續高僧傳卷十一）。

吉藏與封建統治階級的顯貴人物結交甚深，臨死前他給唐高祖李淵上了遺表，還給「儲、后、諸王並俱遺啓，累以大法」。他死以後，「東宫以下，諸王公等，並致書慰問，並贈錢帛」。

吉藏於唐武德六年（六二三）七十五歲時逝世。死前著死不怖論，説明人不應怕死，而應怕生，因有生必有死。

吉藏的弟子很多，主要有慧遠、智拔、智凱、智命、碩法師、慧灌等。高麗（今朝鮮）僧慧灌於隋朝入嘉祥寺從吉藏學「三論」，並於公元六二五年到日本，在飛鳥元興寺弘揚「三論」，創立了日本的第一個佛教宗派——三論宗。

吉藏一生致力於弘揚三論宗的佛教思想，講「三論」百餘遍，法華三百餘遍，還講摩訶般若經、大智度論、華嚴經、維摩經各數十遍。現存著作有二十六部，已佚著作十部㊀。

其中二諦章，亦稱二諦義，三卷。無量壽經義疏著於梁太清三年至唐武德六年（五四九——六二三），大品經廣疏著於隋開皇十五年（五九五），維摩經義疏著於隋仁壽四年（六〇四），中論疏著於隋大業中（六〇五——六一八），百論疏和十二門論疏都著於隋大業四年（六〇八），其他著作年代不詳。

---

㊀ 參看湯用彤著隋唐佛教史稿第一二二——一二三頁。

「三論」(中論、十二門論、百論)注疏的完成是他創立三論宗的標誌。三論序疏已分別列於中論疏、十二門論疏和百論疏卷首。

吉藏的三論玄義對三論宗所反對的「外道」及其他佛教派別都進行了批判。它批判的外道包括印度的婆羅門教、耆那教和古印度哲學流派順世論、勝論、數論等，也包括中國的孔子、老子、莊子等。三論玄義批判的佛教內部派別，有屬於小乘佛教的毘曇師、成實師，還有屬於大乘佛教的攝論師、地論師、天臺宗等。這本書涉及面廣，資料豐富，不僅是研究三論宗乃至中國佛教史的重要參考書，也是研究印度佛教史的重要參考書，受到中外佛教學者的共同重視。我國佛教學者進行過講解，但唐宋以來一直沒有注本。日本先後出現過三十幾個注本和兩個日文譯本。

生活於陳、隋動亂年代的吉藏，很注意佛教資料的收集，他的著作有一個顯著特點，正如唐道宣在他的傳記中所說的「注引宏廣」，注重傳承，他曾經說過這樣的話：「學問之體，要須依師承習。」㈠所以他的著作保存了豐富的佛教資料，如他的大乘玄論就保存了有關攝論師、地論師、毘曇師、成實師等學派的重要史料。這些佛教學派曾盛行於南北朝到唐初時期，以後漸次衰微，有關資料絕大部分已經散佚，在吉藏的著作中存有這些學派的資料，不能不說是吉藏對佛學研究的一種貢獻。當然，吉藏的主觀意圖是爲了批判這些學派，以樹立三論宗的絕對權威。吉藏的百論疏引用了僧叡的成實論序，保

㈠ 吉藏著大乘玄論卷三，大正藏卷四五，第三六頁。

存了有關大乘佛教學者馬鳴、龍樹生活年代的珍貴資料。百論疏對提婆破斥的外道，如古印度哲學流派順世論、勝論、數論以及婆羅門教、耆那教等，都有詳盡的論述，保存了有關這些宗派的豐富史料。

## 二、三論宗的傳承體系

三論宗宣揚印度大乘佛教中觀學派的「空」論，不僅一般人難以接受，就是佛教徒也不容易理解，這使三論宗沒有能力與當時存在的天台宗、唯識宗相抗衡。所以，三論宗在中國流傳的時間並不長，約當梁至中唐時期，爲時約二、三百年。三論宗宣揚的「空」論不適合中國的國情，這是它早亡的主要原因。在這方面，三論宗的命運很像玄奘創立的唯識宗。三論宗基本繼承印度的大乘空宗，唯識宗基本繼承印度的大乘有宗，自己的創見不多，不像禪宗那樣具有突出的中國特點，也不像禪宗那樣流傳時間長。正如馬克思所指出的：「理論在一個國家的實現程度，決定於理論滿足這個國家的需要的程度。」㈠

正因爲三論宗基本上繼承了印度大乘佛教中觀學派的哲學思想，所以推中觀學派的創始人龍樹爲它的初祖。龍樹的生活年代約爲公元三世紀，他出生於南印度的一個婆羅門家庭，原爲婆羅門教學

㈠ 黑格爾法哲學批判導言，馬克思恩格斯選集第一卷第一〇頁。

者，後皈依佛教，他知識淵博，「世學藝能，天文地理、圖緯秘讖，及諸道術，無不悉練」㈠。

龍樹的著作很多，號稱「千部論主」，日本的大正藏收有二十多部，我國藏文大藏經收有一百多部，但經學者們研究，很多是僞作，假托龍樹之名，一般認爲，屬龍樹的著作只有十三部㈡：

①中論四卷，姚秦鳩摩羅什譯於弘始十一年(四〇九)；

②十二門論一卷，姚秦鳩摩羅什譯於弘始十一年(四〇九)；

③迴諍論一卷，元魏毘目智仙譯於興和三年(五四一)；

④七十空性論，原來只有藏譯本，近年已由法尊譯爲漢文；

⑤六十頌如理論一卷，現存藏、漢兩個譯本，漢譯本由宋施護譯於景德四年(一〇〇七)；

⑥廣破經廣破論，僅存藏譯本；

⑦大智度論一百卷，姚秦鳩摩羅什譯於弘始四年至七年(四〇二——四〇五)；

⑧十住毘婆沙論十四卷，姚秦鳩摩羅什譯；

⑨大乘二十頌論一卷，宋施護譯於大中祥符元年(一〇〇八)；

⑩因緣心論頌釋一卷，現存藏、漢兩個譯本，漢譯本在敦煌發現；

---

㈠ 姚秦鳩摩羅什譯龍樹菩薩傳，大正藏卷五〇，第一八五頁。

㈡ 見藍吉富著漢譯本中論初探，載於現代佛教學術叢刊第四八卷。

⑪菩提資糧論六卷，隋達摩笈多譯於大業五年（六〇九）；

⑫寶行王正論一卷，現存梵、藏、漢三種版本，漢譯本由陳真諦譯；

⑬龍樹菩薩勸誡王頌一卷，唐義净譯。

十三部中的第九部大乘二十頌論也值得懷疑，因爲這部論中含有「萬法唯心造」的唯識思想，與中觀派觀點相違。據西藏多羅那他的印度佛教史，印度佛教史上有兩個龍樹，除中觀學派的創始人龍樹以外，還有一個龍樹是密教創始人。大乘二十頌論的作者顯然是第二個龍樹。詳見拙文梵本大乘二十頌論研究，載於二〇〇八年度法源雜誌。

提婆是龍樹的著名弟子，亦出身於南印度的婆羅門家庭，以善辯著稱，百論就是他與外道辯論的著述。

提婆以後，印度的大乘空宗分爲兩支：一支是羅睺羅系，另一支是龍友系。龍友系的著名論師有佛護、清辨、月稱等。公元八世紀中葉，清辨系的大乘空宗經寂護傳入我國西藏。

清辨系的智光曾在那爛陀寺和玄奘的老師戒賢辯論。戒賢立三時教：第一時小乘佛教講「有」，第二時中觀學派講「空」，第三時瑜伽行派（大乘有宗）講「中道」。智光也立三時教：第一時小乘佛教講「心境俱有」，第二時瑜伽行派講「境空心有」，第三時中觀學派講「心境俱空」。很顯然，戒賢、清辨的辯論反映空、有兩宗在互爭高低。

智光的大乘空宗思想由華嚴宗繼承。

三論宗繼承的是羅睺羅系的大乘空宗思想。羅睺羅是釋迦牟尼的故鄉迦毘羅衛净德之子。吉藏的中論疏卷三稱：「羅睺羅法師，是龍樹同時人，釋八不，乃作常、樂、我、净四德明之。」㈠吉藏推羅睺羅爲三論宗三祖。

羅睺羅傳給青目(Pingala，音譯賓伽羅，約三世紀人)，他屬婆羅門種姓，曾爲中論頌作注。由青目傳給龜兹莎車王子須利耶蘇摩，然後傳給鳩摩羅什。

鳩摩羅什被三論宗推爲中國初祖，他原籍天竺，生於龜兹(今新疆庫車和沙雅兩縣之間)，是我國地位、影響僅次於玄奘的佛經翻譯家，於公元四〇一年入長安譯經，據費長房的歷代三寶記卷八載，他一生共譯佛教經典九十八部四百二十五卷，其中最主要的是屬於大乘空宗的中論、十二門論、百論、大智度論、摩訶般若波羅蜜經等，難怪僧叡在大品經序中説他是「扇龍樹之遺風，振慧響於此世」㈡。羅什的佛教思想集中表現在鳩摩羅什法師大義中，他基本上繼承了「三論」中「一切皆空」的思想。

羅什的弟子很多，號稱三千，其中最突出的是十哲：僧䂮、僧肇、僧叡、道融、道生、曇影、慧嚴、慧觀、道恒、道標，前八人稱爲「八俊」，僧肇、僧叡、道融、道生稱爲「四聖」。這些人都是「一切皆空」理論的倡導者。

---

㈠ 大正藏卷四二，第四〇頁。

㈡ 大正藏卷五五，第五三頁。

「四聖」中最著名的是僧肇(三八四——四一四),他本是京兆(今陝西省西安市)人,是我國東晉時期最著名的佛學理論家之一,他繼承他的老師鳩摩羅什的衣鉢,大力弘揚「空」論,鳩摩羅什稱贊他是「解空第一」。僧肇的著作並不多,只有不真空論、物不遷論、般若無知論等幾篇論文,被後人收入肇論一書中,他的「不真空」學說爲三論宗的正式成立奠定了理論基礎。所謂「不真空」意思是說:一切事物都是由因緣凑合而形成,所以是不真實的,只能是「空」。

鳩摩羅什和僧肇的「性空」理論主要在中國北方流傳,經過僧朗的努力,才傳入南方。僧朗是法度的弟子。法度是黄龍人,江南人稱燕爲黄龍(即龍城,在今河北省長垣縣南),於齊永元二年(五〇〇)六十四歲時去世。僧朗原爲遼東人,後到江南,住鍾山草堂寺,梁武帝很器重他,於天監十一年(五一二)派僧懷、慧令、智寂、僧詮等十人去跟他學習「空」論。其中最有成績的是僧詮,他住攝山(在今江蘇省江寧縣東北)止觀寺,著有二諦章,已佚。

僧詮的門下有稱爲「四友」的興皇寺法朗、長干寺慧辯、禪衆寺慧勇、棲霞寺慧布。其中最著名的是法朗(五〇七——五八一),本姓周,徐州沛郡沛(在今江蘇省沛縣東)人,梁大通二年(五二八)在青州出家,開始學禪、律、成實、毘曇等,後跟僧詮學中論、十二門論、百論、大智度論及華嚴經、般若經等,陳武帝永定二年(五五八)奉敕入京,住興皇寺,在此弘揚「四論」(三論另加大智度論),聽衆常達千人,其著名弟子稱爲二十五哲,吉藏是其中之一。吉藏的著名弟子是慧遠、碩法師等,慧遠住藍田縣(今陝西省藍田縣西)的悟真寺,常去長安弘法。碩法師著三論遊意義一卷,現存。由碩法師傳給元康，元康著有肇論疏三卷，現存。不久後，三論宗即漸趨衰微。

鳩摩羅什是翻譯「三論」的第一人，而不是在中國弘揚大乘空宗思想的第一人。大乘空宗以般若經爲根本經典，早在漢朝末年（公元二世紀中葉），隨着諸部般若經的譯出，大乘空宗思想逐漸在中國傳播開來。據出三藏記集等佛教經錄的記載，羅什之前翻譯的般若類經典有如下幾部：

①道行經一卷，後漢竺佛朔譯，已佚；

②成具光明定意經一卷，後漢支曜譯；

③般若道行品經十卷，後漢支婁迦讖譯於光和二年（一七九）；

④慧印三昧經一卷，吴支謙譯；

⑤大明度無極經四卷，吴支謙譯；

⑥放光般若經二十卷，西晉無羅叉和竺叔蘭共譯於元康元年（二九一）；

⑦光贊般若經十卷，西晉竺法護譯於太康七年（二八六）；

⑧小品經七卷，西晉竺法護譯，已佚；

⑨摩訶般若波羅密道行經二卷，西晉衛士度譯，已佚；

⑩摩訶鉢羅若波羅蜜經鈔五卷，苻秦曇摩蜱和竺佛念共譯於建元十八年（三八二）。

由於對般若理論的理解不同，在當時出現了六家七宗。南朝宋曇濟曾作六家七宗論，已佚。研究六家七宗學説，主要依據吉藏的中論疏和元康的肇論疏。

①道安的本無宗，「一切諸法，本性空寂，故云本無。」㊀這是說：世間及出世間的萬事萬物，其本性是「空」，所以稱爲「本無」。

②支道林的即色宗，色無自性，即色觀空，正如心經所説的「色即是空」。

③支愍度的心無宗，「心無者，無心於萬物，萬物未嘗無」㊁。「心無」是使心不執著於萬物，萬物不見得是没有。這種思想與般若經的理論明顯相悖，所以吉藏、元康、道壹等都曾對這種思想進行批駁。

④于法開的識含宗，萬事萬物本性空寂，由於衆生的「惑識」而謂之爲有。

⑤道壹（或曇壹）的幻化宗，「世諦之法，皆如幻化……從本以來，未曾有也」㊂。世俗人認爲有的東西，都是虚幻不實的，從根本上來講，從來就是不存在的。

⑥于道邃的緣會宗，「緣會故有，名爲世諦；緣散故即無，稱第一義諦」㊃。這是説：因緣和合，相應的事物即「有」，這就叫做世諦；因緣分散，相應的事物即「無」，這就叫做第一義諦（真諦）。

以上六家再加竺法深、竺法汰開創的本無宗的分派本無異宗即爲六家七宗。其中最主要的是本無宗、即色宗、心無宗。這裏所説的「宗」，只是學派，並非宗派。中國佛教宗派的形成是在隋、唐之際。

般若理論在中國的傳播，爲三論宗的形成奠定了思想基礎，但三論宗的正式形成應當從吉藏算

---

㊀㊁㊂㊃ 吉藏著中論疏卷二，大正藏卷四二，第二九頁。

起，因爲鳩摩羅什把「三論」介紹到中國以後，吉藏進行了注釋，繼承了「三論」的緣起性空論、八不論、二諦論、中道論等，他不僅使「三論」的理論系統化、條理化，而且還對這些理論進行了闡發。

在印度、中國弘揚大乘空宗學説的，除上面提到的一些人以外，還有另外的一些人，這裏不一一列舉。金陵刻經處本的三論玄義卷首附有日本學者製作的三論源流系譜，可供參考。但經我國佛教學者研究，這個系譜中存在一些錯誤。呂澂先生指出：「僧叡一系初傳僧導，再傳曇濟，就不再專講『三論』，而兼宏成實（舊説曇濟得法於道生，傳法於道朗，再傳僧詮，這都錯誤，不可信）。」㊀湯用彤先生的隋唐佛教史稿第一〇八頁都是糾正三論源流系譜中錯誤的，他指出：「至若曇濟，據高僧傳及名僧傳抄知其作有六家七宗論，敍羅什以後談空者之家數，實爲般若性空學者。然其學係得之於什公門下之僧導。導曾作三論義疏，就今所知，乃三論疏之最早者。曇濟爲河東人，年十三出家，住壽陽八公山東寺，爲僧導弟子，至宋大明二年過江駐錫建業之中興寺。其時道生在元嘉十一年早卒於廬山，距曇濟至江南已二十四歲。二人異時異地，曾否謀面，已屬疑問，師資相授，決無其事也。河西道朗如謂爲助曇無讖譯涅槃經之人，則既非曇濟弟子，亦不能爲僧詮之師。」

呂、湯兩位先生的意見是一致的，湯的論證更詳細一些。系譜認爲「曇濟得法於道生，傳法於道朗，再傳僧詮」，這是一種誤傳。

---

㊀ 中國佛學源流略講第三一二頁。

## 三、三論宗的判教主張

鳩摩羅什將「三論」譯成漢文後不久，大般涅槃經也傳入中國，這部經共三十六卷，由北涼曇無讖譯於玄始十年（四二一），後由劉宋慧嚴、慧觀、謝靈運等改訂而成。其内容是表述大乘有宗思想，這就和「三論」宣揚的空宗理論産生矛盾，雙方發生争執，於是鳩摩羅什的弟子慧觀開始判教，這是中國佛教判教之始。慧觀把佛説各經歸納爲二教五時，「二教」即頓教（華嚴經）和漸教。「漸教」又分爲五時：

①三乘别教，爲聲聞乘人講四諦法，爲辟支佛（緣覺乘）講十二因緣，爲大乘人（菩薩乘）講六度；

②三乘通教，即般若經，因爲這部經對聲聞乘、緣覺乘和菩薩乘都可以進行教化；

③抑揚教，即净名、思益等經，因爲這些經抑挫聲聞，贊揚菩薩；

④同歸教，即法華經，因爲這部經將聲聞、緣覺、菩薩三乘，同歸一乘——佛乘，即大乘；

⑤常住教，即涅槃經，因爲這部經主張佛常住於涅槃。

吉藏不同意慧觀的判教主張，認爲「但應立大小二教，不應制於五時」（三論玄義卷上）。在吉藏看來，不管是大乘經，還是小乘經，歸根到底都是爲了顯明佛道，以無所得爲其宗旨，從佛道來講，並無不同。但因衆生的根機不同，所以各類經説教的方式和内容各不相同。基於這種思想，吉藏提出了二藏三輪的判教主張。

「二藏」即聲聞藏（小乘佛教）和菩薩藏（大乘佛教）。大乘教自稱是圓滿無缺的滿字教，貶稱小乘教是半字教。浄名玄論卷七説：「二藏義有三雙：一、聲聞、菩薩藏，此從人立名；二、大乘、小乘藏，從法爲稱；三、半字、滿字，就義爲目。此三猶義一耳。」㈠小乘佛教爲什麽稱爲聲聞藏，而不稱爲緣覺藏呢？大乘佛教爲什麽稱爲菩薩藏，而不稱爲佛藏呢？吉藏的中論疏卷一對這個問題是這樣解釋的：「立二藏名者，此是立教名也。夫立教之意正爲禀教之人，緣覺不禀教，聲聞禀教，故名聲聞藏。菩薩禀教，佛不禀教，故名菩薩藏。」㈡意思是説，「二藏」是根據聽聞教化的人安立的。「緣覺」（Pratyekabuddha，亦稱「獨覺」，音譯辟支佛）佛死以後才出世，並不聽聞佛的説教，只是通過觀悟「十二因緣」而得道，所以不稱爲「緣覺藏」。「聲聞」（śrāvaka）意謂直接聽聞佛的説教而得道者，故以聲聞藏代表小乘佛教。菩薩是候補佛，需要聽從佛的説教，故以菩薩藏代表大乘佛教。佛已達終極圓滿的程度，不需要再聽聞説教，所以不能以佛藏代表大乘佛教。

「二藏」判教論並不是吉藏的發明，是他從菩提流支那裏繼承下來的，吉藏著勝鬘經寶窟卷一：「從菩提留支度後至於即世，分佛教爲半、滿兩宗，亦云聲聞、菩薩二藏。」㈢

㈠ 大正藏卷三八，第九〇〇頁。
㈡ 大正藏卷四二，第一六頁。
㈢ 大正藏卷三七，第六頁。

「三輪」即三轉法輪。「輪」是轉輪聖王（佛教的理想君王）的「輪寶」，「法」即佛法，「法輪」是說佛法像轉輪聖王的「輪寶」一樣，可以摧破衆生的煩惱。「轉法輪」意謂佛的說法。中論疏卷一對「三輪」的解釋如下：「如法華經總序，十方諸佛及釋迦一化，凡有三輪：一、根本法輪，謂一乘教也；二、枝末法輪之教，衆生不堪聞一故，於一佛乘分別說三，三從一起，故稱枝末也；三、攝末歸本，會彼三乘，同歸一極。此之三門，無教不收，無理不攝，如空之含萬像，若海之納百川。」㊀這裏引法華經爲證，十方諸佛及釋迦牟尼的教化，有三轉法輪：第一根本法輪，即佛乘教化，佛說法的根本目的是使衆生成佛，故稱根本法輪；第二、枝末法輪，佛轉根本法輪可以使利根衆生覺悟，但不能使鈍根衆生覺悟，爲了使鈍根衆生逐步覺悟，所以將佛乘分爲三乘——聲聞乘、緣覺乘和菩薩乘。這三乘是由一乘（佛乘，根本）而生起，所以稱爲「枝末」；第三、攝末歸本法輪，將聲聞、緣覺、菩薩三乘（末）同歸一乘——佛乘（本）。這三轉法輪，沒有佛的任何說教不收取在內，沒有任何佛教義理不攝含其中，就像「空」一樣包含萬像，就像大海一樣，容納百川。

吉藏的法華經游意、法華經玄論、法華統略等對「三輪」進行了更詳細的解釋：一、根本法輪，係指華嚴經，只爲菩薩說明一乘因果，這是根本教；二、枝末法輪，認爲對不容易接受佛教義理的鈍根人，不能立刻講華嚴經，要由淺入深逐步講，所以始自阿含經，以至法華經以前諸經，如般若、净名等，

㊀ 大正藏卷四二，第八頁。

都稱爲枝末法輪；　三、攝末歸本法輪，係指法華經。

「三輪」判教也不是吉藏的發明，是從他的老師法朗那裏繼承來的。法朗將全部佛教判爲「三教」：　一、根本教，即華嚴經；　二、方便教，即般若、法華、維摩、思益等經，這些經既講大乘，又講小乘，可以根據對象根機的不同，方便施教；　三、歸宗教，即涅槃經，講各類佛經的最後歸趣是涅槃。

吉藏的「三輪」並不完全等於法朗的「三教」，但大同小異。吉藏繼承了法朗的「三教」，又經過自己的改造，產生了他的「三輪」判教主張。

# 四、三論宗的哲學理論

## （一）一切皆空與八不

三論宗的基本理論之一是「一切皆空」。「空」論並非三論宗獨有，很多佛教派別都講「空」，但對「空」的理解各不相同。

三論宗的「空」是緣起自性空，正如中論觀四諦品所說的：「衆因緣生法，我說即是空。……未曾有一法，不從因緣生；　是故一切法，無不是空者。」①這裏的「法」（Dharma）是指世界上森羅萬象的

① 大正藏卷三〇，第三三頁。

事物。三論宗認爲，客觀世界的一切都是因緣和合的產物，沒有一種事物是不依賴於其他事物而獨立存在的自性，所以都是「空」。

由此可見，三論宗「空」論的建立有兩方面的含義：第一、一切事物的形成都是有條件的；第二、任何事物都不是孤立的存在，事物之間存在普遍的聯繫。三論宗的這種論述，具有樸素的辯證法因素。斯大林說過：「一切以條件、地點和時間爲轉移。」㈠地點和時間也都是條件。所以斯大林這句話的核心內容是說：任何事物的存在都離不開條件。恩格斯說：「辯證法是關於普遍聯繫的科學」㈡，他指出：「當我們深思熟慮地考察自然界或人類歷史或我們自己的精神活動的時候，首先呈現在我們眼前的，是一幅由種種聯繫和相互作用無窮無盡地交織起來的畫面。」㈢

三論宗講「緣生」和「假名」，最終目的是爲了成立「空」論，而表達「空」論最根本的理論基礎是「八不」，即中論開頭的一個偈：「不生亦不滅，不常亦不斷，不一亦不異，不來亦不出。」㈣青目利用問答形式，以穀和芽的比喻，對「八不」進行了通俗解釋：

---

㈠ 論辯證唯物主義和歷史唯物主義，列寧主義問題第六三一頁。
㈡ 自然辯證法，馬克思恩格斯選集第三卷第五二一頁。
㈢ 反杜林論，馬克思恩格斯選集第三卷第六〇頁。
㈣ 大正藏卷三〇，第一頁。

「萬物無生，何以故？世間現見故，世間眼見初穀不生。何以故？離劫初（謂成此世界之初）穀今穀不可得。若離劫初穀有今穀者，則應有生，而實不爾，是故不生。」

問曰：「若不生則應滅？」答曰：「不滅。何以故？世間現見故，世間眼見初穀不滅。若滅，今不應有穀而實有穀，是故不滅。」

問曰：「若不滅則應常？」答曰：「不常。何以故？世間現見故。世間眼見萬物不常。如穀芽時，種則變壞，是故不常。」

問曰：「若不常則應斷？」答曰：「不斷。何以故？世間現見故，世間眼見萬物不斷。如從穀有芽，是故不斷，若斷不應相續。」

問曰：「若爾者萬物是一？」答曰：「不一。何以故？世間現見故。世間眼見萬物不一，如穀不作芽，芽不作穀。若穀作芽，芽作穀者，應是一，而實不爾，是故不一。」

問曰：「若不一，則應異？」答曰：「不異。何以故？世間現見故。世間眼見萬物不異。若異者，何故分別穀芽、穀莖、穀葉，不說樹芽、樹莖、樹葉？是故不異。」

問曰：「若不異，應有來？」答曰：「無來。何以故？世間現見故。世間眼見萬物不來。如穀子中芽無從來。若來者，芽應從餘處來，如鳥棲樹，而實不爾，是故不來。」

問曰：「若不來，應有出？」答曰：「不出。何以故？世間現見故，世間眼見萬物不出。若有

出，應見芽從穀出，如蛇從穴出，而實不爾，是故不出。」㊀

我國三論宗創始人吉藏繼承了龍樹的傳統，繼續弘揚「八不」，認爲「八不」是「衆教之宗歸，羣聖之原本。」㊁這是說：「八不」是佛一切教法的宗旨和最後歸宿，是佛、菩薩等一切佛教「聖人」說教的本源。由此可見，三論宗人對「八不」重視到何等地步。

三論宗認爲，在這「八不」當中，最根本的是「不生」，因爲有生必有滅，無生必無滅，只要「不生」能够成立起來，「不常亦不斷」等也很容易成立起來。基於這種思想，三論宗花費很大的氣力去破「生」。吉藏在他所著的中論疏卷一中宣稱：「以萬法皆是因緣，無有自性。以無自性，是故不生。」㊂由此可見，三論宗所講的「不生」是與上述「緣生無性」論緊密相連的，是「緣生無性」論的進一步引申。

中論對「不生」是這樣解釋的：「諸法不自生，亦不從他生，不共不無因，是故知無生。」㊃這是說：一切事物既不是由自己而生，也不是由其他事物而生，也不是由自己和他物共同而生，也不是由無因而生。由此斷言：沒有生。中論的這一主張還是和「緣生無性」論緊密相連的，因爲一切事物

㊀ 中論卷一觀因緣品，大正藏卷三〇，第二頁。
㊁ 中論疏卷二因緣品，大正藏卷四二，第二〇頁。
㊂ 大正藏卷四二，第六頁。
㊃ 大正藏卷三〇，第二頁。

都是由衆因緣和合而成，所以不是自生；「自」與「他」相待而成立，由「自」而有「他」，由「他」而有「自」，自生不能成立，他生也不能成立；自和他共生也不能成立，正如零加零等於零一樣；無因而生也不能成立，因爲一切事物都是因緣和合而成。中論通過一系列的論述把「生」給否定了，接着又否定滅、常、斷、一、異、來、出。

中論通過這一系列的否定，最後達到「空」的目的。中論觀顛倒品稱：「色、聲、香、味、觸，及法體六種，皆空如炎、夢，如乾闥婆城……猶如幻化人，亦如鏡中像。」㊀色、聲、香、味、觸、法是人的眼、耳、鼻、舌、身、意六種感覺器官所緣的六境或六塵，即客觀世界的萬事萬物。龍樹認爲客觀世界的一切都如陽炎、夢幻、鏡中像一樣，是虛幻不實的，都是乾闥婆城，即海市蜃樓。

龍樹不僅否定客觀世界的一切，就連佛教所講的四聖諦、八正道、十二因緣、涅槃、佛等，他都否定，即使是「空」，他也否定。「大聖説空法，爲離諸見（邪見）故，若復見有空，諸佛所不化。」㊁「大聖」即釋迦牟尼，他所説的「空」是爲了讓人們擺脱各種「邪見」，如果否定了客觀世界，又執著於「空」，像這樣的人，一切佛都不會對他進行教化。看來中論已達三空：我空、法空、空空。「我空」是説沒有永恒不變的靈魂，「法空」是説客觀世界的一切事物都是不存在的，「空空」是説「空」也是不存在的。

---

㊀ 大正藏卷三〇，第三一頁。
㊁ 中論卷二觀行品，大正藏卷三〇，第一八頁。

「三空」論的用意在於破除人們的執著，認爲只要有所執著、有所得、有所追求，都在應破之列，只有無所執著、無所得，沒有任何欲望追求才是「正確」的。

被三論宗推爲二祖的提婆有這樣一個故事：提婆破外道獲勝，有一外道弟子懷恨在心，持刀找到提婆，說：「汝昔曾以智伏吾師，我於今者刀破汝腹。」㈠說完，把提婆的肚子切開，五臟都流撒在地。提婆對這個人不僅不痛恨，反而把自己最心愛的衣鉢贈給他，並勸他趕快逃跑，以免被他的弟子殺害。那個人剛走不久，提婆的弟子們果真趕來，見到師傅這般模樣，失聲痛哭，要追趕那個人。提婆却對弟子們說：「諸法本空，無我我所，無有能害，亦無受者。」㈡說完後就死了。這幾句話是提婆的臨終遺言，是最能代表他思想的話。

「空論」傳入中國以後，吉藏又賦予它新的內容，二諦義卷上稱：「方廣道人，計一切法空，如龜毛、兔角，無因果、君臣、父子、忠孝之道……此人過失極大也。」㈢方廣道人是學習大乘佛教的小乘人，他們所說的「空」就像龜毛、兔角一樣是空無，否認因果、君臣、父子、忠孝之道。……這是極大的錯誤。三論宗的「空」與方廣道人不同，並不是「空無」，而是假有、幻有，它是維護因果、君臣、父子、忠孝

---

㈠ 付法藏因緣傳卷六，大正藏卷五〇，第三一九頁。
㈡ 同上。
㈢ 大正藏卷四五，第八二頁。

之道的。三論宗爲適應當時中國的社會政治形勢，使它的「空論」和中國的封建禮教「三綱」一致起來㊀。

## （二）二諦——俗諦與真諦

三論宗要否定實際存在的客觀世界，不是那麽容易的事情，「空」論是它的理論核心，「二諦」論使它的「空」論更圓融一些。中論觀四諦品稱：「諸佛依二諦，爲衆生説法，一以世俗諦，二第一義諦。若人不能知分别於二諦，則於深佛法，不知真實義。」㊁這是説：所有的佛都依據二諦爲衆生説法，第一依據世俗諦，第二依據第一義諦（真諦）。如果有人不能分别了解這二諦，對於深奥的佛法，就不知道它的真實含義。百論破空品稱：「諸佛説法，常依俗諦、第一義諦，是二皆實，非妄語也。」㊂這是説：所有的佛演説佛法，往往依據俗諦和第一義諦。俗諦對於俗人來説是真實的，第一義諦對於佛教「聖人」（佛、菩薩等）來説是真實的。這二諦都是真實之説，並非虚妄言語。十二門論第八品觀性門品

---

㊀ 三綱，父爲子綱，君爲臣綱，夫爲妻綱。
㊁ 大正藏卷三〇，第三三頁。
㊂ 大正藏卷三〇，第一八一頁。

稱：「若人不知二諦，則不知自利、他利、共利。」㊀「自利」是使自己覺悟，「他利」是使其他人覺悟，「共利」是使自己和其他人都覺悟。佛教認爲，修學佛法，不外是自利、他利、共利這三利。如果一個人不知道二諦，就不知道「三利」。

可見三論對二諦都相當重視，吉藏也不例外，他說：「十方諸佛，常依二諦說法，故衆經莫出二諦。衆經既不出二諦，二諦若明，衆經皆了也。」㊁這是說：東、南、西、北、上、下、東南、東北、西南、西北十方的一切佛，常常依據二諦演說佛法，一切佛經都不出二諦，只要明白了二諦，對一切佛經都可明瞭。因爲一切佛經，不是對衆生說法，就是對羅漢、菩薩等佛教「聖人」說法。對衆生說法，就是俗諦；對佛教「聖人」說法，就是真諦。

真諦又稱爲第一義諦或勝義諦，俗諦又稱爲世諦和世俗諦。關於二諦的理論，並非三論宗獨有，很多佛教派別都講二諦，但對二諦的解釋各不相同。中論觀四諦品對二諦是這樣解釋的：「世俗諦者，一切法性空，而世間顛倒故，生虛妄法，於世間是實；諸賢聖知其顛倒性故，知一切法皆空無生，於聖人是第一義諦。」㊂這是說：世界上的一切事物，本來是空無自性的，而凡人不認識這種「真

㊀ 大正藏卷三〇，第一六五頁。
㊁ 二諦義卷上，大正藏卷四五，第七八頁。
㊂ 大正藏卷三〇，第三二頁。

理」，對世間事物作了虛妄顛倒的認識，認爲世界上的一切事物都是實有的，這就叫做俗諦。佛教「聖人」（佛、菩薩等）把這種顛倒了的認識再顛倒過來，認爲世界上的一切事物都是虛幻不實的，是空無自性的，這種認識就叫做第一義諦。俗諦是對凡人講的，真諦是對佛教「聖人」講的。

吉藏還進一步把二諦區分爲四重，大乘玄論卷一指出：「他（指其他派別）但以有爲世諦，空爲真諦。今明：若有、若空，皆是世諦，非有、非空，始明真諦；三者，空、有爲二，非空、非有爲不二，皆是世諦，非二、非不二，名爲真諦；四者，此三種二諦，皆是教門，說此三門，令悟不三，無所依得，始明爲理。」㈠這是說，其他論師僅僅以「有」爲俗諦，以「空」爲真諦。我現在要說明：不管是「有」還是「空」，都是俗諦，非有、非空才是真諦；第三、空和有是有區別的，非空、非有是沒區別的，都是俗諦，非二、非不二才是真諦；第四、上述三種二諦，都是說教的法門，都是俗諦，通過這樣的說教，使人們領悟上述三種二諦的反面，即非有、非空、非二非不二、非非二非不二、無所依、無所得，才明白什麽是真諦。

第四重二諦的真諦，只能用一系列的否定表達，既不能用語言正面表達，也不能以思慮揣測，動口即錯，動念即乖。所以，大乘玄論卷一又進一步指出：「言亡慮絶爲第一義，即第四重義也。」㈡

俗諦和真諦的關係是怎樣的呢？吉藏的二諦義卷下稱：「俗不定俗，俗名真俗；真不定真，

---

㈠㈡　大正藏卷四五，第一五頁。

真名俗真。」㊀這是説： 俗諦不是由俗諦本身規定的，要以真諦爲其目標，所以稱爲「真俗」； 真諦也不是由真諦自身規定的，要以俗諦爲其階梯，所以稱爲「俗真」。可見真諦和俗諦是相輔相成的。

真諦主要講「空」，俗諦主要講「有」，這就構成一對矛盾。真諦的「空」不是空無，而是無自性；俗諦的「有」不是真有，而是幻有，所以真、俗二諦互相依存、互相聯繫、互相對立。真、俗二諦既是對立的，又是統一的。從這個意義上講，二諦論有樸素的辯證法因素。

### （三）中道實相

三論宗講「八不」和「二諦」，最後都歸結到「中道」。「中道」這個詞也不是三論宗的創造，早在釋迦牟尼時代就提出了「中道」理論。但是，佛教經典中對「中道」的解釋各不相同。

三論中最重要的中論就是以「中」命名的。大乘玄論卷五説：「通論三論，皆得顯中。」㊁中道是三論的中心思想。中論觀四諦品説：「因緣所生法，我説即是空，亦爲是假名，亦是中道義。」㊂在論空、假、中的關係時，最後歸結爲「中道」。對因緣所生法既承認其假名一面，又見到性空一面，即是

---

㊀ 大正藏卷四五，第一一二頁。
㊁ 大正藏卷四五，第七一頁。
㊂ 大正藏卷三〇，第三三頁。

「中道」。「中道」是三論宗的基本理論。

三論宗認爲「不二」是「中道」。大乘玄論卷四説：「二(指有、空)是假名，不二(非有、非空)爲中道，中道即實相。」㈠三論宗認爲「八不」就是「中道」。中論疏卷二説：「八事四對，一一相對，病無不破，義無不顯，即義無不足。但以四對，歷破衆計，歷明中道，于義略圓，故但説八也。」㈡八不完全破除了各種妄念，完全闡明了中道。三論宗認爲，「中道」是世界萬事萬物的真實相狀，所以稱爲「中道實相」。什麽是「實相」呢？大乘玄論卷四解釋説：「虚空非有非無，言語道斷，心行處滅，即是實相。」㈢三論宗所説的「中道實相」就像虚空一樣，既不是「有」，也不是「無」，既不能説，也不能想，是一種極其神祕的東西。

三論宗還把中道區分爲一中、二中、三中、四中。所謂「一中」是説只有中道才是獨一無二的「净道」(解脱之道)；所謂「二中」是指世諦中道、真諦中道；所謂「三中」是指世諦中、真諦中、非真非俗中。不生不滅是世諦中道，非不生非不滅是真諦中道，非生滅非無生滅是二諦合明中道(即非真非俗中)。所謂「四中」就是三論玄義所説的對偏中、盡偏中、絶待中、成假中。對治(破除)斷見(非永

---

㈠ 大正藏卷四五，第六一頁。
㈡ 大正藏卷四二，第二四頁。
㈢ 大正藏卷四五，第六二頁。

恒）、常見（永恒）偏病的中道稱爲對偏中。斷、常偏病被破除後的中道稱爲盡偏中。中與偏相待而成立，因偏而有中，因中而有偏。偏病既除，中亦不留，此時的境界是難以表達的非偏非中，勉强安個名字稱爲「中」，這就是絶待中。有和無是假名，非有非無是中道，但要說明非有非無，必須首先說明有和無，這種成立於有、無假名的中道稱爲成假中。

吉藏還把「八不」、「中道」等概念和佛性聯繫起來。吉藏提出佛性論的根據是中論卷四觀四諦品：「雖復勤精進，修行菩提道，若先非佛性，不應得成佛。」㈠意思是說：雖然一再地勤懇努力修行菩提道（覺悟之道），如果本來就没有佛性，也不會成佛。青目對這個頌是這樣解釋的：「如鐵無金性，雖復鍛煉，終不成金。」㈡吉藏的二諦義卷上稱：「離斷、常二見，行於中道，見於佛性。」㈢吉藏著中論疏卷三解釋說：「中道佛性，不生不滅，不常不斷，即是八不。」㈣在吉藏看來，佛性與八不、中道同義。這是吉藏對中論佛性論的發揮。中論關於佛性論的論述被以後的唯識所繼承，形成五種姓論，認爲無性有情一闡提人不能成佛。

吉藏還進一步把佛性論發展爲「無情有性」論，認爲一切無情識的東西如磚瓦木石等，都有佛性。

---

㈠㈡ 大正藏卷三〇，第三四頁。

㈢ 大正藏卷四五，第六二頁。

㈣ 大正藏卷四二，第三一頁。

大乘玄論卷三稱：「若於無所得（認爲什麼都没有的）人，不但空爲佛性，一切草木並是佛性也。」㊀吉藏的「無情有性」論早於天台宗九祖湛然（七一一——七八二）。

吉藏提出「無情有性」論的根據是大智度論卷三二：「如是一切世間法中，皆有涅槃性。」㊁這是說：人世間的一切東西當中都有涅槃性（佛性）。大智度論卷三四還談到，有的佛能以草木之聲宣揚佛法，有的衆生可以從草木聲音中聽到佛法。這都是對「無情有性」論的表述。

大乘空宗和有宗經典雖然都談到佛性，但重視程度各不相同，空宗經典（如般若經）正面談空，附帶談佛性；有宗經典（如涅槃經）正面談佛性，附帶談空。

我能够編寫此書，首先要向劉峰同志表示衷心感謝，筆者曾在中國佛學院旁聽劉峰同志講三論玄義、中論等，向劉峰同志請教過不少問題，對校釋本書大有裨益。還要感謝日本朋友三枝充悳先生，他惠贈佛教大系第十五卷，讓我看到没有收入大正藏的科注三論玄義和頭書三論玄義，使我的參考書更加完備。還要感謝郭元興同志和方立天同志，郭元興同志通讀一稿，提出很多寶貴的修改意見，方立天同志通讀二稿，對本書最後改稿很有幫助。尤其要感謝編輯嚴健羽同志，他不辭勞苦，熱情地指導

---

㊀ 大正藏卷四五，第四二頁。

㊁ 上海佛學書局影印本，第二四頁。

我進行修改，使得本書能以現在的面貌與讀者見面。

本書最初寫成於二十年前，受當時政治形勢影響，本書序言有些「極左」傾向，趁本次再版之機，作了一些修改，又補充了一些內容，特此說明。由於作者知識淺陋，書中謬誤必定不少，敬請讀者批評指正。

韓廷傑修訂於二〇〇八年十月

# 凡例

一、本書原文以金陵刻經處本爲底本，並據大正藏本和續藏經本校勘。

二、凡改字，均注明理由或依據。

三、如既需校勘，又需注釋，則先校後釋。

四、爲便於讀者理解，每段校釋之後加本段大意，通釋本段全文。

五、三論玄義中所引經文及依據，均注明原文和出處，以便於讀者查對。

六、爲便於讀者了解吉藏的生平，今將續高僧傳卷十一吉藏傳附録於後。

七、因三論玄義論述中論、十二門論、百論的内容，故將三論的序言附録於後，供讀者參考。

八、日本佛學界十分重視三論玄義，注釋書多達三十多種，今選中觀選三論玄義檢幽集自序、如實撰三論玄義誘蒙序、衍如精元撰科注三論玄義序、尊佑撰科注三論玄義自序附録於後，供讀者參考。

# 參考書目

般若經
般若波羅蜜多心經
維摩經
續高僧傳
龍樹菩薩傳
提婆菩薩傳
龍樹：中論
龍樹：十二門論
龍樹：大智度論
提婆：百論
吉藏：中論疏
吉藏：十二門論疏

吉藏：百論疏
吉藏：大乘玄論
吉藏：二諦義
窺基：異部宗輪論述記
印順：中觀今論
印順：性空學探源
印順：中觀論講記
湯用彤：印度哲學史略
湯用彤：漢魏兩晉南北朝佛教史
湯用彤：隋唐佛教史稿
吕澂：印度佛學源流略講
吕澂：中國佛學源流略講
郭朋：隋唐佛教
前田慧雲：三論宗綱要
中觀：三論玄義檢幽集

貞海：三論玄義鈔

尊佑：科注三論玄義

聞澄：三論玄義誘蒙

鳳潭：頭書三論玄義

# 三論玄義卷上〔一〕

隋慧日道場沙門吉藏奉命撰〔二〕

總序宗要〔三〕，開爲二門：一、通序大歸〔四〕，二、別釋衆品〔五〕。初門有二〔六〕：一、破邪〔七〕，二、顯正〔八〕。

## 校釋

〔一〕三論玄義是三論宗的重要論著之一，「三論」卽龍樹的中論（又稱中觀論）、十二門論及其弟子提婆的百論。「玄義」卽深奥玄妙的義理。「三論」中最主要的是中論，所以三論玄義又可以稱爲中論玄義，略稱中論玄。三論宗所依據的經典除這三部論以外，還有龍樹著的大智度論，故三論玄義又可以稱爲四論玄義。

〔二〕慧日道場，位於揚州市。「道場」卽佛教寺院。據佛祖統記卷三九記載，隋煬帝於大業九年（六一三）下令全國寺院一律改名爲「道場」，意謂修行學習佛道的場所。沙門是梵文 śrāmaṇa 音譯沙門那之略稱，原爲反婆羅門教思潮各個派別的出家者的通稱，佛教盛行後專指佛教僧侶。「奉命」指吉藏在慧日寺時奉隋煬帝之命而作。

〔三〕「總序宗要」，卽從總的方面敍述三論的主要宗旨。這三部論都以真、俗二諦爲其宗旨。

〔四〕「通序大歸」，是三論玄義卷上的內容，意謂通盤敍述三論的歸趣。破斥各種錯誤主張以歸正道，卽中道實相。

〔五〕「別釋衆品」，是三論玄義卷下的內容，卽分別解釋「經論相資」（經和論相互資助）等十三個問題。

〔六〕初門，卽「通序大歸」。

〔七〕破邪，卽破斥邪執。「邪執」意爲錯誤主張，係指三論宗所反對的佛教內外各個派別。

〔八〕顯正，卽顯示三論宗初祖龍樹是「正確」的，並闡明三論宗說教的「正確」道理。

【本段大意】從總的方面敍述中論、十二門論、百論的主要宗旨，分爲兩部分：一、破斥各種錯誤主張以歸正道；二、分別解釋「經論相資」等十三個問題。第一部分又分爲兩大節：一、破斥佛教內外的各種錯誤主張；二、顯示三論宗初祖龍樹是「正確」的，並闡明三論宗說教的「正確」道理。

夫適化無方，陶誘非一〔一〕。考聖心以息患爲主〔二〕，統教意以通理爲宗〔三〕。

## 校釋

〔一〕「夫適化無方，陶誘非一。」這反映了大乘佛教和小乘佛教的一場争論，小乘佛教認爲大乘非佛說，是大乘論師的杜撰，理由是大乘經和小乘經有很多不一致的地方。大乘佛教認爲，佛教化衆生要因人、因時、因地而宜，故没有固定不變的方式方法。

〔二〕聖，指釋迦牟尼佛。佛教認爲釋迦牟尼是「聖人」中最「聖」者，故稱「大聖」。「息患」意謂批駁各種錯誤主張，消除其影響。

〔三〕據吉藏著中論疏卷一，這段話原爲吉藏的老師興皇寺法朗所説，文字稍異。法朗曰：「夫適化無方，陶誘非一。考聖心以息病爲主，緣教義以開道爲宗。」（大正藏卷四二，第七頁）開頭引師語，表明有傳承。

【本段大意】大乘佛教認爲，佛説法要根據受教人的不同根機，因人施教，所以對人的陶冶誘導没有固定方式。釋迦牟尼佛的思想，主要是爲了消除别人的「錯誤」見解，其説教以通達教理爲根本宗旨。這也就是上文所説的「一破邪，二顯正」的意思。

但九十六術〔一〕，栖火宅爲淨道〔二〕，五百異部〔三〕，縈見網爲泥洹〔四〕，遂使鹿苑坵墟〔五〕，鷲山荆棘〔六〕，善逝以之流慟〔七〕，薩埵所以大悲〔八〕，四依爲此而興〔九〕，三論由斯而作。但論雖有三，義唯二轍：一曰顯正，二曰破邪。破邪則下拯沈淪，顯正則上弘大法。故振領提綱，理唯斯二也。

## 校釋

〔一〕九十六術，即佛教産生時，在印度與佛教持不同見解的九十六種「外道」。當時有外道六師：

①富蘭那・迦葉(Pūraṇa Kāśyapa)，姓迦葉，從母得名富蘭那。否定因果報應學説，其主張被稱爲「無因無緣論」；②末伽梨・俱舍梨子(Maskāri Gośāliputra)，從母得名俱舍梨子，末伽梨是字，主張諸法自然，没有因果，修行無用，只要經過八百四十萬大劫，不管是有智慧的人，還是愚蠢的人，都可以獲得解脱。其理論自稱爲「正命」(「正確」的生活)，被佛教斥之爲「邪命外道」；③删闍夜・毘羅尼子(Sañjaya Vairaṭiputra)，從母得名毘羅尼子，删闍夜是字。對有無果報等問題持不定説，認爲可能有，也可能無；④阿耆多・翅舍欽婆羅(Ajita Keśakambala)，古印度唯物主義哲學流派順世論的著名論師，認爲世間萬物都是地、水、火、風「四大」構成的，否定鬼神、祭祀、靈魂、業報輪迴等宗教唯心主義理論；⑤迦羅鳩馱・迦旃延(Krakuda Kātyāna)，迦旃延是姓，從母得名迦羅鳩馱。認爲人體是由地、水、火、風、苦、樂、靈魂七種原素構成的，人的死亡是由於七種原素的分離；⑥尼乾陀・若提子(Nirgranta Jñātiputra)，若提子是從母得名，尼乾陀是出家之號。主張通過苦行獲得解脱。每一師各有十五個持不同見解的弟子，共九十人，連同六師共成九十六。每人各創一派，即成「九十六術」。此説據薩婆多毘尼毘婆沙卷五，大般涅槃經卷十載有九十五種外道，大毘婆沙論卷十九等則載有六十二見(見解)。

〔二〕火宅，是一種比喻。佛教認爲，衆生在欲界、色界、無色界不斷輪迴受苦，故把「三界」比喻爲火宅。净道，即涅槃之道。「外道」認爲涅槃不出三界，故稱「九十六術栖火宅爲净道」，佛教認爲涅槃要脱離三界火宅。

〔三〕五百異部，指釋迦牟尼死後佛教分裂出來的五百部派。大智度論卷六三稱：「佛法過五百歲後，各各分別，有五百部。」（大正藏卷二五，第二四二頁）

〔四〕見網，見，此指「邪見」，即所謂不同意佛教觀點的「錯誤」見解。「網」即羅網。佛教認爲，各種邪見猶如羅網，繫縛人身，使之不得解脱。泥洹，是梵文Nirvāṇa的音譯，正譯涅槃，佛教所追求的超脱生死輪迴永斷煩惱的最高解脱境界。佛教各派對涅槃的解釋各不相同。三論宗認爲，認識到了萬事萬物的本性是中道實相，亦即達到涅槃境界。

〔五〕鹿苑，印度佛教「聖地」之一，相傳是釋迦牟尼「成道」後第一次説法的地方。梵文Mṛgadāva的意譯，全稱鹿野苑。或鹿野園，亦稱仙人論處、仙人住處、施鹿園、鹿林等，位於中天竺波羅奈國，現名沙羅那特（Sāranātha），位於聯合邦。

〔六〕鷲山（Gṛdhrakūṭa），印度的佛教「聖地」之一。音譯耆闍崛山，另譯靈鷲、鷲頭、鷲峰等，因此山頭似鷲或多鷲而名。位於古印度摩揭陀國首都王舍城附近，相傳是釋迦牟尼説法華經等大乘經典的地方。

〔七〕善逝（Sugata），釋迦牟尼的十大名號之一。音譯修伽陀，另譯好去或好説，好去意謂到涅槃去，好説意謂善説萬事萬物的真空實相。

〔八〕薩埵，菩提薩埵（Bodhisattva）的略稱，即菩薩。悲（Karuṇā或palideva），常與「慈」連用，給衆生以歡樂稱爲「慈」，拔除衆生的痛苦稱爲「悲」。大乘義章卷十一稱：「慈能與樂，悲能拔

苦。」（大正藏卷四四，第六七八頁）

〔九〕四依，有行四依、法四依、人四依之分。據吉藏著中論序疏，此指人四依，即弘揚佛法所依靠的四種人。人四依又分小乘、大乘兩種，此指大乘佛教的四依。「約大乘望十迴向是一依，初地至七地是二依，八、九地是三依，十地第四依。」（大正藏卷四二，第一頁）

【本段大意】但是，九十六種外道，身居欲界、色界、無色界這三界，就像居住於火宅一樣受苦，他們却認爲是解脱之道。小乘佛教的五百部派，以「邪見」之網，纏繞其身，他們却認爲是涅槃。這就使鹿野苑變成了廢墟，鷲山變成了荆棘林。將達涅槃並善於説法的釋迦牟尼佛也爲之洒淚痛哭，菩薩因而發起拯救衆生的大悲心，四依也由此而興起，龍樹的中論、十二門論及其弟子提婆的百論也因此而創作。論雖然是三部，其義理只有兩個：第一、申明三論宗的「正確」觀點；第二、破除其他各派的「錯誤」見解。破除「邪執」是爲了拯救沈淪於苦海的衆生；申明「正見」是爲了弘揚佛法。所以，提綱挈領地講，三部論的道理只有「破邪」、「顯正」兩個方面。

但邪謬紛綸，難可備序。三論所斥，略辨四宗：一、摧外道〔一〕，二、折毘曇〔二〕，三、排成實〔三〕，四、呵大執〔四〕。

## 校釋

〔一〕外道，佛教稱非佛教派別爲「外道」，自稱爲「內學」。

〔二〕毗曇，是阿毗曇（Abhidnarma）之略，新譯阿毗達磨，意譯對法（對佛說法的解釋）或論。特指小乘佛教說一切有部（Sarvāstivāda，簡稱有部，音譯薩婆多部）諸論，種類繁多。其中有組織的是「一身六足論」，「一身」即迦旃延尼子的發智論，因該論義門完備，猶如人之全身，故稱身論。六足論是：①舍利子的阿毗達磨集異門足論，②大采菽氏的阿毗達磨法蘊足論，③大迦多衍那的阿毗達磨施設足論（無漢譯本），④提婆設摩的識身足論，⑤筏蘇蜜多羅的阿毗達磨品類足論，⑥筏蘇蜜多羅的阿毗達磨界身足論。毗曇主張一切事物實有，和主張「諸法性空」的三論宗觀點相反，所以成爲三論宗批判的主要對象之一。中國南北朝時代出現了專門弘揚毗曇的學者，稱爲毗曇師。

〔三〕成實，即成實論（Satyasidhiśāstra），是小乘佛教經量部所依據的主要經典，「成」爲成就，「實」指四諦。作者是中印度的訶梨跋摩，姚秦鳩摩羅什譯於弘始十三至十四年（四一一——四一二），由其弟子曇晷筆受，曇影整理。成實論的疏釋都已散佚，研究該論的參考書有：淨影寺慧遠的大乘義章和吉藏的大乘玄論、中論疏、十二門論疏和百論疏等。該論主要內容是我空（無我，即無靈魂）、法空（世間萬物非實有），被認爲是從小乘過渡到大乘的一部重要著作。中國南北朝時代到唐代初年曾出現專門弘傳成實論的成實師。

〔四〕大執，指除三論宗之外的其他大乘佛教派別的主張，主要包括攝論師、地論師、天台宗等。

【本段大意】但是，錯誤的見解十分紛雜，很難一一敍述。「三論」破斥的對象，簡略地辨明以下四派：

一、摧滅「外道」，二、折服毘曇，三、排斥成實論，四、呵斥大乘佛教某些派別所「偏執」的觀點。

問：「以何義故，偏斥衆師？」答：「論主究其原〔一〕，盡其理也〔二〕。一源不究，則戲論不滅〔三〕，毫理不盡，則至道不彰。以無源不究，羣異乃息。無理不盡，玄道始通〔四〕。是以斯文偏排衆計。」

校釋

〔一〕論主，指中論和十二門論的作者龍樹。

〔二〕以上兩句，出自僧叡著十二門論序：「論之者，欲以窮其源，盡其理也。」（大正藏卷三十，第一五九頁）

〔三〕戲論，是梵文 Prapañca 的意譯，意謂不符合佛教觀點的「戲謔」之言，中論疏卷一把戲論分爲兩種：「一者愛論，謂於一切法有取着心；二者見論，於一切法作決定解。」（大正藏卷四二，第一二頁）「愛論」是對世間事物有愛欲追求之心。「見論」是對一切事物作絕對肯定的解釋。三論宗的中道實相，只能用一系列的否定表達，所以它反對「於一切法作決定解」。

〔四〕玄道，僧肇著涅槃無名論稱：「玄道在於妙悟，妙悟在於卽真。」（大正藏卷四五，第一五九頁）這是說：玄道在於對義理的深刻領悟，對義理的深刻領悟在於懂得真諦。

【本段大意】問：「爲什麽要對各派論師普遍駁斥呢？」答：「論主龍樹追根溯源，詳盡地闡明本宗之理。

對於本源，只要有一點不追究到底，戲論就不會息滅。本宗義理只要有一絲一毫未講透徹，真理就顯示不出來。所以，對於本源要毫無保留地徹底追究清楚，各種怪異的謬論才能消除。對本宗義理要毫無遺漏地講透徹，深奧玄妙的道理才能通達。所以，這部著作要普遍地排斥各式各樣的錯誤主張。」

問：「既無法不究，無言不盡，應偏排羣異，何故但斥四宗耶？」答：「初一爲外〔一〕，後三爲內，內外並收。毗曇明有〔二〕，成實辨空，空有俱攝。斯二爲小，方等稱大〔三〕，大小該羅。略洗四迷，則紛累都盡耳。」

## 校釋

〔一〕外，即「外道」。

〔二〕「毘曇明有」，以毘曇爲經典的說一切有部教徒，他們所說的「有」是過去、現在、未來三世實有，五位七十五法實有。說一切有部把森羅萬象的事物稱爲「法」(Dharma)。

〔三〕方等，是梵文 Vaipulya 的意譯，「方」爲方正，「等」爲平等，即佛教所說的中道。佛教以方等作爲大乘經典的總稱。

【本段大意】問：「三論宗對本源問題既然沒有不追究到底的，闡明本宗義理，沒有不說透徹的話，就應當普遍排斥各種不同見解，爲什麼只駁斥外道、毘曇、成實、大執這四個派呢？」答：「這四派的第一派是佛教以外的派別，後邊三派（毘曇、成實、大執）是佛教内部派別。只要駁斥這四派，佛教内、外的不同見解都包括在内了。毘曇講『有』，成實講『空』，空、有的邪見都包括在内了。毘曇、成實屬小乘佛教，方等是大乘經典，大乘和小乘都包含其中。提綱絜領地清除這四種迷惑，各種錯誤見解就都可以消除乾净了。」

問：「此之四執〔一〕，優降云何？」答：「外道不達二空〔二〕，橫存人、法〔三〕。毗曇已得無我，而執法有性〔四〕。跋摩具辨二空〔五〕，而照猶未盡〔六〕。大乘乃言究竟，但封執成迷。自淺至深，四宗階級。」

## 校釋

〔一〕執，又云執心，固執事物而不離的妄情，指虚妄不實的見解。此指「偏執」。

〔二〕二空，卽我空、法空。

〔三〕「橫存人、法」，意謂硬説我有、法有，此處係指古印度哲學流派數論和勝論。數論主張二十五諦，其中的「神我諦」就是我有，其餘的二十四諦是法有。勝論主張六句義（範疇），「實句義」包括九類：①地，②水，③火，④風，⑤空，⑥時，⑦方，⑧我，⑨意。第⑧爲「我有」，其餘的是「法有」。

〔四〕「毘曇已得無我，而執法有性。」意謂毘曇已達我空，却錯誤地認爲其他事物現象是實有。說一切有部的毘曇認爲人是由色、受、想、行、識五蘊和合而成，但認爲五蘊是實有的，這就是「執法有性」。五蘊中没有「我」義，故云「無我」。

〔五〕跋摩，成實論的作者訶梨跋摩(Harivarman，意譯師子鎧)之略，中天竺人，屬婆羅門種姓，生活年代約爲釋迦牟尼死後九百年。出家前學數論哲學，出家後向說一切有部論師鳩摩羅多(Kumāralabdha，意譯童受，約三世紀)學發智論，後因不滿意說一切有部學說，下數十年苦功，鑽研經、律、論三藏，後入華氏城，與兼學大乘佛教的大衆部某僧共同研究大乘教義，著成實論發揮空義。後到摩揭陀國，與外道論師辯論獲勝，被奉爲國師。

〔六〕照，意謂智慧。在三論宗看來，成實論的「空」是空無，是小智，這種智慧還不圓滿，還不能徹底消除迷惑，故說「照猶未盡」。三論宗的「空」是無自性的「空」，能够卽空觀有，卽有觀空，吉藏的中論序疏把這種智慧稱爲「曠照」，意爲大智。

【本段大意】問：「外道、毘曇、成實、大執這四種偏邪的主張，優劣高低如何呢？」答：「外道還達不到人、法二空，硬說人有、法有；毘曇已達我空，但主張法有；成實論的作者訶梨跋摩，既辨析我空，又辨析法空，但其智慧還不圓滿，還没有達到事理之至極(究竟)；除三論宗之外的其他大乘佛教派別(如攝論師、地論師、天台宗等)，雖然已經講到成佛的究竟智慧，但由於偏執於本宗之見而成迷惑。這四個派別，自淺至深，分爲四個等級。」

問：「外道邪言，可得稱破，餘爲内教〔一〕，何得亦破？」答：「總談破顯，凡有四門：一、破不收，二、收不破，三、亦破亦收，四、不破不收。言不會道，破而不收；說必契理，收而不破；學教起迷，亦破亦收，破其能迷之情，收取所惑之教；諸法實相〔二〕，言亡慮絶〔三〕，實無可破，亦無可收。泯上三門，歸乎一相〔四〕。照斯四句，破立皎然。」自此以來，總明申破。從此已去，別斥四宗〔五〕。

## 校釋

〔一〕餘，係指毘曇、成實、大執三種邪見。

〔二〕「諸法實相」，是三論宗所說的一切事物的「真實」相狀，宗本義（托名僧肇所作）對「實相」作如下解釋：「本無、實相、法性、性空、緣會，一義耳。何則？一切諸法，緣會而生。緣會而生，則未生無有，緣離則滅。如其真有，有則無滅。以此而推，故知雖今現有，有而性常自空。性常自空，故謂之性空。性空故，故曰法性。法性如是，故曰實相。實相自無，非推之使無，故名本無。」（大正藏卷四五，第一五〇頁）三論宗所說的「實相」是中道，故稱中道實相。

〔三〕「亡」字原作「忘」，據大正藏本改。

〔四〕一相，即「諸法實相」。

〔五〕注文說明文章結構，起承上啓下的作用。

【本段大意】問：「外道所説的錯誤言論可以破斥，其餘的三派（毘曇、成實、大執）都是佛教内部派別，爲什麽也要破斥呢？」答：「從總的方面來談，破邪、顯正共分四類：一、只破斥而不收取；二、只收取而不破斥；三、既要破斥，又要收取；四、既不破斥，又不收取。所説的話根本不符合佛教道理，只能破斥而不收取；如果所説的話肯定符合佛教道理，只能收取而不破斥；在學習佛教的過程中，由於對佛教不理解而産生迷惑，在這種情况下，既要破斥，又要收取，破斥能起迷惑的心情，收取被迷惑的佛教；各類事物的實相，既不能説，又不能想，實在是没有什麽可破斥的，也没有什麽可收取的。把以上四類的前三類消除掉，最後歸於一相，即「諸法實相」。像這樣的四句，破和立的問題就很清楚了。

二。所言摧外道者，夫至妙虚通〔一〕，目之爲道，心遊道外，故名外道。外道多端，略陳其一天竺異執〔二〕，二震旦衆師〔三〕。

## 校釋

〔一〕「至妙虚通」，日本中觀著三論玄義檢幽集解釋如下：「不二之道，無所不遍，是故曰『至』。離六十二見，具足萬德，義爲『妙』。離諸煩惱，本性清浄，故稱『虚通』也。」（大正藏卷七十，第三八九頁）六十二見，是關於外道的六十二種錯誤見解，據長阿含經卷十四梵動經記載，關於過去的見解有十八種：其中主張神我和世界是永恒的有四種，主張神我和世界一部分永恒一部分非永恒的有四種，主張世界有限和無限的有四種，詭辯論的有四種，主張神我和世界無因而存在的有二種。關於未來的有四十四種：其中主張衆生死後還存在意識的有十六種，主張衆生死後不存在意識的有八種，主張衆生死後不是有意識也不是沒意識的有八種，主張衆生死後卽斷滅的有七種，主張當世可得涅槃的有五種。

〔二〕天竺，印度的古名，大唐西域記卷二稱：「天竺之稱，異議糾紛，舊云身毒，或云賢豆，今從正音，宜云印度。」

〔三〕震旦，古代稱中國爲震旦。翻譯名義集卷三稱：「震旦或曰眞丹，或云旃丹。琳法師云：『東方屬震，是日出之方，故云震旦。』華嚴音義翻爲漢地，此不善華言。樓炭經云：『葱河以東，名爲震旦，以日初出，耀於東隅，故得名也。』」（大正藏卷五四，第一〇九八頁）

【本段大意】用以摧伏外道的，是無差别境界的「空」，它是無所不遍的、消除各種錯誤見解、具備各種美德的、消除各種煩腦、本性清净的佛道。其心活動於佛道之外的，叫做外道。外道很多，大概説來有兩種：一、古印度與佛教持不同見解的派别，二、中國各類論師。

總論西域九十六術〔一〕，别序宗要，則四執盛行〔二〕：一計邪因邪果〔三〕，二執無因有果〔四〕，三立有因無果〔五〕，四辨無因無果〔六〕。

## 校釋

〔一〕西域，此指古代印度。

〔二〕「四執盛行」，吉藏的中論疏把「外道」的四種主張分爲兩大類：「總談外道，凡有二計：一、計邪因，二、執無因。言邪因者，略明三種：一者卽一因外道，謂自在天等之一因緣，能生萬類之果；二者宿作外道，謂萬法之果，但由往業，無有現緣；三者現緣外道，謂四大和合，能生外法，男女交會，能生衆生。二者無因外道，謂萬法自然而生，不從因生。」（大正藏卷四二，第七頁）這種分類和三論玄義的「四執」大同小異。

〔三〕「邪因邪果」，卽錯誤之因和錯誤之果，如婆羅門教主張大自在天產生萬物。佛教認爲大自在天不能成爲產生萬物的原因，世間萬物也不是大自在天產生的結果，所以，這種原因和結果都不能成立。

〔四〕「無因有果」，認爲世間萬物自然而有，不存在產生世間萬物的原因。

〔五〕「有因無果」，認爲只有現世，沒有後世，只有現世之因，沒有後世之果。這就是佛教一再批駁的「斷見」。

〔六〕「無因無果」，既否定現世的業（行爲）因，又否定後世的果報。

【本段大意】把古印度的九十六種外道加以總括，分別敍述其主要宗旨，有盛行的四種主張：一、主張邪因和邪果；二、主張無因而有果，只承認世間萬物的存在，不承認產生這些東西的原因；三、只承認現世之因，不承認後世之果；四、既否定現世之因，又否定後世之果。

問：「云何名爲邪因邪果？」答：「有外道云〔一〕：『大自在天能生萬物〔二〕，萬物若滅，還歸本天。故云自在天若瞋，四生皆苦〔三〕，自在若喜，則六道咸樂〔四〕。』然天非物因，物非天果，蓋是邪心所畫，故名邪因邪果。自在既爾，七計例然〔五〕。」難曰：「夫善招樂報，惡感苦果，蓋是交謝之宅，報應之場〔六〕。以不達義理，故生斯謬。又夫人類生人，物類生物。人類生人，則人還似人；物類生物，物還似物。蓋是相生之道也。而謂一天之因，產萬類之報，豈不謬哉？」

## 校釋

〔一〕「有外道」，此係指外道六師之一的迦羅鳩馱・迦旃延。據大般涅槃經卷十九，他曾經說過這樣的話：「一切衆生，悉是自在天之所作，自在天喜，衆生安樂，自在天瞋，衆生苦惱，一切衆生若罪若福，乃是自在之所爲作。」（大正藏卷十二，第四七六頁）

〔二〕大自在天（Maneśvara，音譯摩醯首羅），即婆羅門教大神濕婆（Śiva），略稱爲自在天、自在等。被佛教吸收以後，把他安排在色界之頂，稱爲三千界之主。據吉藏著百論疏卷上，所謂「自在」是說這位大神可以隨意變化自己的身體，可以變得非常大，充滿整個宇宙；又可以變得非常小，接近於無。這就使他能够自由自在地運動，不受任何阻礙。其形相是：八臂、三眼，騎白牛，手持白拂塵，頭戴日月。百論疏卷上稱：「自在天身總有八分：虛空爲頭，日月爲眼，地是身，河海爲尿，山丘爲糞，風爲命，一切火爲熱氣，一切衆生是身内蟲。」（大正藏卷四二，第二四四頁）婆羅門教認爲，大自在天通過自己的苦行創造衆生：下品苦行生腹行蟲，中品苦行生飛鳥，上品苦行生人和天神。所以六道衆生都是自在天所造。

〔三〕四生，即衆生的四種誕生形式：①胎生（或腹生），如人和動物；②卵生，如鳥；③濕生（或稱寒熱和合生、因緣生），如依濕氣而受生的蟲；④化生，無所依托，因業（行爲）力而受生的天神、餓鬼和地獄中的受苦衆生。

〔四〕六道，亦稱六趣：天、人、阿修羅（Asura，古印度神話中的一種惡神）、畜生、餓鬼、地獄。佛教認爲，衆生在没有達到涅槃之前，都要在這六條道路上輪迴受苦，故稱六道。

〔五〕「自在既爾，七計例然。」意思是說，「大自在天能生萬物」論既然是這樣，其他的七種主張也是這樣。中論卷一講有八種生：「有人言萬物從大自在天生，有言從韋紐天生，有言從和合生，有言從時生，有言從世性生，有言從變生，有言從自然生，有言從微塵生。」（大正藏卷三十，第一頁）所謂「七計」是除第一種主張之外的其餘七種主張。韋紐天是婆羅門教的護持神毘濕奴，其形相是：皮膚深藍色，有四隻手，分别拿着法螺、輪寶、仙杖和蓮花，躺在大海裏的一條巨蛇身上，肚臍上長出一朵蓮花，蓮花上坐着婆羅門教的創造神梵天。

〔六〕「交謝之宅，報應之場。」日本證禪著的三論玄義檢幽集卷一對此解釋如下：「謂善惡相交相招，因果互相遷謝，故云『交謝』，此相招相感之道，三界六道依宅處，故喻『宅』。」「六道三乘依住處，

故喻『場』焉矣。」（大正藏卷七十，第二九一頁）

【本段大意】問：「爲什麼叫邪因邪果呢？」答：「有外道說：『大自在天可以產生萬物，萬物若滅，還歸到大自在天之身。所以，自在天若發怒，四生都要受苦，自在天若高興，六道衆生都感到快樂。』但是，大自在天並不是產生萬物的因，世間萬物也不是大自在天所產生的果，這都是由於錯誤之心所籌畫，所以稱爲邪因邪果。」詰難說：「善業招感快樂的果報，惡業招感痛苦的果報。衆生既做善業，又做惡業，使善業和惡業交織在一起，招感果報之後，業力就要謝滅。六道是衆生招感苦、樂果報的住宅，對於聲聞、緣覺、菩薩三乘人來說，六道是獲得苦、樂報應的場所。主張『大自在天能生萬物』論的人們因爲不懂得這種佛教義理，才產生這樣的謬誤。如果『大自在天生萬物』論能夠成立的話，人及物都應當是大自在天所生，人和物都應當像大自在天，恰如子像父一樣。實際上是人生人，物生物。因爲人生人，所以人還像人；因爲物生物，所以物還像物。這是相生的道理。主張大自在天這一個原因產生萬物之果報，豈不是荒謬的嗎？」

問：「云何名爲無因有果？」答：「復有外道〔一〕，窮推萬物，無所由籍，故謂無因，而現覩諸法，當知有果。例如莊周魍魎問影〔二〕，影由形有，形因造化，造化則無所由。本既自有，卽末不因他，是故無因而有果也。」問：「無因、自然〔三〕，此有何異？」答：「無因，據其因無，自然，明乎果有，約義不同，猶是一執。」

## 校釋

〔一〕「復有外道」，係指外道六師之一的末伽梨·俱舍梨子，爲邪命外道領袖。俱舍梨子原爲耆那教徒，與耆那教創始人大雄是同時代人，因主張縱欲與大雄分裂，創立邪命外道，後演變爲耆那教的天衣派（裸體派），與堅持耆那教正統的白衣派相對抗。邪命外道的哲學思想是無因論。

〔二〕「莊周魍魎問影」，見莊子齊物論。

〔三〕「自然」，即自然生。大般涅槃經卷四載納衣梵志對釋迦牟尼云：「瞿曇！如龜陸生自能入水，犢子生已能自飲乳，魚見鉤餌自然吞食，毒蛇生已自然食土。如是等事，誰有教者？如棘生已自然頭尖，飛鳥毛羽自然色别。」（大正藏卷十二，第五八九頁）

【本段大意】問：「爲什麽叫無因有果呢？」答：「另有一種外道，把萬事萬物無窮地推論下去，找不出原因，所以稱爲無因。而眼見現前的各類事物，認爲應當有果。例如莊子齊物論所講魍魎問影子的故事，影是由形而有，形由造化而有，造化是從哪裏來的？是自然而有，並没有原因。『本』既然是自然而有，『末』也可以自然而有，不因他物而存在，所以説無因有果。」問：「無因和自然有什麽不同呢？」答：「無因是根據没有因而成立，自然是説果自然而有，從意義上來講雖然不同，實際上是同一種偏執。」

難曰：「夫因果相生，猶長短相形。既其有果，何得無因？如其無因，何獨有果？若必無因而有果者，則善招地獄〔一〕惡感天堂〔二〕。」問曰：「有人言：『自然有因，自然無因，萬化不同，皆自然有，故無同前過。』」答曰：「蓋未審察之，故生斯謬。如其精究，理必不然。夫論自者〔三〕，謂非他爲義〔四〕，必是因他，則非自矣。故自則不因，因則不自，遂言因而復自，則義成桙楯。」

## 校釋

〔一〕地獄，是梵文 Naraka 的意譯，音譯那洛迦，是六道中的最惡道。佛教關於地獄的分類非常繁瑣，其中主要的是八大地獄：①等活地獄，生此者可以死而復生，一再受苦；②黑繩地獄，生此者受黑鐵繩的絞勒；③衆合地獄，各種形具互相配合，殘害罪人；④號叫地獄，受罪者慘叫；⑤大叫地獄；⑥炎熱地獄；⑦大熱地獄；⑧阿鼻（Avici，意譯無間）地獄，罪人不間斷地受苦。

〔二〕以上三句，大意出自中論觀因緣品：「若無因而有果者，布施持戒等應墮地獄，十惡五逆應當生天。」（大正藏卷三十，第二頁）

〔三〕自，即自然，意謂果自然而有。

〔四〕他，即因，意謂事物產生的原因。

【本段大意】詰難說：「由因生果，就像長短相比一樣，有長必有短，有短必有長；有因必有果，有果必有因。既然有果，怎麼能說無因呢？如果無因，怎麼能說有果呢？如果一定要說無因而有果的話，那就行善反而下地獄，作惡倒可以升天了。」問：「有人說：『自然的有因，自然的無因，千變萬化各不相同，都是自然的有，這樣就不會産生前面所説的那種過錯。』」答：「這是因爲没有仔細考慮才説這樣的錯話。如果仔細研究考慮過，道理肯定不是這樣。講自然就不是依其原因，一定依其原因，就不是自然。所以自然則不依因，依因則不是自然。既説依因又説自然，其意義就要發生矛盾。」

問：「云何名爲有因無果？」答：「斷見之流〔一〕，唯有現在，更無後世。類如草木，盡在一期。」難曰：「夫神道幽玄〔二〕，惑人多昧，義經丘而未曉〔三〕，理涉旦而猶昏〔四〕，唯有佛宗，乃盡其致。經云：『如雀在瓶中，羅縠覆其口，縠穿雀飛去，形壞而神走〔五〕。』匡山慧遠釋曰〔六〕：「火之傳於薪，猶神之傳於形〔七〕，火之傳異薪，猶神之傳異形。前薪非後薪，則知指窮之術妙；前形非後形，則悟情數之感深。不得見形朽於一生，便謂識神俱喪，火窮於一木，乃曰終期都盡矣〔八〕。」問曰：「後學稱黄帝之言曰〔九〕：『形雖糜而神不化，乘化至變無窮〔一〇〕。』雖未彰言三世〔一一〕，意已明未來不斷。」

## 校釋

〔一〕斷見，指衆生之身心死後即斷絶的見解。持斷見者只承認現世，不承認來世。

〔二〕神道，即佛道。元康著肇論疏卷上：「神道謂神之道，即佛道也。」（大正藏卷四五，第一六三頁）

〔三〕丘，即孔丘（前五五一——前四七九），稱孔子，名丘，字仲尼，魯國陬邑（今山東曲阜東南）人，春秋末年的思想家、政治家、教育家。

〔四〕旦，即周武王之弟周公，西周初年的政治家，姓姬，名旦，亦稱叔旦。曾協助武王滅商。武王死後，成王即位，因其年幼而由周公攝政。以上兩句出自續高僧傳卷五法雲傳。

〔五〕語見七女經（一卷，吳支謙譯）：「雀在缾中，覆蓋其口，不能出飛，今缾已破，雀飛而去。」（大正藏卷十四，第九〇八頁）雀，比喻靈魂。缾，比喻靈魂所依附的身軀。羅縠，比喻生命。

〔六〕匡山，即廬山，相傳殷周之際，匡裕先生曾隱居於此，故稱廬山爲匡山。慧遠（三三四——四一六），東晉名僧，雁門樓煩（今山西省寧武附近）人，早年曾學儒家、道家典籍，晉永和十年（三五四）投道安出家，接受道安的般若學本無派思想，善用老莊解釋般若學説，深受道安賞識。晉太元三年（三七八）四十五歲時離别道安東下，先停荆州，後住廬山東林寺，於太元十五年（三九〇）與劉遺民等在廬山共結白蓮社，同修净土。此間他深感佛經不全，派弟子法净、法領等西行求法，帶來不少梵本佛經，經過慧遠組織翻譯，使毘曇學和禪法經典在江南廣泛流行。據高僧傳卷六慧遠傳記載，慧遠的著作曾集爲十卷五十餘篇，絶大部分已佚，現存的沙門不敬王者論、明報應論等論文和書信等主要收集在弘明集、廣弘明集、出三藏記集中。

〔七〕神，即識神，此指靈魂。

〔八〕語出自慧遠著形盡神不滅，原文如下：「火之傳於薪，猶神之傳於形；火之傳異薪，猶神之傳異形。前薪非後薪，則知指窮之術妙；前形非後形，則悟情數之感深。惑者見形朽於一生，便以爲神情俱喪，猶覩火窮於一木，謂終期都盡耳。」（弘明集卷五）

〔九〕後學，係指文子。　黃帝，相傳是中原各族的共同祖先。

〔一〇〕語出自慧遠著形盡神不滅：「文子稱黃帝之言曰：『形有靡而神不化，以不化乘化，其變無窮。』」（弘明集卷五）

〔一一〕三世，亦稱三際，衆生從生至死稱爲一世或一際。三世包括：①過去世，亦稱前世、前生、前際；②現在世，亦稱現世、現生、中際；③未來世，亦稱來世、來生、後際。

【本段大意】問：「什麽叫有因無果呢？」答：「持斷見的人們認爲，只有現世，而無後世，就像野草和樹木一樣，死了就完了。」詰難說：「佛教道理幽深而玄妙，不懂的人會有很多糊塗觀念。世間『真理』的含義，經過孔子還没弄明白，其義理經過周公還是昏昏然，只有佛教才把這些道理講透徹。七女經稱：『就像雀在瓶中一樣，用布把瓶口蓋上，布破了，雀就要飛走。人的軀體死了，靈魂也就走了。』廬山慧遠解釋說：『火傳於薪就像靈魂傳於軀體一樣，火從這一薪傳到另一薪，就像靈魂從這一個軀體傳到另一個軀體一樣。前薪並非後薪，前薪燒盡，後薪繼續，薪雖斷，火猶傳，永不熄滅。這就是絶妙的人生之道！以前的軀體並非以後的軀體。由此可見，有情識的衆生，在三界、六道數數輪迴，因果感赴，轉生不同，永不停息。不能看到一個人的軀體死亡了，就認爲意識和靈魂都没有了，不能認爲火把一根木頭燒完了，就認爲火没有了。」難問說：「文子稱黃帝之言說：『軀體雖然死了，靈魂並没有變化，不變的靈魂乘着可變的軀體，其變化無窮無盡。』黄帝這些話雖然没有明確説明過去、現在、未來三世，其含義已經表明靈魂未來不滅。」

問〔一〕：「云何名爲無因無果？」答：「既撥無後世受果，亦無現在之因，故六師云〔二〕：『無有黑業〔三〕，無有黑業報，無有白業〔四〕，無有白業報。』四邪之間〔五〕，最爲尤弊，現在斷善〔六〕，後生惡趣〔七〕。」

## 校釋

〔一〕「問」字，大正藏本作「問曰」。

〔二〕六師，即外道六師，見第八十九頁注〔一〕。以下引文出自大般涅槃經卷十九外道六師之一富蘭那·迦葉説的一段話。

〔三〕黑業，即惡業，因受煩惱的染污，故稱爲「黑」。業（行爲）惡果報亦惡，這就是「惡有惡報」。

〔四〕白業，即善業，因不受煩惱的染污，没有混雜惡業，故稱爲「白」。業善果報亦善，這就是「善有善報」。

〔五〕四邪，即前述四種錯誤見解：一、計邪因邪果，二、執無因有果，三、立有因無果，四、辨無因無果。

〔六〕斷善，意謂斷除善業，不做好事。

〔七〕惡趣，卽六趣中的地獄、餓鬼、畜生三趣。

【本段大意】問：「什麼是無因無果呢？」答：「既否定後世受果，又否定現世之因，就像外道六師之一富蘭那·迦葉所説的：『沒有惡業，沒有惡報；沒有善業，也沒有善報。』在四種錯誤見解當中，這種主張最爲低劣。現世不行善，來世定生惡趣。」

問：「斯之紛謬，起自何時？」答：「釋迦未興〔一〕，盛行天竺〔二〕。能仁既出〔三〕，殄斯謬計。佛滅度後，柯條更繁，龍樹後興〔四〕，重加剪伐。」

## 校釋

〔一〕釋迦，是梵文 Śākya 的音譯，是佛教創始人釋迦牟尼種族的名稱，後人以此作爲釋迦牟尼的略稱。

〔二〕「釋迦未興，盛行天竺。」意謂釋迦牟尼沒有誕生之前，在印度盛行的外道。此指數論和勝論。據百論疏卷上，勝論創始人優樓迦在「釋迦未興八百年前已出世」，數論創始人迦毘羅「劫初時從空而出」（引文均見大正藏卷四二，第二四四頁）劫，是梵文 Kalpa 的音譯劫波之略，意謂極其遥遠的時節。

〔三〕能仁，是梵文 Śākyamuni（釋迦牟尼）的意譯。

〔四〕龍樹，是梵文 Nāgārjuna 的意譯，Nāga 意爲龍，Arjuna（阿周陀那）是一種樹名。龍樹菩薩傳解釋說：「其母樹下生之，因字阿周陀那。阿周陀那，樹名也。以龍成其道，故以龍配字，號曰龍樹也。」（大正藏卷五十，第一八五頁）但元魏瞿曇般若流支於武定元年（五四三）譯順中論時將龍樹改爲龍勝，玄奘的大唐西域記則稱爲龍猛，我國西藏譯爲龍成。生活年代約爲公元三世紀，古印度大乘佛教中觀學派（空宗）的創始人，被三論宗推爲初祖。出生於南印度毘達婆國婆羅門家庭，原在南印度說一切有部出家，被說一切有部列爲第三十五祖。他接受大乘思想的地點是在北印度，晚年到南印度弘揚大乘佛法，最後自刎而死。龍樹倡導的「空」論對中國佛教天台宗、三論宗、華嚴宗、禪宗、密宗、净土宗等都有着廣泛而深刻的影響。

【本段大意】問：「這種種荒謬見解，開始於什麼時候呢？」答：「釋迦牟尼沒有出生以前，有的外道（如勝論、數論等）已盛行於古代印度。釋迦牟尼出世以後，消除了這些錯誤主張。釋迦牟尼死後，外道派別更多了，就像枝條漫生的樹一樣。龍樹出世以後，又對這些外道進行討伐，就像給樹剪枝一樣。」

次排震旦衆師，一研法〔一〕，二覈人。問曰：「天竺四術既是外言，震旦三玄應爲內教〔二〕？」答：「釋僧肇云〔三〕：『每讀老子、莊周之書，因而歎曰：『美則美矣，然期神冥累之方，猶未盡也。』後見淨名經〔四〕，欣然頂戴，謂親友曰：『吾知所歸極矣。』遂棄俗出家〔五〕。」羅什昔聞三玄與九部同極〔六〕，伯陽與牟尼抗行〔七〕，乃喟然歎曰：「老莊入玄，故應易惑耳目，凡夫之智、孟浪之言，言之似極，而未始詣也，推之似盡，而未詣至也。」

# 校釋

〔一〕法，是梵文 Dharma 的意譯，音譯達磨。通常有二意：一、是事物，包括物質的或精神的，個別的或一般的，如色法、心法、有爲法、無爲法、五位七十五法等；二、是法則，如佛法、教法等。此處用的是第二意。

〔二〕三玄，老子、莊子、周易三書的統稱。此稱正式開始於南朝宋時。

〔三〕釋，原爲釋迦牟尼族姓釋迦之略。佛教傳入中國時，僧人的姓或稱俗姓，或稱竺（佛教發源地天竺），或弟子從其師姓。自東晉道安（三一四——三八五）始，規定僧人一律姓釋。僧肇（三八四——四一四），東晉名僧，京兆（今陝西省西安市）人，俗姓張，早年研習老、莊，後出家爲僧，爲鳩摩羅什的重要弟子，號稱「解空第一」。曾跟隨羅什去姑臧（今甘肅武成），並於弘始三年（四〇一）至長安，在逍遥園助什譯百論、大品般若經等，並於弘始八年（四〇六）居大石寺，助什譯維摩經，撰維摩經注及序。曾將論文般若無知論帶給廬山劉遺民，翌年劉致肇書，肇又撰答劉遺民書。主要著作有不真空論、物不遷論、般若無知論等，後被人收入肇論一書。

〔四〕淨名經，即維摩經（Vimalakīrtinirdeśasūtra），有七個漢譯本，現存三個：①吴支謙譯維摩詰經二卷；②鳩摩羅什譯維摩詰所説經三卷，譯於弘始八年（四〇六）；③唐玄奘譯無垢稱經六卷，譯於永徽元年（六五〇）。已佚四個：①嚴佛調譯本，②竺叔蘭譯本，③竺法護譯本，④祇多蜜譯本。該經的中心思想是從破斥小乘的角度建立大乘佛教觀點，主要講不二法門，入不二法門品列舉三十一對矛盾事物，認爲只有大乘佛教才能消除這些矛盾，達到非常神祕的，既不可言說又不可思慮的不二境界。

〔五〕語出高僧傳本傳：「嘗讀老子道德章，乃歎曰：『美則美矣，然期棲神冥累之方，猶未盡善也。』後見舊維摩經，歡喜頂受，披尋玩味，乃言始知所歸矣，因此出家……」

〔六〕羅什，是大翻譯家鳩摩羅什（Kumārajiva，意譯童壽，三四四——四一三）之略，後秦僧人，父籍天竺（今印度），生於西域龜兹（今新疆庫車、沙雅兩縣之間），父名鳩摩羅炎（Kumārayaṇa），母名耆婆（Jiva），合父母名爲鳩摩羅耆婆或鳩摩羅什婆，一般稱爲鳩摩羅什。譯經總數僅次於玄奘，僧佑撰出三藏記集載爲三十二部三百餘卷，費長房歷代三寶記載爲九十八部四百二十五卷。所譯典籍在中國佛教史上占有重要地位，有屬於三論宗的大智度論、中論、十二門論、百論以及摩訶般若波羅蜜經等，有屬於天台宗的妙法蓮華經，有屬於净土宗的阿彌陀經，還有屬於小乘佛教的成實論。

九部，是從內容和形式區分的九種經，有大乘九部和小乘九部之分，此處指大乘九部：①修多羅（Sūtra），是長行（散文體）契經；②伽陀（Gāthā），是伽陀祇夜（Gāthāgeya）之略，這種經既有長行，又有偈頌（詩體）；③本事（Itivṛtaka），內容是菩薩過去世的事迹；④本生（Jātaka），內容是佛過去世的事迹；⑤未曾有（Adbhūtadharma），內容是佛和菩薩現種種奇迹；⑥祇夜（Geya），全稱路伽祇夜（Lokageya），純屬偈頌；⑦授記（Vyā-karaṇa），佛指定某位菩薩未來成佛；⑧無問自說（Udāna），無人發問，佛自己宣講的經文；⑨方廣（Vaipulya），佛說的大乘經文。

〔七〕伯陽，是老子李耳的字。牟尼，是釋迦牟尼之略。

【本段大意】然後駁斥中國外道論師，一、研究其教法，二、考核其人。問：「前面所破斥的天竺四術既然是外道之言，中國的三玄是不是應當爲內學呢？」答：「僧肇和尚說過：『每次讀老子、莊子的書，總是發感慨說：好倒是很好，然而所期望的安定心神消滅煩惱的方法還沒有說透。』後來，他看到嚴佛調翻譯的古維摩經，高興極了，對親友說：『我知道我的最後歸宿了。』於是放棄塵世生活出家了。」過去鳩摩羅什聽說中國的三玄和大乘佛教的九種經同樣講事物的最高道理，老子可以和釋迦牟尼相抗衡，於是感慨地說：「老子、莊子講玄妙的道理，容易惑人耳目，一般人的智慧、荒誕的言語說得似乎極有道理，其實並沒有說到家。推論起來，似乎是已到盡頭，其實誰也沒有說到點子上。」

略陳六義，明其優劣：外但辨乎一形〔一〕，內則朗鑒三世〔二〕；外則五情未達〔三〕，內則說六通窮微〔四〕；外未即萬有而爲太虛，內說不壞假名而演實相〔五〕；外未能即無爲而遊萬有〔六〕，內說不動真際建立諸法〔七〕；外存得失之門，內冥二際於絕句之理〔八〕；外未境智兩泯〔九〕，內則緣、觀俱寂〔一〇〕。以此詳之，短羽之於鵬翼，坎井之於天池，未足喻其懸矣。秦人疑其極〔一一〕，吾復何言哉？

## 校釋

〔一〕一形，卽一生一世。

〔二〕「内則朗鑒三世」，佛教認爲，佛和菩薩具有三達（知之窮盡謂之「達」），對羅漢來講稱爲三明（明確知道謂之「明」）。佛、菩薩、羅漢等佛教「聖人」對過去、現在、未來三世了如指掌。因具天眼達故知一切衆生未來世的情況，因具宿命達故知一切衆生過去世的情況，因具漏盡達故知衆生現在世的情況，因而煩惱斷盡。

〔三〕五情，卽眼、耳、鼻、舌、身五根。

〔四〕六通，佛、菩薩等佛教「聖人」所具有的六種神通：①神足通，亦稱神境智證通、神境通、身如意通、身通等，身體可隨意變化，可升天入地；②天耳通，亦稱天耳智證通、天耳智通等，聽力自在，可以聽見六道衆生的一切聲音；③天眼通，亦稱天眼智證通、天眼智通等，可徹見三界、六道衆生未來世的一切情況；④他心通，亦稱他心智證通、知他心通，能知衆生的心思；⑤宿命通，亦稱宿住隨念智證通、宿住智通、識宿命通等，可知衆生前一世、二世、三世等的一切情況；⑥漏盡通，煩惱斷盡，能知衆生現在世的一切情況。

〔五〕「内説不壞假名而演實相」，吉藏著淨名玄論卷五解釋説：「俗故無無，雖有而無，卽是不壞假名而説實相。」（續藏經第壹輯，第二十八套，第五册，第四五二頁）

〔六〕無爲，卽無爲法，佛教認爲是非因緣和合的「永恒真理」，此指真空實相。「卽無爲而遊萬有」相當於心經所說的「空卽是色」。

〔七〕「不動真際建立諸法」，真際卽真諦。吉藏著浄名玄論卷五對這句話解釋如下：「真故無有，雖無而有，卽是不動真際建立諸法。」（續藏經第壹輯，第二十八套，第五册，第四五二頁）

〔八〕二際，卽世間和涅槃。絶句，卽絶四句：非有、非無、非亦有亦無、非非有非無。

〔九〕境，卽所緣境界。智，卽能觀智慧。

〔一〇〕緣、觀，三論玄義檢幽集稱：「緣爲實相境，觀爲正觀智。」（大正藏卷七十，第四〇〇頁）實相境，卽中道實相之境。正觀智，卽權智和實智。權智是認識俗諦的智慧，實智是認識真諦的智慧。

〔一一〕秦人，係指姚秦時的僧肇和鳩摩羅什。

【本段大意】簡略地談談六種意義，以說明佛教和外道的優劣：外道只知道一生一世，佛教對過去、現在、未來三世了如指掌；外道的眼、耳、鼻、舌、身五根還没有達到無礙自在的程度，佛教對「六通」，卽使很微細的部分也講得很清楚；外道認識不到森羅萬象的事物本身就是「空」，佛教不丢掉假名而演説諸法實相；外道認識不到無爲法就是萬有，佛教不丢掉真實的性空，建立森羅萬象的事物；外道患得患失，佛教則消除了世間與涅槃二際之間的差别，認識到了非有、非無、非亦有亦無、非非有非無的「絶對真理」；外道認識不到境、智雙亡，佛教則完全消除了實相境和正觀智。從這六條仔細考察起來，就像蚊子的翅膀與大鵬鳥的翅膀相比，就像坑與大海相比。卽使這樣，也難以喻其懸殊。

姚秦時的僧肇、鳩摩羅什已極其懷疑，我還有什麼可説的呢？

問：「伯陽之道，道曰太虛〔一〕；牟尼之道，道稱無相〔二〕。理源既一，則萬流並同。什、肇抑揚〔三〕，乃諂於佛。」此王弼舊疏，以無爲爲道體。答：「伯陽之道，道指虛無；牟尼之道，道超四句。淺深既懸，體何由一？蓋是子佞於道〔四〕，非余諂佛。」

## 校釋

〔一〕太虛，成玄英解釋爲「深玄之理」。宋代張載開始提出「太虛卽氣」的學説，認爲太虛、氣、萬物是同一物質實體的不同狀態。

〔二〕無相，卽三論宗所説的真空實相，是一種涅槃境界。大乘義章卷二：「言無相者，釋有兩義：一、就理彰名，理絶衆相，故曰無相；二、就涅槃法相釋，涅槃之法離十相，故曰無相。」（大正藏卷四四，第四八八頁）涅槃所離的十相是：色相、聲相、香相、味相、觸相、生相、住相、壞相、男相、女相。

〔三〕以上兩句見王弼著老子注第三八章：「雖貴以無爲用，不能捨無以爲體也。」

〔四〕佞，金陵刻經處本和續藏經本都誤作「侫」，據大正藏本改。

【本段大意】難問説：「老子的道是『太虛』，釋迦牟尼的道稱爲『無相』。道理的本源是一致的，各種支流也就是相同的。鳩摩羅什和僧肇貶低道教，讚揚佛教，是討好佛教。」答：「老子的道是虛無，釋迦牟尼的道超越「有、無、亦有亦無、非有非無」這四句，淺深之差懸殊，道理怎能相同呢？是你信仰道教，而不是我討好佛教。」

問：「牟尼之道，道爲真諦〔一〕，而體絕百非〔二〕；伯陽之道，道曰杳冥，理超四句。彌驗體一，奚有淺深？」此梁武帝新義〔三〕，用佛經以真空爲道體〔四〕。答：「九流統攝〔五〕，七略該含〔六〕，唯辨有無，未明絕四。若言老教亦辨雙非〔七〕，蓋以砂糅金，同盜牛之論〔八〕。」周弘政、張機並斥老有雙非之義也〔九〕。

## 校釋

〔一〕真諦，是梵文Paramārtha的意譯，「真」謂真實，「諦」謂真理。真諦與俗諦合稱二諦。佛教各派對二諦的解釋不盡相同。一般來講，俗諦爲世間法，真諦爲出世間法，俗諦講「有」，真諦講「空」。

〔二〕「體絕百非」，「非」，否定。「百非」，是說真諦無法以肯定的方式表達，只能用一系列的否定方式表達。

〔三〕梁武帝（四六四——五四九），名蕭衍，字叔達，蘭陵郡蘭陵縣（今山東省棗莊市嶧城鎮東）人，虔誠的佛教信徒，主要著作有制旨大涅槃經講疏、大品注解、净名經義記等。

〔四〕參見梁武帝著辨正論卷八。

〔五〕九流，先秦學術流派，包括儒家、道家、陰陽家、法家、名家、墨家、雜家、農家等九家。

〔六〕七略，書目名，西漢劉歆撰。包括輯略、六藝略、諸子略、詩賦略、兵書略、數術略、方技略。

〔七〕雙非，即非空、非有。

〔八〕盜牛之論，這個典故出於涅槃經卷三長壽品。經云：有一位長者放牧一羣牛，只是爲了要醍醐（酥酪上凝聚的油，佛教喻正法），而不是爲了要乳酪。長者死後，他的這羣牛被一伙盜賊偷走。這伙盜賊商議說：「長者牧牛只是爲了要醍醐，而不是爲了要乳酪，我們也應當製醍醐。」但他們不知道如何製醍醐，他們在牛乳裏倒上很多水，不僅醍醐得不到，牛乳也丢失了。佛教用這個故事説明：世間善法都是從佛那裏「偷」來的，就像盜賊偷牛一樣。但凡夫學不到佛法的根本，所以對「偷」來的善法無法理解，無法實行，致使世間善法和佛法二者俱失。

〔九〕周弘政，南史卷三十四及陳書卷二十四皆作周弘正。梁代文人。字思行，父母早逝，由伯父周捨撫養成人，十歲即通老子、周易等。著有周易講疏十六卷、論語疏十一卷、莊子疏八卷、老子疏五卷、孝經疏二卷等。張機，南史卷七十一及陳書卷三十三皆作張譏，周弘政的學生，字直言，十四歲即通孝經、論語等，篤好玄學。主要著作有周易義三十卷、尚書義十五卷、毛詩義二十卷、老子義十一卷、莊子內篇義十二卷、玄部通義十二卷等。

【本段大意】問：「釋迦牟尼的道稱爲真諦，只能用一系列的否定表達；老子的道稱爲杳冥（深遠幽寂），他的理超越「有、無、亦有亦無、非有非無」這四句。經過一次又一次的考驗，其理的本體是一致的，哪裏有淺深之分呢？」答：「把九流統統攝取在內，把七略都包含其中，只是辨別有和無，並没説明他斷絶「有、無、亦有亦無、非有非無」這四句。如果説老子的説教也辨别非空、非有，那是用砂土往金子裏摻，就像偷牛一樣。」

覈人第二。問：「佛名大覺〔一〕，老曰天尊〔二〕。人同上聖，法俱妙極。苟欲存異，將非杜不二之玄門〔三〕，傷得一之淵府哉〔四〕？」蓋是道士用三洞、靈寶等經立義〔五〕。答：「悉達處宮〔六〕，方紹金輪聖帝〔七〕，能仁出俗，遂爲三界法王〔八〕。老爲周朝之柱史，清虚是九流之派〔九〕。子若欲令人一法同，何異塠阜共安明等高〔一〇〕，螢燭與日月齊照？」

## 校釋

〔一〕大覺，佛之異名，佛教聲稱：凡夫没有覺悟，聲聞、緣覺、菩薩三乘雖有覺悟而不大（不徹底），只有佛才是大覺，意謂徹底覺悟。

〔二〕天尊，道教對最尊貴神仙的稱謂。道教奉老子爲教祖，稱之爲元始天尊太上老君。

〔三〕不二之玄門，即不二法門，維摩經入不二法門品把三十一對互相矛盾的事物説成是無差别的境界，稱之爲不二法門。佛教認爲「不二法門」是不能用語言文字表達的、不可認識的玄妙境界。

〔四〕淵府，僧肇的涅槃無名論稱：「涅槃之道，蓋是三乘之所歸，方等之淵府。」（大正藏卷四五，第一五七頁）元康的肇論疏解釋説：「淵池水深，府庫財多。」（大正藏卷四五，第一九〇頁）「淵府」比喻大乘佛教的涅槃理論深奥豐富。

〔五〕道士用三洞、靈寶等經立義，道教的玄都觀目録把道藏分爲洞玄、洞真、洞神三部，靈寶經屬洞真部。

〔六〕悉達，即悉達多(Siddhārtha)之略，是釋迦牟尼的本名。

〔七〕金輪聖帝，即金輪王，是轉輪王的一種。轉輪王是佛教的理想君王，他轉其輪寶，降伏四方，又可飛行空中，所以又有飛行皇帝的稱號。轉輪王又分爲金輪王、銀輪王、銅輪王、鐵輪王四種，分別執金、銀、銅、鐵輪寶，分別統轄四天下、三天下、二天下、一天下。佛教宣稱，釋迦牟尼如不出家，將作金輪王。

〔八〕法王，是佛的稱號，故稱菩薩爲法臣。

〔九〕清虚，即虚無。屬於九流中的道家。

〔一〇〕「塠」字大正藏本作「堆」，二字同義。安明，即印度神話中的須彌山(Sumeru)，後被佛教所採用，相傳山高八萬四千由旬，山頂爲帝釋天，四面山腰是四天王天，周圍有七香海、七金山。第七金山外有鐵圍山所圍繞的鹹海，鹹海四周有四大部洲。

【本段大意】第二、從人的方面進行考察比較。問：「佛稱大覺，老子稱天尊。兩人都是最高的『聖人』，教法都極其玄妙。總認爲二者不同，豈不杜絶了不二法門，傷害獲得一種深奥豐富的涅槃道理嗎？」答：「悉達居住於王宫，將要繼承金輪聖王的王位。釋迦牟尼出家以後，即成佛爲三界法王。老子是周朝的柱史，道教的虚無是九流中的一派。如果你主張人一致，法相同，這和認爲土丘與須彌山一般高，螢火蟲、臘燭的光與日、月同樣明亮，有什麼不同呢？」

問：「同人者之五情，異人者之神明。迹爲柱史，本實天尊。據實而談，齊之一貫。」答：「漢書亦顯品類〔一〕，以伯陽爲賢，何晏、王弼稱老未及聖〔二〕。設令孔是儒童，老爲迦葉〔三〕。雖同聖迹，聖迹不同。若圓應十方〔四〕，八相成佛〔五〕，人稱大覺，法名出世〔六〕，小利卽生人天福善〔七〕，大益卽有三乘賢聖〔八〕，如斯之流，爲上迹也。至如孔稱素王，說有名儒，老居柱史，談無日道，辨益卽無人得聖，明利卽止在世間。如此之類，爲次迹矣。」

## 校釋

〔一〕「漢書亦顯品類」，廣弘明集卷八辯惑論中引道安的二諦論稱：「依前漢書，品孔子爲上上類，皆是聖；以老氏爲中上流，並是賢。」

〔二〕何晏（？——二四九），三國魏玄學家，字平叔，南陽宛縣（今河南南陽）人，主要著作有道德論、無名論、無爲論等。王弼（二二六——二四九），三國魏玄學家，字輔嗣，山陽（今山東省金鄉縣西北）人。主要著作有老子注、周易注等。「何晏、王弼稱老未及聖」，參見三國志鍾會傳附王弼傳。

〔三〕「設令孔是儒童，老爲迦葉」，廣弘明集卷八辯惑篇稱：「佛遺三弟子振旦教化，儒童菩薩彼稱孔丘，光淨菩薩彼稱顏回，摩訶迦葉彼稱老子。」儒童，是梵文 Kumāra 的意譯，大乘佛教把釋迦牟尼成佛前的菩薩階段稱爲儒童，瑞應本起經稱：「時我爲菩薩，名曰儒童。」（大正藏卷三，第四七二頁）摩訶迦葉（Mahākāśyapa），是釋迦牟尼的十大弟子之一，以行苦行而著稱，號稱「頭陀第一」。相傳爲第一次佛教結集的召集人。

〔四〕十方，即東、南、西、北、上、下、東南、東北、西南、西北。

〔五〕八相，釋迦牟尼從出生到入滅所示現的八種相狀：①降兜率，②入胎，③出胎，④出家，⑤降魔，⑥成道，⑦轉法輪，⑧入滅。

〔六〕出世，即出離塵世，以達涅槃。

〔七〕小利，即世間法，可以轉生爲人或天神，但終究不能逃出三界輪迴。

〔八〕大益，即出世間法，可成爲聲聞乘、緣覺乘、菩薩乘的賢人或聖人，前二種是小乘佛教，菩薩乘是大乘佛教。

【本段大意】難問說：「老子與凡人相同的地方是他也有眼、耳、鼻、舌、身五根，與人不同的地方是他有神明，雖然他的迹象是柱史，實際上是天尊。從實而談，與佛没什麽區别。」答：「前漢書曾標示不同品類，認爲老子是賢人，何晏、王弼認爲老子還没有達到聖人。假若孔子是儒童，老子是迦葉，雖然迹象都是聖人，但其聖迹不同。如果對十方萬事萬物知行無阻，通過八種相狀而成佛，人們稱爲大覺，教法是出世間法。從世間法的小利益來説，可使衆生得到好的轉生，而成爲人或天神；從出世間的大利益來説，可使衆生成爲聲聞乘、緣覺乘、菩薩乘的賢人和聖人。這樣的聖迹高一等。至於説孔子稱爲素王（有王之德而無王之位），講『有』名爲儒家；老子是柱史，談『無』名爲道家。他們給人的益處並不能像佛教那樣使人成聖，他們給人的利益僅在塵世間，不能像佛教那樣使人出離世間，所以他們要比佛教低一等。」

## 折毗曇第二，一立宗〔一〕，二破斥〔二〕。

### 校釋

〔一〕立宗，此是闡明毗曇的種類和主張。

〔二〕破斥，三論宗批駁毗曇的「有」，以成立本宗的「空」。

【本段大意】第二、批判毗曇，首先講毗曇的種類和主張，然後對它進行駁斥。

有薩衞門人序其宗曰〔一〕：「阿毗曇者，名無比法〔二〕。無漏慧根〔三〕，會理隔凡，其功冠絕，故云無比。超四執之外，越三界之表，羣聖之所讚歎，六道之所歸崇，敢有抗言，當屈之以理。」

### 校釋

〔一〕薩衞，即薩婆多部(Sarvāstivāda)，亦稱說一切有部，簡稱有部。釋迦牟尼逝後三百年從上座部分裂出來的一個重要派別。依據的經是長阿含、中阿含、雜阿含；其律書爲根本説一切有部毘奈耶（五十卷）、根本説一切有部毘奈耶雜事（四十卷）；其論書稱爲毘曇（全稱阿毘曇），世親的俱舍論爲其概要性論典。

〔二〕無比法，是梵文 Abhidharma 的意譯，音譯阿毘曇，略稱毘曇。大乘義章卷一：「阿毘曇者，此方正翻爲無比法，阿謂無也，毘謂比也，曇摩名法。解釋有二：一、就教論，二、據行辨。言就教者，三藏之中，毘曇最爲分別中勝，故曰無比；言就行者，毘曇詮慧，慧行最勝，故曰無比。毘曇之教，詮此勝行，故名無比，又能生彼無比之慧，故名無比。」（大正藏卷四十四，第四六八頁）

〔三〕「無漏慧根」，通過智慧以達無漏（無煩惱）的知根。無漏根共三種：①見道位的未知當知根，見道是通過消除邪見，樹立「正見」，消除煩惱。此時還不知道「四諦」等佛教「眞理」，但應當知道，故稱未知當知根；②修道位的已知根，修道位是通過修行消除煩惱。此時雖然已經知道「四諦」等佛教「眞理」，但知道知得不徹底，仍殘留煩惱，還需要一次又一次地了知「四諦」等佛教「眞理」，故稱已知根；③無學道的具知根，「四諦」等佛教「眞理」都知道了（具知），没有什麽可學的了（無學）。此時已達成佛境界。

【本段大意】一、立宗。説一切有部教徒這樣敍述毘曇的宗旨：「阿毘曇，稱爲無比法，奉行毘曇的説教，可以獲得三無漏根，就會理解『四諦』等佛教『眞理』，抛棄對塵世的執著，其功能最高，所以稱爲無比。毘曇超越四種錯誤主張（一、計邪因邪果，二、執無因有果，三、立有因無果，四、辨無因無果）之外，並越出三界，諸位『聖人』都讚歎不已，六道衆生都皈依崇敬。如有違抗的言論，當能以理屈服之。」

問：「夫欲立理，先須序宗源，未知毘曇凡有幾種？」答：「部類甚多，略明其六：一者，如來自說法相毘曇〔一〕，盛行天竺，不傳震旦；二者，鄰極亞聖名舍利弗〔二〕，解佛語，故造阿毘曇，凡二十卷，傳來此土〔三〕；三者，佛滅度後三百餘年〔四〕，有三明六通大阿羅漢〔五〕，姓迦旃延〔六〕，造八犍度〔七〕，凡二十卷，傳來此土。所言八者：一雜，二使，三智，四業，五大，六根，七定，八見〔八〕。言犍度者，翻之爲聚，以其八義。各有部類，目之爲聚也；四者，六百年間〔九〕，有五百羅漢，是旃延弟子〔一〇〕，於北天竺共造毘婆沙〔一一〕，釋八犍度。毘婆沙者，此云廣解，於西涼州譯出，凡有百卷，值兵火燒之，唯六十卷現在，止解三犍度也；五者，七百餘年有法勝羅漢〔一二〕，嫌婆沙太博，略撰要義作二百五十偈，名阿毘曇心〔一三〕，凡有四卷，亦傳此土；六者，千年之間，有達磨多羅〔一四〕，以婆沙太博，四卷極略，更撰三百五十偈，足四卷，合六百偈，名爲雜心也〔一五〕。其間復有六分毘曇〔一六〕，釋論云〔一七〕：『目連、和須密及餘論師共造〔一八〕。』並不傳此土，唯衆事分毘曇〔一九〕，是六内之一，此土有之。復有甘露味毘曇二卷〔二〇〕，未詳作者，並傳此土。毘曇雖部類不同，大宗明見有得道也。」

# 校釋

〔一〕如來，是梵文 Tathāgata 的意譯，佛的十大名號之一。「如」爲真如，卽佛教的「絶對真理」，遵循着真如途徑以成正覺卽名如來。「如來自說法相毘曇」，相傳釋迦牟尼說法時，往往分別解釋法相（卽事物的相狀、性質、名詞、概念及其含義等），這就是法相毘曇。大迦旃延曾把此類說教匯集成册，並略加解釋，卽成九分毘曇，亦稱阿毘曇經，共五百四千頌，據圓測解深蜜經疏，九分的名目如下：分別說戒、分別說世間、分別說因緣、分別說界、分別說同隨得、分別說名味句、分別說集定、分別說集業、分別說諸陰。

〔二〕舍利弗，梵文 Śāriputra 的音譯舍利弗多羅之略，亦稱舍利子，舍利爲其母名。佛的十大弟子之一，號稱「智慧第一」。相傳爲古印度摩揭陀國首都王舍城人，屬婆羅門種姓。

〔三〕舍利弗造的毘曇稱爲舍利弗阿毘曇，由姚秦曇摩耶舍和曇摩崛多共譯於弘始十三年至十四年（四一一——四一二），現存本三十卷，但出三藏記集載爲二十二卷或二十卷。

〔四〕滅度，意謂滅障度苦，卽涅槃。

〔五〕阿羅漢，梵文 Arhat 的音譯，亦稱阿羅訶，略稱羅漢，小乘佛教修行的最高果位。意譯應供，意謂應受天神和人的供養。也可譯爲不生，意謂永遠進入涅槃，不再輪迴生死。

〔六〕迦旃延（Kātyāna），釋迦牟尼的十大弟子之一，號稱「議論第一」。相傳爲古印度阿槃提國婆羅門之子，姓迦旃延或大迦旃延，名那羅陀。本來出家學外道，後皈依佛教，作釋迦牟尼的弟子。

〔七〕八犍度，阿毘曇八犍度論的簡稱。迦旃延造於釋迦牟尼逝後三百五十年。犍度是梵文 Grantha 的音譯，意譯爲「聚」（品）。八犍度是阿毘達磨發智論的同本異譯，苻秦僧伽提婆譯於建元十九年（三八三），現存本爲三十卷，但出三藏記集載爲二十卷。唐玄奘翻譯的阿毘達磨發智論也是二十卷。八犍度是毘曇中的概要性論典，比較全面地論述了說一切有部的主張。

〔八〕大毘婆沙論卷一序品對八個犍度解釋如下：「若說種種不相似義立雜犍度，若說使相立使犍度，若說智相立智犍度，若說業相立業犍度，若說四大相立四大犍度，若說根相立根犍度，若說定相立定犍度，若說見相立見犍度。」（大正藏卷二十八，第一頁）

〔九〕六百年間，意謂造毘婆沙的時間是釋迦逝後六百年，此說據舊婆沙的序。毘婆沙是第四次佛教結集時編纂而成，關於第四次佛教結集召開的時間說法不一。據陳真諦翻譯的婆藪槃豆法師傳應爲釋迦逝後五百年。據玄奘的大唐西域記卷三應爲釋迦逝後四百年。

〔一〇〕旃延，迦旃延之略。

〔一一〕毘婆沙，阿毘曇毘婆沙論的簡稱，是解釋八犍度的論書，由北涼浮陀跋摩和道泰共譯於永和五年至七年（四三七——四三九），原爲一百卷，現存六十卷，只釋前三犍度。唐玄奘於顯慶元年至四年（五六五——五六九）所翻譯的阿毘達磨大毘婆沙論是同本異譯，前者稱爲舊婆沙，後者稱爲新婆沙。

〔一二〕法勝（Dharmaśreṣṭhin），音譯達摩尸利，說一切有部的著名論師，生活年代約爲公元三世紀。

〔一三〕阿毘曇心，卽阿毘曇心論(Abhidharmahṛdayaśāstra)，說一切有部的重要論書之一，作者法勝。該書由東晉僧伽提婆譯於太元十六年(三九一)，分四卷十品。呂澂先生指出：「法勝之作此論是要對阿毘曇經提要勾玄的。不過隋唐時的學人，如吉藏等，不明毘曇經的原委，錯認阿毘曇心論是大毘婆沙論節要之作，這大概是不很清楚原來有那樣巨大篇幅的毘曇經，一見到廣大毘曇字樣，便想到大毘婆沙論，而誤解。」(毘曇的文獻源流，印度佛學源流略講第三〇五頁)

〔一四〕達磨多羅，梵文Dharmatrāta的音譯，意譯法救，說一切有部的著名論師之一，生活年代約爲公元四世紀。

〔一五〕雜心，雜阿毘曇心論的略稱，法救著，南朝宋僧伽跋摩譯於元嘉十年(四三三)。

〔一六〕六分毘曇，卽六足論：①集異門足論，一萬三千頌，略本八千頌；②法蘊足論，六千頌；③施設足論，一萬八千頌。以上三論都造於佛在世時，以下三論造於釋迦逝後。④識身足論，七千頌，造於釋迦逝後一百年；⑤品類足論，六千頌，造以釋迦逝後三百年；⑥界身足論，廣本六千頌，略本七百頌，造於釋迦逝後三百年。除施設足論未譯以外，其餘的五部論都是唐玄奘譯，吉藏在世時還沒有譯成漢文，所以下文稱「並不傳此土」。

〔一七〕釋論，係指解釋般若經的大智度論。

〔一八〕語出大智度論卷二：「六分毘曇中，分別世處分是目犍連作，六分中初八品，四品是婆須蜜菩薩作，四品是罽賓阿羅漢作，餘五分是諸論議師所作。」(大正藏卷二十五，第七〇頁) 目連，大目犍連(Mahāmaudgalyāyana)的略稱，意譯採菽氏，釋迦牟尼的十大弟子之一，號稱「神通第一」，相傳爲古印度摩揭陀國王舍城郊人，屬婆羅門種姓，晚年被反佛教的婆羅門杖擊而死。 和須蜜，梵文 Vasumitra 的音譯，另譯婆須蜜、筏蘇蜜呾羅等，意譯世友或天友，品類足論的作者，生活年代約爲釋迦牟尼逝後三百年。

〔一九〕衆事分毘曇，即衆事分阿毘曇論，作者世友， 南朝宋求那跋陀羅及其弟子菩提耶舍共譯。 與唐玄奘譯的阿毘達磨品類足論同本異譯。

〔二〇〕甘露味毘曇，即阿毘曇甘露生味論，作者瞿沙(Ghoṣa， 即妙音)，曹魏時代譯成漢文， 失譯。 共二卷十六品。 下文的「未詳作者」可能是「未詳譯者」之誤。

【本段大意】問：「要想成立自己的論點，需要首先說明宗派源流，不知道毘曇共有幾種？」答：「毘曇的種類很多，簡略說明其中的六種： 一、如來佛親自說法時分別解釋法相的阿毘曇經， 盛行於古代印度，未曾傳入中國。 二、僅次於聖人釋迦牟尼佛的舍利弗，爲了解釋佛的說教所造的舍利弗毘曇，共二十卷，傳入中國。 三、佛涅槃後三百多年，有位具有三明六通的大羅漢，姓迦旃延，造八犍度，共二十卷，傳來中國。 所說的八個犍度是：第一、講各類事物之間相互區別的是雜犍度； 第二、講煩惱繫縛的是使犍度；第三、講智慧的是智犍度； 第四、講身、口、意三業的是業犍度；第五、講地、水、火、 風四大的是大犍度； 第六、講眼、耳、鼻、舌、身、意六根的是根犍度； 第七、講禪定的是定犍度； 第八、闡明「正見」破除「邪見」的是見犍度。 所謂「犍度」，其意爲「聚」，也就是品。 因爲以上八義，各有自己的部類，故視之爲「聚」。四、釋迦牟尼逝後六百年期間，有五百羅漢是迦旃延的弟子，在古印度北部共同編纂大毘婆沙論，解釋八犍度。所謂毘婆沙(Vibhāṣā)，意謂「廣泛解釋」，於西涼州（今甘肅省武威縣）譯出，共一百卷，毀於兵火，現在僅存六十卷，只解釋三個犍度。五、釋迦牟尼逝後七百多年，有個羅漢叫法勝，嫌阿毘達磨大毘婆沙論太長，簡略地撰寫其要點作二百五十頌，名爲阿毘曇心論，共四卷，也傳來中國。六、釋迦牟尼逝後一千年期間，有個叫達摩多羅的人，嫌大毘婆沙論太繁，又嫌四卷本阿毘曇心論太略，又撰三百五十個偈頌，共四卷，連同原來的二百五十偈，共六百偈，稱爲雜阿毘曇心論。毘曇之中還有六足論。大智度論卷二稱：『目連、和須蜜及其他論師共造。』並未傳入中國（按：唐玄奘把其中的五部論譯爲漢文）。六足論（六分毘曇）中，只有衆事分毘曇（即唐玄奘翻譯的品類足論）傳入中國。還有甘露味毘曇二卷，未詳作者（按：應作「未詳譯者」），也傳入中國。毘曇的種類雖然不同，但總的宗旨是：只要認識到三世實有、五位七十五法實有，即可達到涅槃。」

破斥第二，凡有十門：一乖至道〔一〕，二扶衆見〔二〕，三違大教〔三〕，四守小筌〔四〕，五迷自宗〔五〕，六無本信〔六〕，七有偏執，八非學本，九蔽真言〔七〕，十喪圓旨〔八〕。蓋無比之名有餘，所明之理不足，非但遠乖方等，亦近迷三藏〔九〕。略舉十門，顯其虛實。

## 校釋

〔一〕至道，三論宗所追求的終極道理，即中道實相。

〔二〕扶衆見，卽扶持各種邪惡的錯誤見解。

〔三〕大教，卽大乘佛教。

〔四〕小筌，本來是捕魚的小簍，這裏喻指小乘佛教。大乘佛教認爲，小乘是佛說教的低級階段，佛說小乘的目的是說大乘，就像是用筌捕魚一樣，筌只是工具，捕魚是最終目的。「守小筌」意思是三論宗認爲，毘曇頑固地堅持小乘佛教觀點，不向大乘邁進。就像漁民抱着小簍不捕魚一樣。

〔五〕迷自宗，卽執迷於自己宗派（指以毘曇爲經典的說一切有部的觀點。）

〔六〕無本信，卽不相信佛教的本源大乘。三論宗等大乘佛教認爲，小乘是末流，大乘是本源。

〔七〕真言，三論宗認爲，真諦之「空」真實不妄，故稱「真言」。

〔八〕喪圓旨，卽喪失真、俗二諦的圓滿旨趣。真諦講「空」，俗諦講「有」，講俗有的目的是爲了讓衆生領悟真空。三論宗認爲，毘曇頑固地堅持「有」，固步自封，這不僅喪失了真諦，也喪失了俗諦。

〔九〕三藏，梵文 Tri-piṭaka 的意譯，「藏」原意爲盛東西的竹篋，佛教用以概括全部佛教典籍，共分三個部分：①素怛纜藏（Sūtra-piṭaka），舊譯修多羅藏，意爲經藏，是佛的說教集；②毘奈耶藏（Vinaya-piṭaka），舊譯毘尼藏，意爲律藏，是佛教徒應當遵守的戒律；③阿毘達磨藏（Abhidharma-piṭaka），舊譯阿毘曇藏，意爲論藏，是對佛說教的解釋。大、小乘各有自己的三藏，此指小乘三藏。

**【本段大意】**二、破斥。前面已經講過毘曇的種類和主張，現在進行駁斥，共分十個部分：一、不符合三論宗的終極道理中道實相；二、扶持各種邪惡的錯誤見解；三、違背大乘佛教義理；四、頑固堅持小乘佛教觀點，固步自封，不向大乘邁進；五、執迷於本派的主張；六、不相信佛教的本源——大乘佛教；七、固執己見，其主張偏斜不正；八、不是學習佛教的本源——大乘佛教；九、遮蔽真諦之「空」；十、喪失了真、俗二諦的圓滿旨趣。說「無比」是說過了頭，所講的道理並不充足，不但大大違背了大乘經典，也不太符合小乘的經、律、論三藏。簡略列舉這十個方面，以顯示其虛妄和真實。

乖至道者，夫道之爲狀也，體絶百非，理超四句，言之者失其真，知之者反其愚，有之者乖其性，無之者傷其體，故七辨輟音〔一〕，五眼冥照〔二〕，釋迦掩室〔三〕，淨名杜口〔四〕。豈可以「有」而爲道哉？

## 校釋

〔一〕七辨（与辯通），大智度論卷五十五作七辯：①捷疾辯，迅速了解佛法；②利辯，深入了解佛法，故名爲利；③不盡辯，懂得佛法無窮無盡；④不可斷辯，般若智慧中無諸戲論，所以任何詰難都不能使之斷滅；⑤隨應辯，隨應衆生的需要而演説佛法；⑥義辯，講解佛教義理，以利益衆生；⑦一切世間最上辯，爲一切世間衆生演説最高「真理」——大乘佛教。

〔二〕五眼，佛教把凡聖之眼區分爲五種：①凡夫所具有的肉眼，②天神所具有的天眼，③阿羅漢所具有的慧眼，④菩薩所具有的法眼，⑤佛所具有的佛眼。

〔三〕「釋迦掩室」，佛教傳説：釋迦牟尼在摩揭陀國的菩提樹下成道後五十七天（此説據大智度論卷七，據法華經方便品應爲三十七天）内没有演説佛法，他認爲他所領悟的道理太深奥了，衆生很難理解，不如默然入涅槃。很多菩薩及因陀羅、梵天等天神向他合掌敬禮，强烈要求他爲衆生説法，於是他在鹿野苑初轉法輪（第一次説法）。「釋迦掩室」係指釋迦牟尼默然無語的五十七天。

〔四〕「淨名杜口」，淨名是梵文 Vimalakirti 的意譯，音譯維摩詰，菩薩名。據維摩詰經卷七，維摩詰在毘耶離城問各位菩薩什麽是不二法門，各位菩薩回答後，文殊問維摩詰：「何等是菩薩入不二法門？」當時維摩詰默然無語（「杜口」）。文殊菩薩很感慨地説：「善哉！善哉！乃至無文字語言，是真入不二法門。」（大正藏卷十四，第五五一頁）以上兩句出自僧肇的涅槃無名論：「然則言之者失其真，知之者反其愚，有之者乖其性，無之者傷其軀，所以釋迦掩室於摩揭，淨名杜於毘耶……」

【本段大意】第一、違背終極道理（中道實相）。道之形體什麽都不是，不能用肯定的語氣正面表達，只能用一系列的否定表達，實相之理非有、非無、非亦有亦無、非非有非無。這種終極道理是不可説的，如果要説的話，就喪失了它的真相；也是不可知的，如果説知道了，反而暴露其愚蠢；也不是有，如果説有，就歪曲了它的本性；也不是無，説無卽傷害其本體。盡管菩薩具有七辯，也無法説；五眼中的任何一種眼也看不見。所以，釋迦牟尼只好閉門沉思，維摩詰也只好不説話。怎麽能以「有」爲道呢？

第二扶眾見，然道實非有〔一〕，遂言見有得道，乃是見有，非見道也。故淨名云：〔二〕「法名無染，若染於法，乃是染著，非求法也。」〔三〕又夫見有者，名爲有見，非見道矣，故法華云：〔四〕「入邪見稠林，若有若無等，依止此諸見，具足六十二〔五〕。」問：「若執有無，此有何失？」答：「正觀論云〔六〕：『淺智見諸法，若有若無等，是則不能見，滅見安隱法〔七〕。』於彼有大過矣。」

## 校釋

〔一〕道，一般解釋爲規律、法則，三論宗的「道」是中道實相。認識了中道實相，即可達到涅槃境界，所以三論宗的「道」也可以解釋爲涅槃之道。

〔二〕淨名，淨名經（維摩經）之略。

〔三〕語出維摩經第六品不思議品，原文如下：「法名無染，若染於法，乃至涅槃，是則染著，非求法也。」（大正藏卷十四，第五四六頁）這是維摩詰對舍利弗講的一段話。舍利弗懷着對維摩詰崇敬心、強烈的求知欲望，懇求維摩詰說法，維摩詰對他說：「佛法本自清淨無染，無執著追求，即使涅槃也不能執著追求。你以執著追求的意識心來聽我說法，追求之心反而更盛，哪談得上是求法呢？」

〔四〕法華，妙法蓮華經（Saddnarmapuṇḍarikasūtra）的略稱，七卷二十八品，姚秦鳩摩羅什譯於弘始八年（四〇六），主要内容是「會三歸一」，「三」是三乘：聲聞乘、緣覺乘、菩薩乘，「一」是一乘，即佛乘。認爲小乘是佛的權宜教法，大乘才是它的真實説教。異譯本有二：①正法華經十卷，西晉竺法護譯於太康七年（二八六）；②添品妙法蓮華經七卷，隋闍那崛多譯於仁壽元年（六〇一）。注釋書很多，主要有南朝梁法雲著法華義記、隋智顗著法華文句、法華玄義、唐窺基著法華玄贊等。

〔五〕「邪見稠林」，引自法華經方便品，是説邪見很多，猶如密林。佛教把邪見分爲一種、二種乃至於六十二種。一種是把外道所有的錯誤見解總稱爲一種邪見；二種是有見和無見，有見相當於常住不滅的常見，無見相當於斷滅的斷見，從常見和斷見又分出六十種邪見。五蘊中的色蘊有四種邪見：①色是我；②離色而有我；③色爲大，我爲小，我住於色中；④我爲大，色爲小，色住於我中。受、想、行、識四蘊也有這樣的四種邪見。總計爲二十。過去、現在、未來三世總計爲六十。再加斷、常二根本邪見，總計爲六十二。佛教典籍對六十二見的記載很不一致，此説據天台宗的法華文句；長阿含經卷十四梵動經、大品般若經佛母品、瑜伽師地論卷八十七等還有另外的説法。

〔六〕正觀論，即中觀論，簡稱中論（Mādnyamikaśāstra），頌的作者是龍樹，青目注釋，姚秦鳩摩羅什譯於弘始十一年（四〇九）。四卷二十七品，主要内容是「緣起性空」和「八不中道」。其注釋書主要有印度清辨著唐波羅頗蜜多羅譯般若燈論釋十五卷、印度安慧著宋惟淨等譯大乘中觀論十八卷、隋吉藏著中觀論疏十卷等。

〔七〕引自中觀論六種品，原文如下：「淺智見諸法，若有若無相，是則不能見，滅見安隱法。」（大正藏卷三十，第八頁）此處的「諸法」係指地、水、火、風、空、識六種，地、水、火、風四大構成無情世間，再加空（空隙）、識構成有情世間。中論認爲，世間森羅萬象的事物及人的身體既不是有（因爲真諦認爲是空），也不是無（因爲俗諦認爲是有），但智慧淺的人認爲是有（如毗曇）或無（如成實），有、無二見卽成常、斷二邪見，有這種邪見的人得不到涅槃。「安隱」卽安穩，是涅槃的異名。

【本段大意】第二、扶持各種邪見。涅槃之道實際上不是有，所謂「見有得道」，只是堅持有的一種邪見，並不是理解了涅槃之道。所以，維摩經說：「佛法本自清淨無染，無執著追求，如果追求佛法，就是一種雜染執著，並不是求法。」而且，堅持「有」稱爲有見（常見），並不是理解了涅槃之道，所以妙法蓮華經說：「邪見很多，猶如密林，如有、無等，由於有見（常見）和無見（斷見），又分出六十二種邪見。」問：「如果主張有或無，這有什麽錯誤呢？」答：「中論說：『有淺薄智慧的人（小乘佛教徒）觀察世間事物，總認爲是有（如毘曇）、無（如成實）等，如果不消除這種種邪見，就理解不了涅槃法門。』由此可見，堅持有見或無見，就有大的過錯了。」

第三違大教，思益經云：〔一〕「於未來世，有惡比丘〔二〕，說有相法，得成聖道〔三〕。」佛垂此勅，懸誡將來。既曰惡人，理是邪說。違背大教，宜須破之。

## 校釋

〔一〕思益經，思益梵天問經之略，四卷，「思益」是梵天之名。主要内容是宣揚大乘，破斥小乘。姚秦鳩摩羅什譯於弘始四年（四〇二）。異譯本有二：①持心梵天所問經六卷，西晉竺法護譯於太康七年（二八六）；②勝思惟梵天所問經六卷，元魏菩提留支譯於神龜元年（五一八）。

〔二〕比丘是梵文 Bhikṣu 的音譯，另譯苾芻、比呼等，意譯乞士、乞士男等。指出家後受過二百五十條大戒的男僧，俗稱和尚。據大智度論卷三，比丘有五方面的含意：乞士（靠乞食爲生）、破煩惱、出家人、盡形壽（一輩子）持戒、怖魔（使魔鬼見而生畏）。

〔三〕參見思益經解諸法品，梵天：「當來有比丘，不修身，不修戒，不修心，不修慧。是人説生相是苦諦，衆緣和合是集諦，滅法故是滅諦，以二法求相是道諦。」佛言：「我説此愚人是外道徒黨，我非彼人師，彼非我弟子。是人墮於邪道，破失法故，説言有諦。」（大正藏卷十五，第三九頁）梵天原爲婆羅門教的創造神，被佛教吸收後，被認爲是色界初禪天之王。「二法」與不二法門相對立，意謂世間萬物的千差萬別。「不二」意味着空，「二法」意味着「有」，世間萬物既有區別，就是獨立的存在。

【本段大意】第三、違背大乘佛教義理。思益經説：「未來世有邪惡比丘（毘曇師）出現，主張苦、集、滅、道四諦法實有，妄圖以這種實有之法成就聖道。」佛留下這樣的預言，是爲了預先告誡將來的人們。佛説此等是邪惡之人，所講的道理肯定是邪説。既然違背了大乘佛教教義，就應當進行破斥。

第四守小筌。夫爲未識源者，示之以流，令尋流以得源〔一〕。未見月者，示之以指，令因指以得月〔二〕。窮流則唯是一源，亡指則但是一月，蓋是如來説小之意也〔三〕。而毘曇之徒，執固小宗，不趣大道，守筌喪實〔四〕，故造論破之。

## 校釋

〔一〕「令尋流以得源」，大乘佛教認爲，小乘是末流，大乘是本源。佛説小乘的目的，是爲了讓衆生通過學小乘，進而學大乘，遵循着末流以求得本源。

〔二〕「令因指以得月」，佛經裏經常以指譬教，以月比法，如楞嚴經卷二：「如人以手指月示人，彼人因指當應看月，若復觀指以爲月體，此人豈唯亡失月輪，亦亡其指，何以故？以所標指爲月故。」（大正藏卷十九，第一一一頁）此處以指譬喻小乘，以月譬喻大乘。

〔三〕本段是説，如循流以求源，追溯流到了盡頭就是本源；如以指示月，看到月亮就應當忘掉手指。譬喻學完小乘以後，就進入大乘階段，此時就應當丢掉小乘。

〔四〕「守筌喪實」，釋迦牟尼佛講小乘，最終目的是使人們通過小乘進而領悟大乘。但以毘曇爲經典的説一切有部教徒却頑固地堅持小乘，不向大乘邁進。漁人用竹簍捕魚，最終目的是要魚，但有的人却只守住魚簍不要魚。

【本段大意】第四、毘曇學者頑固地堅持小乘佛教，不向大乘邁進，就像是漁人死守着魚簍不放，而不要魚一樣。釋迦牟尼佛爲不認識佛教本源（大乘）的人們，先教他們學末流（小乘），讓他們遵循着末流，上溯到本源。爲了讓没看到月亮（喻大乘）的人們看到月亮，用手指指給他們看，讓他們順着手指（喻小乘）看到月亮（喻大乘）。上溯到流的盡頭（學完小乘）就是唯一的本源（大乘），忘掉手指就只看到一個月亮，這都是如來佛説小乘的用意所在。但是，以毘曇爲經典的小乘佛教説一切有部教徒，頑固地堅持小乘，不向大乘邁進，就像漁人只守住竹簍不要魚一樣。所以，要造論對它進行破斥。

第五、迷自宗。諸聖弟子〔一〕，有所述作，本爲通經，而阿含之文〔二〕，親説無相〔三〕，故善吉觀法空而悟道〔四〕，身子入空定而佛歎〔五〕，阿毘曇人。但明見有，故自迷本宗。

## 校釋

〔一〕「諸聖弟子」，意謂「大聖」的弟子們。「大聖」即釋迦牟尼佛，「諸聖弟子」係指各位菩薩。

〔二〕阿含，即阿含經（Āgamasūtra），音譯阿笈摩，意爲「傳承的説教」。北傳佛教與南傳佛教的阿含經不盡相同，北傳佛教有四阿含：長阿含經、中阿含經、雜阿含經、增一阿含經；南傳巴利文經藏有長部、中部、相應部、增支部、小部。前四部的内容，與北傳佛教的四部阿含經基本相應。阿含經是研究早期佛教的主要經典。

〔三〕無相，即空相，阿含部中的五蘊皆空經（勘出雜阿含第二卷）、勝義空經（勘出雜阿含第十二卷）均説無相。

〔四〕善吉，須菩提(Subhūti)的意譯，釋迦牟尼的十大弟子之一，號稱「解空第一」。相傳爲古印度拘薩羅國舍衛城人，屬婆羅門種姓。增一阿含經卷三：「恒樂空定，分別空義，所謂須菩提比丘是。」(大正藏卷二，第五五八頁)

〔五〕身子，舍利弗(Śāriputra)的意譯，又稱作舍利子。

【本段大意】第五、執迷於自己宗派的觀點。佛的弟子們(菩薩)撰寫著作，本來是爲了解釋經。阿含經中直接講到空相，所以須菩提看到法空而領悟佛道，舍利子入空定受到佛的讚歎，而毘曇師只講「有」這種邪見，所以是執迷於自己宗派的觀點。

第六、無本信。文殊問經云〔一〕：「十八及本二〔二〕，皆從大乘出〔三〕，無是亦無非〔四〕，我說未來起〔五〕。」十八者，謂十八部異執也；及本二者，根本唯二部：一大衆部〔六〕，二上座部〔七〕。而阿毘曇是十八部內薩婆多部〔八〕，從大乘出〔九〕，卽大爲小本。而執小之流，聞大乘不信，是以破之。問：「何以知執小之人不信大法耶？」答：「智度論云〔一〇〕：『旃延弟子答龍樹云：我聞大乘，心不都信〔一一〕。』故外國執小乘者〔一二〕，與學大乘人分河飲水。」

## 校釋

〔一〕文殊問經，文殊師利問經之略，梁僧伽婆羅譯於天監十七年(五一八)，分爲二卷十七品，屬大乘律藏。

〔二〕「十八及本二」，關於佛教的分裂，佛教經典的記載各不相同，據北傳佛教的異部宗輪論和文殊師利問經，釋迦牟尼死後一百多年，大天比丘提出阿羅漢還存在着五種局限：①還有不淨漏，遇魔女的引誘還有夢泄不淨之事；②不知道自己修行所達到的果位；③在判斷是非時仍有猶豫；④對自己修行所達到的果位要靠別人指點才能知道；⑤仍有痛苦，甚至夜呼「苦哉」！支持大天的人是多數，組成大衆部；僧團中年老位高的比丘反對大天的主張，因而組成上座部。這次分裂稱爲根本分裂，所以大衆部和上座部稱爲根本二部。以後根本二部又繼續分裂出十八部，這些分裂稱爲枝末分裂。分裂的情況大概如下：釋迦死後第二百年，從大衆部中分出三部：一說部、說出世部、雞胤部，以後又分出多聞部，再往後又分出說假部。在釋迦死後第二百年末，大衆部中又分出三部：制多山部、西山住部、北山住部。這樣，就從大衆部中分出八部。釋迦死後三百年初，從上座部分出兩部：說一切有部（亦名說因部）、雪山部（原上座部）。於三百年中，從說一切有部分出犢子部，以後又從犢子部分出四部：法上部、賢胄部、正量部、密林山部，以後又從說一切有部分出化地部，後從化地部分出法藏部；至三百年末，從說一切有部分出飲光部，亦名善歲部；至四百年初，從說一切有部分出經量部，亦名說轉部。這樣，從上座部分出十部，再加大衆部中分出的八部，總計十八部，再加根本二部，即爲二十部。上述分裂情況可以圖示如下：

釋迦死後一百多年

- 大衆部
  - 一說部、說出世部、雞胤部——第一破（第二百年）
  - 多聞部——第二破（第二百年）
  - 說假部——第三破（第二百年）
  - 制多山部、西山住部、北山住部——第四破（第二百年末）
- 上座部
  - 第一破（三百年初）
  - 雪山部
  - 說一切有部
    - 犢子部——第二破（三百年中）
      - 法上部、賢胄部、正量部、密林山部——第三破（第三百年）
    - 化地部——第四破（第三百年）
      - 法藏部——第五破（第三百年）
    - 飲光部——第六破（三百年末）
    - 經量部——第七破（四百年初）

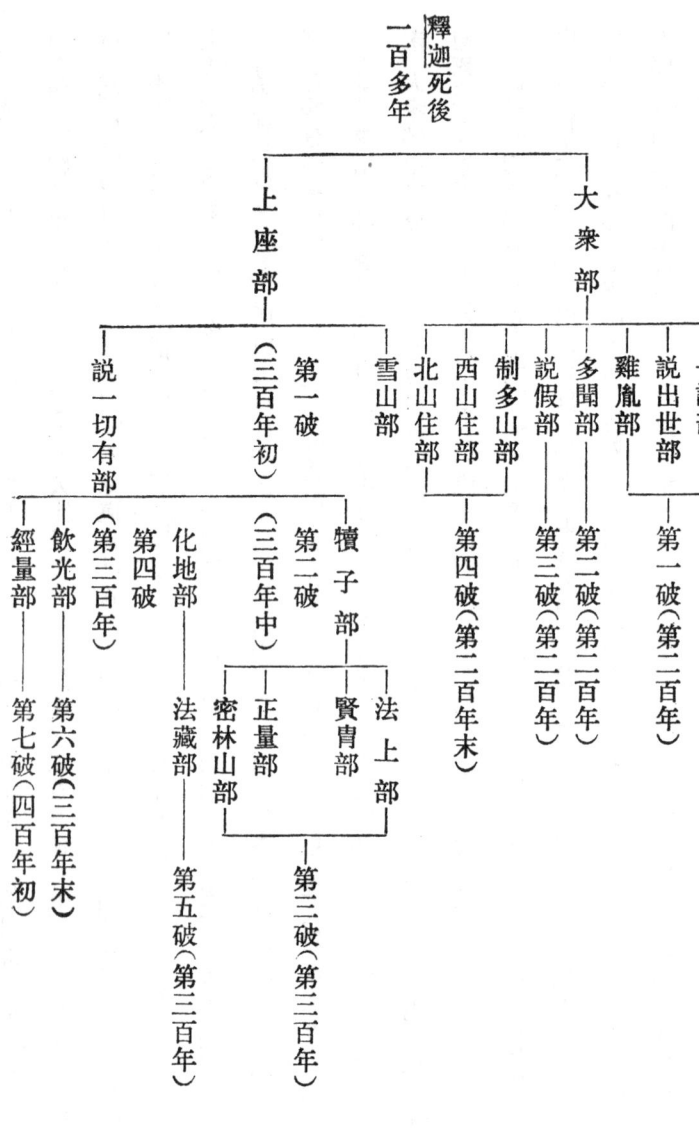

〔三〕「皆從大乘出」，大乘佛教認爲，釋迦牟尼在世時既講過小乘，也講過大乘，所以説這二十部「皆從大乘出」。實際上這種説法是不符合歷史事實的。公元前六至前五世紀的佛教稱爲原始佛教；公元前四世紀以後至公元一世紀是部派佛教時期；約公元一世紀才形成大乘佛教。大乘出現以後，把以前的原始佛教和部派佛教一概貶稱爲小乘。

〔四〕「無是亦無非」，文殊師利問經宣稱，釋迦牟尼在世時曾經預言，他死以後，他的弟子們要分成二十部，就像一個人有二十個兒子一樣，佛對他們一視同仁，没有正確與錯誤之分。故稱「無是亦無非」。

〔五〕「我説未來起」，原始佛教主張没有起主宰作用的「我」（Ātman，音譯阿特曼，意謂靈魂），部派佛教中的犢子部及其支派法上部、賢胄部、正量部、密林山部提出「有我」的主張，故稱「我説未來起」。 本段引自文殊師利問經下卷的偈文，「皆從大乘出」的「皆」字原文作「悉」。

〔六〕大衆部（Mahāsaṅghika），音譯摩訶僧祇部。釋迦牟尼死後一百多年從原始佛教分裂出來的一個部派，後分出一説部、説出世部等八個部派。其主張與上座部特别是説一切有部直接對立：上座部主張釋迦牟尼佛僅是宣教師，大衆部却把他神化，説他身軀無邊無際，壽命無量，威力無比；説一切有説主張三世實有，大衆部主張只有現在世，過去世和未來世是不存在的；説一切有部主張有三種無爲法：虚空無爲、擇滅無爲、非擇滅無爲，大衆部主張有九種無爲法，除上述三種外，還有下列六種：空無邊處（没有物質阻礙的虚空無限的精神境界）、識無邊處（心識無限）、無所有處（物質、心識皆無）、非想非非想處（識無邊處「有想」，無所有處「無想」，二者的否定即爲非想非非想處）、緣起支性（由因緣推論所達到的永恒精神境界）、聖道支性（通過八正道所達到的精神境界）。

〔七〕上座部（Sthaviravāda），是釋迦牟尼死後一百多年，從原始佛教分裂出來一個重要部派，後又分出說一切有部、犢子部等十個部派，主要分布在古印度的西北部。並於公元前三世紀傳入斯里蘭卡、緬甸等國，後稱南傳上座部。

〔八〕薩婆多部（Sarvāstivāda）簡稱薩衛，意譯說一切有部，簡稱有部。

〔九〕說薩婆多部是「從大乘出」，是不符合歷史事實的。薩婆多部是釋迦牟尼死後三百年初，從屬於小乘佛教的上座部分裂出來的。

〔一〇〕智度論，大智度論（Mahāprajñāpāramitāśāstra）的簡稱，內容是解釋大品般若經的，作者龍樹，姚秦鳩摩羅什譯於弘始四年至七年（四〇二——四〇五），一百卷。據僧叡所作的序，這部論的略本有十萬偈，每偈有三十二字，共三百二十萬言，如果全部譯出，將有一千多卷。

〔一一〕大智度論卷四引迦旃延弟子們的話說：「摩訶衍中雖有此語，我亦不能都信。」（大正藏卷二十五，第九二頁）迦旃延爲小乘佛教發智論的作者。摩訶衍是梵文 Mahāyāna 的音譯，意譯大乘。

〔一二〕外國，此指古代印度。

【本段大意】第六、不信佛教的本源（大乘）。文殊師利問經稱：「枝末分裂的十八部和根本分裂的二部，都出於大乘佛教(按：應作「都出於原始佛教」),無所謂是還是非,將來會有人提出『有我』的學說。」所謂十八,是堅持不同主張的十八個部派,「本二」係指根本分裂的二部：一、大衆部,二、上座部。阿毘曇屬於十八部之一的説一切有部,是從大乘佛教分裂出來的(按：應作「是從上座部佛教分裂出來的」),所以大乘是小乘的本源。而堅持小乘的佛教徒們,聽到大乘義理,都不相信,所以要進行破斥。問：「怎麽知道堅持小乘的佛教徒不相信大乘佛法呢?」答：「大智度論稱：『迦旃延的弟子們回答龍樹説：我們聽了大乘的説教,從内心裏都不相信。』所以,古印度堅持小乘佛教觀點的人們,與學大乘佛教的人們早已分河飲水了。」

第七、有偏執。大集經云〔一〕：「雖有五部〔二〕,並不妨如來法界及大涅槃〔三〕。」而阿毘曇人保執自宗,排斥他説,便違法界,拒大涅槃〔四〕。累障既深〔五〕,宜須傷歎。

## 校釋

〔一〕大集經,大方等大集經的略稱,據稱内容是佛向欲界、色界諸位菩薩所説大乘法的總匯。共分六十卷十七分,第一至第十一分的二十六卷和第十三分的三卷是曇無讖譯;第十二分的四卷是南朝宋智嚴、寶雲譯;第十四至第十六分的二十五卷是隋那連耶舍譯;第十七分的二卷是東漢末安世高譯。

〔二〕五部,據大集經卷二十等,釋迦牟尼死後一百年,付法藏第五祖優婆毱多有五大弟子,對戒律問題發生分歧，分出五部：①法藏部主張用四分律，②説一切有部主張用十誦律，③化地部主張用五分律，④飲光部主張用解脱戒經，⑤犢子部律書未傳。

〔三〕本段引自大集經卷二十二：「五部雖各別，不妨諸佛法界涅槃。」（大正藏卷十三，第一五九頁）法界是梵文 Dharmadhātu 的意譯，佛教各派對這個詞的解釋很不一致，此處係指佛教的「絶對真理」真如、法性、諸法實相等。

〔四〕大涅槃，卽大般涅槃，亦稱摩訶般涅槃（Mahāprajñānirvāna），意謂具有偉大的成佛智慧般若，已達脱離生死輪回的涅槃境界。

〔五〕障，卽障礙聖道，衆生的煩惱、業（行爲）等是成就涅槃的障礙。

【本段大意】第七、其主張偏斜不正，固執己見。大集經稱：「從持戒來分，雖然有五個部派，並不妨礙如來佛所講的「絶對真理」真如、法性和大般涅槃。」而以毘曇爲經典的説一切有部教徒，保守地堅持本派主張，排斥其他部派的理論，就違背了佛教的「絶對真理」真如、法性等，阻礙實現大般涅槃。既然積累起來的對聖道的障礙極其深重，當然令人傷心悲歎。

第八、非學本。大品經云〔一〕：「欲知四緣，當學般若〔二〕。」外人問龍樹云：「欲學四緣，應學毘曇，云何乃學般若〔三〕？」論主答曰：「初學毘曇似如可解，轉久推求，則成邪見。」問曰：「學毘曇云何乃成邪見？」答：「若言四緣生諸法者，誰復生於四緣？若四緣更從他生，則他復從他，如是無窮。若其四緣自然而有，不從他生者，萬物亦應不由四緣，當墮無因。故從則無窮，窮則無因。由此二門，則不信因果。故久學毘曇成於邪見。」

## 校釋

〔一〕大品經是大品般若經之略。鳩摩羅什翻譯的般若經有二十四卷本和七卷本兩部，前者稱爲大品般若經，亦稱摩訶般若波羅蜜經，後者稱爲小品般若波羅蜜經。同本異譯有：西晉竺法護譯的光贊般若經十卷、西晉無羅叉和竺叔蘭共譯的放光般若經二十卷、唐玄奘翻譯的大般若經第二會。吉藏著有大品經義疏十卷、大品游意一卷。

〔二〕引自大品般若經序品，原文如下：「菩薩摩訶薩！欲知諸法因緣、次第緣、緣緣、增上緣，當學般若波羅蜜。」（大正藏卷八，第二一九頁）摩訶薩是摩訶薩埵（Mahāsattva）之略，意譯大衆生或大有情，是菩薩的通稱。因緣總指一切有爲法，世間萬事萬物生起的一切條件都可稱爲因緣，但主要指心理活動。次第緣新譯等無間緣，係指前念心引發後念心時，前念心是後念心之緣，前念心與後念心一致，故名爲「等」，中無間隔，故名「無間」。所緣緣（卽緣緣）是客觀的意思，係指主觀心識所緣的一切對象，這種所緣的對象，能爲心、心所發生之緣，故名所緣緣。增上緣是對事物的形成起促進作用的心理活動。

〔三〕語見大智度論卷三十二（大正藏第二十五卷，第二九七頁）

【本段大意】第八、不學習佛教的本源（大乘）。大品般若經稱：「要想知道四緣，應當學習般若經。」有外道人問龍樹說：「要想學四緣，應當學毗曇，爲什麼要學般若經呢？」論主龍樹回答說：「開始學毗曇的時候，對於四緣好像是可以理解，反復推求下去，就成了邪惡的錯誤見解。」問：「學毗曇怎麽能成邪見呢？」答：「如果說四緣産生萬事萬物的話，四緣是誰産生的呢？如果四緣是其他事物所生，這其他事物又是從另外的其他事物而生，這樣推論下去，就是無窮。如果四緣自然而有，不是從其他事物産生的，萬事萬物也應當是不由四緣而生，這就落到無因。所以，四緣如果從其他事物而生，則成無窮；如果是有窮，則成無因。由於這兩方面的原因，則不相信因果論。所以，學習毗曇久而久之，卽成邪惡的見解。」

第九、蔽真言。大集經云：「甚深之義不可說，第一義諦無聲字〔一〕，陳如比丘於諸法〔二〕，獲得真實之知見〔三〕。」本起經云〔四〕：「頞鞞沙門，卽五人之一〔五〕，爲身子說偈云〔六〕：『一切諸法本，因緣空無主，息心達本源，故號爲沙門。』身子聞之，卽得初果〔七〕。」尋大、小二經〔八〕，皆明見空成聖，而阿毗曇謂觀有得道，故隱覆真言。

## 校釋

〔一〕第一義諦，卽二諦中的真諦(Paramārtha)，亦稱勝義諦，佛教把它宣揚得十分神秘，不能用語言文字表達，故稱「無聲字」。

〔二〕陳如卽憍陳如，佛最先度的五比丘之一。

〔三〕此段文字引自大集經卷二的偈，見大正藏卷十三，第十三頁。「第一義諦」大集經作「第一實諦」。

〔四〕本起經是太子瑞應本起經之略，二卷，三國吳支謙譯，內容是釋迦牟尼「前生」及今世的神話故事。異譯本有：東漢曇果、竺大力共譯的修行本起經，南朝宋求那跋陀羅譯的過去現在因果經。

〔五〕五人，釋迦牟尼最先度的五比丘：①阿若憍陳如(Ājñātakauṇḍinya)，略稱爲憍陳如或陳如；②阿説示(Aśvajit，意譯馬勝)，亦名頞鞞；③跋提(Bhadrika)；④十力迦葉(Daśabalakāśyapa)；⑤摩訶男拘利(Mahānāmakulika)。

〔六〕偈，梵文Gāthā的意譯，音譯伽陀，佛經中的詩體。

〔七〕本段引文見本起經第四品度瓶沙王品。(大正藏卷四，第一五三頁)。「本源」係指諸法實相。初果，即預流果(Srotāpanna-phala，音譯須陀洹果)「流」是指無漏道(無煩惱)，所謂「預流」意謂剛剛參預此流。得預流果的人還要往來天上人間，因得預流果的程度不同，「往來」的次數也不同，但最多不超過七次。

〔八〕這裏所説的大乘經係指大集經，這裏所説的小乘經係指本起經。

【本段大意】第九、遮蔽佛的真實説教。大集經稱：「佛真實説教非常深奥的含意是不可説的，真諦之理不能用語言文字表達，憍陳如比丘對於萬事萬物獲得真實不妄的認識和見解。」本起經稱：「頞鞞沙門是佛最初度的五比丘之一，對舍利弗説過這樣一首偈：『一切事物的本性，都是因緣和合的産物，都没有自性，所以都是空，只有息心静慮，才能認識諸法實相，才能成爲沙門。』舍利弗聽了這話，才獲得預流果。」屬於大乘的大集經和屬於小乘的本起經都說明理解了「空」即成「聖人」、阿毗曇却說理解了「有」而成聖道。這是隱蔽遮覆佛的真實說教。

第十、喪圓旨。涅槃經云〔一〕：「欲令衆生深識真諦，是故如來宣說於俗。若使衆生不因俗諦而識真者，諸佛如來終不說俗〔二〕。」毘曇之流，雖知俗有〔三〕，不悟真空〔四〕。既惑真空，亦迷俗有，是故真俗二俱並喪。

## 校釋

〔一〕涅槃經是大般涅槃經（Mahāparinirvāṇa）之略，約出現於印度笈多王朝初期（約爲公元四、五世紀），梵文本已佚，漢、藏各有兩個譯本。漢譯有北涼曇無讖譯本四十卷，稱爲北本涅槃經；還有東晉法顯翻譯的大般泥洹經六卷，後由南朝宋慧觀與謝靈運等，以曇無讖譯本爲主，參照法顯譯本，改治而成涅槃經三十六卷，亦稱南本涅槃經。

〔二〕引自大般涅槃經梵行品，原文如下：「諸佛世尊爲第一義故說於世諦，亦令衆生得第一義諦。若使衆生不得如是第一義者，諸佛終不宣說世諦。」（大正藏卷十二，第四六五頁）三論宗用俗諦和真諦總括一切事物。俗諦又稱爲世俗諦、世諦。三論宗認爲，一切事物都是因緣和合的產物，都沒有自性，都是空，但世俗人不懂得這個道理，認爲一切事物實有，佛爲了適應衆生的接受程度也說「有」，這就是俗諦；佛教賢聖與之相反，認爲萬事萬物都是虛幻不實的，都是空，這就是真諦。所以真、俗二諦又稱爲有、無二諦或空、有二諦。佛說俗諦不是目的，他的最終目的是讓衆生通過俗諦領悟真諦。

〔三〕俗有，卽俗諦所講的「有」。三論宗認爲是幻有。

〔四〕真空，卽真諦所講的「空」。

【本段大意】第十、喪失真、俗二諦的圓滿旨趣。涅槃經稱：「爲了使衆生深刻認識真諦，所以如來佛才宣說俗諦。如果不是爲了使衆生通過俗諦而領悟真諦，如來佛們終究不會宣說俗諦。」以毗曇爲經典的說一切有部教徒，雖然知道俗諦的「有」，但不領悟真諦的「空」。既然不懂得真諦的「空」，對俗諦的「有」也迷惑不解，所以是真、俗二諦全都喪失。

排成實第三。一立義，二破斥。有訶梨跋摩高足弟子序其宗曰：「成實論者，佛滅度後九百年內，有訶梨跋摩，此云師子鎧之所造也〔一〕。」其人本是薩婆多部鳩摩羅陀弟子〔二〕，慨其所釋，近在名相〔三〕，遂徙轍僧祇〔四〕，大、小兼學，鑽仰九經〔五〕，澂汰五部〔六〕，再卷邪霧，重舒慧日。於是道振罽賓〔七〕，聲流赤縣〔八〕。「成」是能成之文，「實」謂所成之理。二百二品，十六卷文〔九〕。四諦建章〔一〇〕，五聚明義〔一一〕。說既精巧，歸衆若林。

## 校釋

〔一〕師子鎧是梵文Harivarman（訶梨跋摩）的意譯。

〔二〕鳩摩羅陀（Kumāralabdha），亦稱鳩摩邏多、鳩摩羅多等，意譯童受、童首、豪童等，說一切有部的著名論師之一。約公元三世紀出生於古印度坦叉始羅國的一個婆羅門家庭，出家後師事僧伽耶舍，佛祖通載把他列爲第十九祖，玄奘的大唐西域記卷十把他列爲四日之一：「東有馬鳴，南有提婆，西有龍猛（卽龍樹），北有童受，號爲四日照世。」主要著作有喻鬘論、癡鬘論、顯了論等。

〔三〕名相，「名」爲名字，「相」爲相狀。一般人認爲，萬事萬物都有名相，耳可聞謂之名，眼可見謂之相。三論宗認爲，事物的名相都是虛幻不實的，一般人不懂得這種道理，由名相而生種種妄惑，「誤認」各類事物眞實存在。

〔四〕僧祇，摩訶僧祇（Mahāsanghika）之略，卽大衆部。

〔五〕九經，是根據内容和形式所區分的小乘佛教九種類型的經：①修多羅（Sūtra，契經）是佛經中的長行（散文體）部分；②祇夜（Geya，應頌）是詩體，與修多羅相應，詩體與長行間雜使用；③伽陀（Gāthā，頌）只使用詩體；④尼陀那（Nidāna，因緣），記述佛說法教化的因緣，如諸經的序品；⑤阿婆陀那（Avadāna，譬喻）經文中的譬喻部分；⑥伊提目多伽（Itivṛttaka，如是語經）卽「本事」，佛說弟子過去世因緣的經文；⑦闍陀伽（Jātaka，本生）佛說自己過去世因緣的經文；⑧阿浮陀達磨（Adbhūtadharma，未曾有），記述佛顯現種種神通的經文；⑨優波提舍（Upadeśa，論議）問答和論議諸法意義的經文。

〔六〕五部，係指大衆部内最先出現的五個支派：一說部、說出世部、雞胤部、多聞部、說假部。

〔七〕罽賓（Kaśmira）今克什米爾地區。

〔八〕赤縣，卽中國。吉藏著中論序疏：「崑崙山東地方五千里，一曰神洲，亦名赤縣。禹於赤縣之内畫地分疆以爲九州，故鑄九鼎鎭九州，則知赤縣是九州之總名。」（大正藏卷四十二，第四頁）

〔九〕十六卷文，成實論的現存本是二十卷，但出三藏記集載爲十六卷。

〔一〇〕四諦，佛教的基本教義之一，意謂四條「真理」：①苦諦，社會上的痛苦現象；②集諦，造成痛苦的原因；③滅諦，消滅痛苦，以達涅槃；④道諦，消滅痛苦的途徑。

〔一一〕成實論分爲五聚：①發聚，是全論的序分，包括佛寶論初具足品等三十五品；②苦諦聚，分别論述色、識、想、受、行五陰，包括色相品等五十九品；③集諦聚，分别論述業和煩惱，包括業相品等四十六品；④滅諦聚，包括立假名品等十四品；⑤道諦聚，分别論述禪定和智慧，包括定因品等四十八品。

【本段大意】第三、排斥成實論。首先說明成實論的觀點主張，然後進行破斥。訶梨跋摩的一位高足弟子這樣敍述成實論的宗旨：成實論的作者是佛涅槃後九百年内的訶梨跋摩，意譯師子鎧，這個人原爲說一切有部論師鳩摩羅陀的弟子，嫌說一切有部論典都是解釋名相，遂改信大衆部，既學大乘，又學小乘，鑽研敬仰小乘佛教九種類型的經，對大衆部最先出現的五個支派進行澄清淘汰，再一次掃除邪惡的迷霧，使智慧的陽光重新照耀。於是，訶梨跋摩講的道理震動古印度的罽賓地區，聲譽傳播到中國。「成」是使四諦之理得以成立的文字，「實」是所成立的四諦理。分爲十六卷二〇二品，用苦、集、滅、道四諦建立篇章，用五聚説明其意義。既然講説精緻巧妙，皈依的徒衆之多，猶如密林。

問：「跋摩既排斥八犍〔一〕，陶汰五部，成實之宗，正依何義？」答：「有人言：擇善而從，有能必録，弃衆師之短，取諸部之長。有人言：雖復斥排羣異，正用曇無德部〔二〕；有人言：偏斥毘曇，專同譬喻〔三〕；真諦三藏云〔四〕：用經部義也〔五〕，檢俱舍論經部之義〔六〕，多同成實。

## 校釋

〔一〕八犍，阿毗曇八犍度論的略稱。

〔二〕曇無德部（Dharmagupta），即法藏部，釋迦牟尼死後三百年初，從上座部分出説一切有部，後從説一切有部分出化地部，又從化地部分出法藏部。法藏是部主的名字。該部自稱是承襲大目犍連的傳承，立五藏：一經，二律，三論，四咒，五菩薩（即菩薩前世的本行故事）。該部主張，向佛進行布施，其功德大於施僧，其他方面多同大衆部。

〔三〕譬喻，是指經量部前身的論師採用説故事打比喻的方式解釋佛的説教，根據的經典是法句經，創始人是鳩摩羅陀，代表作是百喻經、譬喻莊嚴經等。除鳩摩羅陀外，譬喻師的主要代表人物是屬於説一切有部的法救、覺天，還有初期大乘的馬鳴等。訶梨跋摩開始學習譬喻師的學説，後來對此感到不滿意，又學習屬于大衆部的多聞部，最後著成實論。

〔四〕真諦(Paramārtha，四九九——五六九)亦稱拘羅那陀(Kulanātha)，中國佛教四大翻譯家(有兩說，一說爲：鳩摩羅什、真諦、玄奘、不空；另一說將不空换爲義净)之一。古印度西部優禪尼國人，曾至扶南(今柬埔寨)，應梁武帝之請，於中大同元年(五四六)來華，先到廣州，後流寓今蘇、浙、贛、閩等地，最後又到廣州。沿途譯經，譯出十七地論、金光明經、攝大乘論等共六十四部二百七十八卷。三藏原指佛教的經、律、論，後將精通三藏的人尊稱爲三藏，如稱唐玄奘爲唐三藏。

〔五〕經部，卽經量部(Sautrantika)，釋迦牟尼死後四百年初從説一切有部分裂出來的最後一個支派，自稱以慶喜爲師，以經爲量(準則)建立自己的學説，認爲論和律都是解釋經義。該部繼承譬喻師的「細心説」，認爲在修練滅盡定(一種禪定的名字)的時候，粗心已滅，仍留「細心」，卽「一味蘊」，這種「一味蘊」可以從前世轉至後世，所以經量部又稱爲説轉部。這種「一味蘊」還可以長出「根邊蘊」，卽色、受、想、行、識五蘊。

〔六〕俱舍論是阿毘達磨俱舍論(Abhidnarmakośasāstra)的簡稱，古印度世親著，是説一切有部的著名論書，但也吸收很多經量部觀點。傳入中國後，在我國出現了專門弘揚俱舍論的俱舍師。有舊、新兩個漢譯本，舊譯本是陳真諦翻譯的阿毘達磨俱舍釋論，譯於天嘉四年至光大元年(五六三——五六七)，由慧愷筆受，此時的著名俱舍師是慧愷、智敫、法泰等；新譯本是唐玄奘翻譯的阿毘達磨俱舍論九品三十卷，譯於永徽二年至五年(六五一——六五四)弘揚新俱舍著名俱舍師有神泰、普光、法寳等，世稱俱舍三大家。日僧智通、智達入唐求法，使俱舍論從中國傳入日本。

**【本段大意】**問：「訶梨跋摩既然排斥阿毘曇八犍度論，陶汰大衆部中最先出現的五個部派，成實論的宗旨屬於哪個部派呢？」答：「有人説：只要是好的，成實論都要順從，只要是有用的，一定要預以筆録，抛棄各位論師的短處，採取各個部派的長處；有人説：成實論雖然一再排斥各種不同的見解，正依是法藏部；有人説：成實論貶斥毘曇與譬喻師相同；三藏法師真諦説：成實論用經量部的意義。據查，俱舍論中所含的經量部意義，很多與成實論相同。

破斥第二。問：「成實爲是小乘之論〔一〕？爲是大乘〔二〕？爲含大小？」答：「有人言是大乘也，有人言是小乘，有人言探大乘意以釋小乘，具含大小。夫珉玉精麤，蓋是耳目所覩，尚有昏明殊鏡，況妙道真僞，言亡慮絶〔三〕，豈易識哉？今以十義證，則明是小乘，非大乘矣：一舊序證〔四〕，二依論徵，三無大文，四有條例，五迷本宗，六分大小，七格優降，八無相即〔五〕，九傷解行，十檢世人。」

## 校釋

〔一〕小乘，梵文Hinayāna的意譯，音譯希那衍那，即小乘佛教。公元一世紀在印度出現大乘以後，把以前的原始佛教和部佛教都貶稱爲小乘。中國曾有小乘流行，但居優勢地位的是大乘。當前小乘佛教主要流行於斯里蘭卡、泰國、緬甸、老撾、柬埔寨等國以及我國雲南省的傣族地區，這支佛教屬於南傳佛教，經典屬於巴利文系統。

〔二〕大乘，梵文Mahāyāna的意譯，音譯摩訶衍那，即大乘佛教。「乘」是乘載的意思，大乘意謂運載衆多的人度過苦海，到達彼岸，主修以六度（布施、持戒、忍辱、精進、禪定、智慧）爲主要内容的菩薩行，普度衆生，而小乘佛教徒却只求個人的解脱，以得羅漢果爲修行的終極目的。當前，大乘佛教主要流行在中國、朝鮮、日本、越南等國，這支佛教稱爲北傳佛教，經典屬於梵文系統，現存經典以漢譯本爲主。

〔三〕「亡」字原作「忘」，據大正藏本改。

〔四〕舊序，係指僧叡爲成實論所作的序。

〔五〕相卽，就是般若心經所説的「色卽是空，空卽是色。」小乘佛教認爲色就是色，空就是空，色與空互不相關，大乘佛教認爲色、空相卽，卽色觀空，卽空觀色。

【本段大意】第二、進行破斥。問：「成實論是小乘論？大乘論？還是既含大乘，又含小乘呢？」答：「有人説是大乘論，有人説是小乘論，有人説是探求大乘的意義，以解釋小乘，既含有大乘，又含有小乘。寶石的精與粗，都是親眼可見，還有昏暗與光明懸殊的鏡子，更何況奇妙佛道的真和僞呢？佛道既不可言談，又不可思慮，哪能容易認識呢？現在從十方面的意義進行論證，就會知道成實論是小乘，而不是大乘：一、從僧叡爲成實論所作的序進行論證；二、依據成實論本身進行檢驗；三、成實論内没有引證大乘佛教的經文；四、大、小乘經論的條例不同；五、執迷於本宗派觀點；六、區分大乘和小乘；七、衡量大乘佛教和小乘佛教所講的空的優劣；八、成實論不能即空觀有、即有觀空；九、成實論的内容傷害大乘佛教的見解和修行；十、從當世人進行檢驗。」

昔羅什法師翻成實論竟〔一〕，命僧叡講之〔二〕。什師没後，叡公録其遺言，製論序云：「成實論者，佛滅度後八百九十年，罽賓小乘學者之匠，鳩摩羅陀上足弟子訶梨跋摩之所造也。其論云：『色、香、味、觸實也〔三〕，地、水、火、風假也〔四〕。』精巧有餘，明實不足，推而究之，小乘内之實耳，比於大乘，雖復龍燭之於螢耀，未足喻其懸矣。」或有人言：「此論明於滅諦〔五〕，與大乘均致。」羅什聞而歎曰：「秦人之無深識，何乃至此乎？吾每疑其普信大乘者，當知悟不由中，而迷可識矣。」成實是羅什所翻，僧叡爲講論之始，後學不應孤負前匠。

## 校釋

〔一〕法師，梵文Dharmācārya的意譯，佛教稱謂，係指精通佛法並善於弘揚之人。現在用於對僧人的尊稱。

〔二〕僧叡，東晉僧人，生卒年不詳，年六十七歲卒。魏郡長樂（今河南省安陽市東）人，十八歲出家作僧賢的弟子，博通經論，深受姚興推崇。後入長安，參加鳩摩羅什的譯場，爲其主要弟子之一。曾爲成實論、中論、大智度論、法華經、維摩詰經等寫序，並撰有二秦衆經録等。

〔三〕色、香、味、觸，是成實論所講的四種極微（或稱四塵），是構成色法（物質）的基本原素，依四微而成地、水、火、風四大，依四大而成眼、耳、鼻、舌、身五根。

〔四〕地、水、火、風，卽四大（Caturmahābhūta），亦稱四界。①地大具堅性，支持萬物；②水大具濕性，收攝萬物；③火大具暖性，調熟萬物；④風大具動性，能使萬物生長。所以，堅、濕、暖、動被稱爲實四大，地、水、火、風被稱爲假四大。以上爲俱舍論的觀點，成實論不承認實四大，只承認假四大，以極微作爲構成色法的基本原素。

〔五〕滅諦，梵文Nirodhasatya的意譯，四諦之一。「諦」（Satya）意謂「真理」，「滅」爲滅斷世間一切煩惱，也就是涅槃，是佛教所追求的終極目的。

【本段大意】第一、從舊序來論證。從前，鳩摩羅什把成實論翻譯完以後，讓僧叡講解。鳩摩羅什死後，僧叡記録其遺言，撰寫成實論序稱：「成實論，是釋迦牟尼死後八百九十年，罽賓小乘佛教大師，鳩摩羅陀上足弟子訶梨跋摩所著，其論稱：『色、香、味、觸是實有的，地、水、火、風是虛假的。』在精巧方面，綽綽有餘，在講實有方面，並不充足，推敲研究起來，確屬小乘佛教，和大乘比較起來，就是用龍燭（神名）與螢火蟲的光亮相比，也不能喻其懸殊。」或者有人說：「成實論在講滅諦方面和大乘佛教是一樣的。」鳩摩羅什聽了以後嘆息地説：「中國人對佛教没有深刻認識，竟然達到這種地步，我總是懷疑他們所謂普遍信仰大乘，實際上沒有領悟大乘的關鍵，因此造成迷惑，是可想而知的。」成實論是鳩摩羅什翻譯的，僧叡是講解的開始，後世學習成實論的人，不應當違背以前大師的觀點。

依論徵第二。成實文云：「諸比丘異論種種，佛皆聽故，我欲正論三藏內實義〔一〕。」訶梨自云「正論三藏」〔二〕，故知成實理是小乘。若言斯論亦明大者〔三〕，過在門人，非跋摩之咎。問：「何以知三藏是小乘耶？」答：「法華云：『亦不親近小乘三藏學者〔四〕。』恐大照未圓，小法容染〔五〕，故智形宜隔〔六〕，行止勿共〔七〕，誡於大士〔八〕，勿親近小人〔九〕，則知三藏非大乘矣。智度論云：『迦葉、阿難結集三藏〔一〇〕，文殊、彌勒集大乘藏〔一一〕。』」外人問云：「何故不於三藏內集大乘耶？」論主答云〔一二〕：「小乘不受大，不應小內而集大〔一三〕。」以此推之，但是小乘耳。

## 校釋

〔一〕語見成實論開頭皈敬頌的結尾。（見大正藏卷三十二，第二三九頁）

〔二〕訶梨以及下文的跋摩都是訶梨跋摩的簡稱。

〔三〕大，指大乘佛教。

〔四〕本段引文見妙法蓮華經安樂行品的偈：「亦不親近，增上慢人，貪著小乘，三藏學者。」（大正藏卷九，第三十七頁）增上慢，是佛教所講的一種傲慢，本來沒有獲得某種成果，自以爲已經獲得，如修學佛法，本來没有證得聖果（成羅漢等），自稱是已經證得。

〔五〕「恐大照未圓，小法容染」，意謂恐怕處於低級階段的菩薩，大乘佛教的智慧（「大照」）還不圓滿（「未圓」），容易沾染上（「容染」）小乘教法（「小法」）。

〔六〕「智」是心，「形」是身。「智形宜隔」是告誡大乘佛教徒要和小乘佛教徒劃清界限，使自己的身心與小乘佛教徒隔開。不要像小乘佛教那樣思考問題（心隔），也不要和小乘佛教徒在一起（形隔）。

〔七〕「行止勿共」，是告誡大乘佛教徒，不要和小乘佛教徒共同幹什麼事情，也不要和小乘佛教徒共同居住。

〔八〕大士，原意是菩薩的通稱，因爲菩薩可以作自利（自己覺悟）、利他（使其他人覺悟）的大事情，所以稱菩薩爲大士。這裏可以釋爲大乘佛教徒。佛教往往把初發心的人稱爲菩薩；所以大乘佛教徒和菩薩並無矛盾。

〔九〕小人，指小乘佛教徒。

〔一〇〕阿難（Ānanda），意譯爲慶喜，釋迦牟尼的十大弟子之一，號稱爲「多聞第一」。相傳舉行第一次佛教結集時由他誦出經藏。

〔一一〕語見大智度論第一百卷：「摩訶迦葉將諸比丘在耆闍崛山中集三藏，佛滅度後，文殊尸利、彌勒諸大菩薩亦將阿難集是摩訶衍。」（大正藏卷二十五第七五六頁）耆闍崛山即鷲山。文殊尸利（Mañjuśrī）一般譯爲文殊師利，略稱文殊，中國佛教的四大菩薩（觀音、地藏、文殊、普賢）之一，相傳其說法道場設在山西省的五臺山。其形相是頂結五髻，手持寶劍，騎獅子。彌勒（Maitreya）意譯慈氏，佛教傳說爲繼承釋迦牟尼佛位爲未來佛的菩薩。傳爲婆羅門種姓，先佛入滅等。摩訶衍是梵文 Mahāyāna 的音譯，意譯大乘。

〔一二〕論主，指大智度論的作者龍樹。

〔一三〕語見大智度論第一百卷：「小物應在大中，大物不得入小。」（大正藏卷二十五第七五六頁）這是說：小東西可以包括在大東西當中，大東西不可能包括在小東西當中。譬喻大乘可以包含小乘，小乘不可能包含大乘。

【本段大意】第二、依據這部論本身進行檢驗。成實論之文稱：「因爲諸位比丘各種各樣的議論，釋迦牟尼佛都要聽取，我（成實論的作者訶梨跋摩）想正式論述經、律、論三藏的意義。」訶梨跋摩自己都說「正論三藏」，可見，成實論屬於小乘佛教。如果說這部論也是大乘的話，其過錯在於訶梨跋摩的門徒，並不是訶梨跋摩本人的錯誤。問：「怎麼知道上文所說的三藏是小乘呢？」答：「法華經稱：『也不要親近學習小乘三藏的人們。』法華經恐怕大乘智慧還不圓滿的大乘佛教徒，容易沾染上小乘教法，所以要求大乘佛教徒在身、心方面和小乘佛教徒劃清界限，不要和小乘佛教徒共同幹什麼事情或共同居住，以此告誡大乘佛教徒，不要親近小乘佛教徒。由此可見，前文所說的三藏並非指大乘。智度論稱：「迦葉、阿難結集小乘三藏，文殊、彌勒結集大乘三藏。」有人問：「爲什麽不在小乘三藏内包括大乘呢？」大智度論的作者龍樹回答說：「小乘三藏不可能包括大乘，小東西不應當包括大東西。」由此推論，上文所說的三藏祇能是小乘。

無大文第三。原夫作論皆引佛言，如龍樹釋大〔一〕，而還引大經〔二〕。訶梨解小經〔三〕，唯將小證〔四〕，二百二品並探四阿含〔五〕，十六卷文竟無方等。以此詳之，卽可知矣。

## 校釋

〔一〕釋大，意謂解釋大乘佛教。

〔二〕大經，卽大乘佛經。

〔三〕小經，卽小乘佛經。

〔四〕「唯將小證」，意謂解釋小乘佛經，只引用小乘經文。

〔五〕四阿含，卽長阿含、中阿含、雜阿含、增一阿含。這四部阿含經是小乘佛教的重要經典，是研究早期佛教的重要依據。

【本段大意】第三、没有引用大乘經文。自古以來，只要作論，都要引用佛說的話（經），如龍樹爲了解釋大乘佛教，還要引用大乘經文。訶梨跋摩解釋小乘佛經，只引證小乘經文。成實論的二百零二品都引用四阿含經，十六卷的全部文字，竟然没有引用大乘佛經。從這些情況就可以知道，成實論是小乘論典。

有條例第四。問：「若成實釋小，不許兼明於大，亦應三論解大，不應兼明於小。」答：「義有條例，不應相濫。佛經有二：一者小乘，二者方等。若明大乘，必兼辨小；若辨小乘，不兼明大〔一〕。故大乘經初有小乘衆，小乘經首無菩薩僧〔二〕。示大能包小，小不含大。佛經既爾，在論例然。大乘之論兼明小乘，小乘之論不兼明大〔三〕。若弟子之論探大釋小，如來之經義亦應然，則巨細互兼〔四〕，何名大小？」

## 校釋

〔一〕「若明大乘，必兼辨小；若辨小乘，不兼明大。」小乘佛教認爲大乘非佛說，所以小乘佛經中不講大乘；大乘佛教認爲小乘是佛說，但僅是佛教的低級階段，所以大乘佛經中可以講小乘。

〔二〕菩薩，是梵文 Bodhisattva 的音譯菩提薩埵之略，意譯覺有情，是成佛前的一種聖位，所以稱爲候補佛。僧，是僧伽(Sangha)之略，一般指僧團，也可指個別僧人。「菩薩僧」係指大乘佛教徒。

〔三〕本段可參見大智度論卷四，問曰：「聲聞經初但說比丘衆，摩訶衍經初何以不但說菩薩衆？」答曰：「摩訶衍廣大，諸乘諸道皆入摩訶衍；聲聞乘狹小，不受摩訶衍。譬如恒河不受大海，以其狹小故；大海能受衆流，以其廣大故。摩訶衍法亦如是，如偈說：摩訶衍如海，小乘牛跡水，小故不受大，其喻亦如是。」（大正藏卷二十五第八十六頁）大智度論的作者龍樹認爲，大乘廣大，可以包括小乘；小乘狹小，不能包括大乘。這是大乘佛教的解釋，小乘佛教並不承認。

〔四〕「巨」指大乘佛教，「細」指小乘佛教。

【本段大意】第四、大、小乘經論的條例不同。問：「如果成實論解釋小乘佛教，不許附帶講解大乘，中論、十二門論和百論也只能解釋大乘，不應該附帶講小乘。」答：「大乘經、論和小乘經、論所詮義門有體例可以遵循，不應當互相濫用。佛經有兩種：一是小乘，二是大乘。如果講大乘，必須附帶講小乘；如果講小乘，不能附帶講大乘。所以，大乘經的開頭部分講到了小乘徒衆，小乘經的開頭部分並沒有講到大乘徒衆。說明大乘能包含小乘，小乘不能包含大乘。佛經既然是這樣，佛教論的體例也是這樣。大乘的論可以附帶講小乘，小乘的論不能附帶講大乘。如果佛弟子的論能够探求大乘解釋小乘，如來佛經的意義也應當如此。否則，就會使大乘和小乘互相兼雜，那還怎麽叫大乘或小乘呢？」

迷本宗第五。問：「成實論文盛辨生、法二空〔一〕，與大品明四諦平等〔二〕，義既無異，故知應是探大釋小。」答：「四阿含教內有二空〔三〕，論明二空，則還釋三藏，云何乃言探大解小？又身子毘曇亦辨二空〔四〕，而是小非大，訶梨之論義亦應同。」問：「身子毘曇亦探大釋小，與成實例同，彼既探大，則此非專小。」答：「身子所造，還釋佛毘曇〔五〕，佛說既是小乘，彼論寧言探大？」

## 校釋

〔一〕生，就是「人」，也就是「我」(Ātman，靈魂)；法，係指萬事萬物，在成實論裏特指色、受、想、行、識五蘊。

〔二〕見大品般若經四諦品：「須菩提白佛言：『世尊！何等是四聖諦平等相？』『須菩提！若無苦、無苦智；無集、無集智；無滅、無滅智；無道、無道智；是名四聖諦平等相。』」(大正藏卷八，第四一二頁)由此可見，四諦平等就是空，認識到四諦平等，就達到了涅槃。

〔三〕空，梵文 sūnya 的意譯，音譯舜若。「二空」係指我空(沒有起主宰作用的靈魂)、法空(沒有客觀事物)。大智度論講十八空：①內空(「內」是內法：眼、耳、鼻、舌、身、意六根)，②外空(「外」是外法：色、聲、香、味、觸、法六塵)，③內外空，④空空，⑤大空(「大」爲十方：東、西、南、北、上、下、東南、東北、西南、西北)，⑥第一義空(第一義即勝義，也就是二諦中的真諦)，⑦有爲空，⑧無爲空，⑨畢竟空，⑩無始空，⑪散空(散爲有放、有棄、有捨)，⑫性空，⑬自性空，⑭諸法空，⑮不可得空，⑯無法空，⑰有法空，⑱無法有法空。

〔四〕身子毘曇，即舍利弗阿毘曇論。該論第十六卷把空分爲內空、外空、內外空、空空、大空、第一義空六種(見大正藏卷二十八，第六三三頁)。但歸根結底是我空，法空二類。

〔五〕佛毘曇，即阿毘曇經。

【本段大意】第五、執迷於本宗派觀點。問：「成實論用很大的篇幅講解我空、法空，和大品般若經所講的四諦平等意義並無不同，由此可見，它應該是探討大乘，以解釋小乘。」答：「四阿含經就已經講到我空、法空，成實論講二空，還是解釋小乘，怎麽能說是探討大乘解釋小乘呢？而且，舍利弗毘曇也講二空，它是小乘，並非大乘，訶梨跋摩所著成實論，其意義應當與此相同。」問：「舍利弗毘曇是探討大乘解釋小乘，和成實論的體例相同，既然舍利弗毘曇是探討大乘，則成實論不會是專講小乘的。」答：「舍利弗所造的毘曇，還是解釋佛說的阿毘曇經，既然佛說的是小乘，舍利弗毘曇怎麽能是探討大乘呢？」

分大小第六。問：「小明一空〔一〕，大辨二空，可有差別？既同其二空，大小何異？」答：「雖同辨二空，二空不同，略明四種：一者，小乘拆法明空〔二〕，大乘本性空寂〔三〕；二者，小乘但明三界內人、法二空〔四〕，空義卽短，大乘明三界內外人法並空〔五〕，空義卽長；三者，小乘但明於空，未說不空。大乘明空，亦辨不空〔六〕。故涅槃云：『聲聞之人，但見於空，不見不空，智者見空及以不空，空者一切生死，不空者謂大涅槃〔七〕。』；四者，小乘名爲但空，謂但住於空。菩薩名不可得空，空亦不可得也〔八〕。故知雖明二空，空義有異，故分大小。」

## 校釋

〔一〕一空，一般指小乘佛教所講的我空。

〔二〕「拆法明空」，說一切有部通過分解的方法說明空，一個大東西可以分解爲小東西，小東西可以分解爲極微(原子)，再往下分就是空。

〔三〕「大乘本性空寂」，大乘佛教認爲，不需要經過分解，一切現象本身就是「空」，正如般若心經所說的：「色不異空，空不異色，色卽是空，空卽是色。」

〔四〕人空，卽我空。法空，是說客觀世界的一切都是虛幻不實的。

〔五〕「大乘明三界內外人、法並空」，三論宗認爲，小乘佛教所講的「空」不出欲界、色界、無色界這三界，大乘佛教所講的「空」已超出三界，不僅世間法是「空」，出世間法的涅槃等也是「空」。

〔六〕「大乘明空，亦辨不空」，三論宗有真、俗二諦論，真諦講「空」，俗諦講「有」(不空)。

〔七〕語見大般涅槃經師子吼菩薩品：「智者見空及與不空……空者一切生死，不空者謂大涅槃……聲聞、緣覺見一切空，不見不空。」(大正藏卷十二，第五二三頁)聲聞是梵文 śrāvaka 的意譯，是直接聽取佛的教誨而成道者。緣覺是梵文 Pratyekabuddha 的意譯，亦譯獨覺，音譯辟支迦佛陀，略稱辟支佛，指獨自觀悟十二因緣之理而成道者。聲聞和緣覺都是小乘佛教徒。

〔八〕大智度論第三十七卷：「空相應有二種：一者但空，二者不可得空。但行空墮聲聞、辟支佛地，行不可得空，空亦不可得，則無處可墮。」(大正藏卷二十五，第三三五頁)這是說：有兩種空：一者但空，只講空，不講不空；二者不可得空，亦稱不但空，既講空，又講不空，卽三論宗所說的非有、非空的中道實相。主張但空的人要墮落到小乘佛教的聲聞乘和緣覺乘；如主張不但空，空也是存在的（空空，非空），不會墮落到任何地方。

【本段大意】第六、區分大乘和小乘。問：「如果小乘佛教只講一空（我空），大乘佛教講我空、法空二空，可以説二者之間是有區别的。既然小乘佛教的成實論講二空，大乘佛教也講二空，大乘和小乘還有什麼區别呢？」答：「大乘和小乘雖然都講二空，但二者之間所講的空不同，簡略地從四個方面進行論證：一、小乘佛教通過分析的方法説明空，大乘佛教認爲萬事萬物本性即空；二、小乘佛教只講欲界、色界、無色界三界以内的我空、法空，空的意義短淺。大乘佛教講三界内外的我空、法空，空的意義深長；三、小乘佛教只講空，没講不空。大乘佛教既講空，又講不空。所以大般涅槃經稱：『小乘佛教的聲聞人，只見空，不見不空。大乘佛教的智者既見空，又見不空，一切生死現象是空，大般涅槃是不空。』；四、小乘佛教的空爲但空，只停止在空上。大乘菩薩所講的空是不可得空（不但空），空也是不存在的（空空、非空）。由此可見，雖然大乘和小乘都講二空，空的意義是不同的，所以要區分大乘和小乘。」

格優降第七，龍樹釋般若累教品云：「善吉觀生、法二空，欲比菩薩二空，譬如毛孔之空比十方空〔一〕。」即小空爲淺〔二〕，大空爲深〔三〕。成實所明但是聲聞空，非大士所得耳。

## 校釋

〔一〕語見大智度論卷七十九：「須菩提所行空行，欲比菩薩空行，百分不及一……又如毛孔之空，欲

比十方空。」（大正藏卷二十五，第六一八頁）

〔二〕小空，即小乘佛教所講的空。

〔三〕大空，即大乘佛教所講的空。

【本段大意】第七、衡量大乘佛教和小乘佛教所講空的優劣。龍樹在解釋般若經累教品的時候說過：「善吉所見我、法二空，要與菩薩二空相比的話，就像毛孔之小空和十方大空相比。」所以，小乘的「空」淺薄，大乘的「空」深廣。成實論所講的「空」只是聲聞「空」，並不是大乘菩薩所說的「空」。

無相卽第八，法華信解品云：「四大聲聞自述所得空云：『我等長夜修習空法，無生無滅，無小無大，無漏無爲，於佛智慧不生貪著〔一〕。』成實所辨與此全同，故知非大也。」問：「何以知然？」答：「法華之文，辨聲聞證空，不能卽空觀有，卽有觀空，故無相卽。成實所說亦無相卽。若明相卽，應空、有並觀，若空、有並觀，與大乘何別？」問：「何以知小乘義無相卽耶？」答：「釋論云：『小乘內不明生死卽畢竟空，唯大乘乃說〔二〕。』故知爾也。」

## 校釋

〔一〕語見妙法蓮華經信解品的偈：「我等若聞，淨佛國土，教化衆生，都無欣樂，所以者何？一切諸法，皆悉空寂，無生無滅，無大無小，無漏無爲。如是思惟，不生喜樂，我等長夜，於佛智慧，無貪無著，無復志願。」（大正藏卷九，第十八頁）這是迦葉所說的偈，須菩提、迦旃延、目犍連都同意他的話，故稱「四大聲聞自述」。

〔二〕語見大智度論第十九卷：「聲聞、辟支佛中不說世間卽是涅槃……菩薩法中說世間卽是涅槃。」（大正藏卷二十五，第一七九頁）

【本段大意】第八、成實論不能卽空觀有，卽有觀空。法華經信解品說：「四大聲聞（小乘佛教徒）講自己對空的認識說：『我們在漫漫的長夜修習空法，空卽無生無滅，無小無大、無漏（無煩惱）無爲（非造作），卽使是對於佛的智慧也不能產生貪著情緒。』成實論所講的空與此完全相同，由此可見，成實論不是大乘。」問：「怎麼知道的？」答：「前述法華經所說的聲聞（小乘佛教徒）證空，不能就空看到有，就有看到空，所以是無相卽。成實論所說的空也是無相卽。如果明白相卽，應當是同時看到空和有，如果同時看到空和有，這和大乘佛教還有什麼區別呢？」問：「怎麼知道小乘佛教沒有相卽呢？」答：「大智度論稱：『小乘佛教不明白生死畢竟是空，只有大乘才講這個道理。』由此可知，小乘佛教不講相卽。」

傷解行第九。涅槃經云：「若以聲聞、辟支佛心，言無布施，是卽名爲破戒邪見〔一〕。」小乘人入於空觀，不見布施，破大乘行，故云破戒〔二〕。破大乘解，故云邪見。而成實明不見布施是實法空〔三〕，以爲宗極。欲爲大乘，勿起小心也。

## 校釋

〔一〕大般涅槃經德王菩薩品：「若依聲聞言，不見施及施果報，是則名爲破戒邪見。」（大正藏卷十二，第五〇七頁）施是布施（Dāna）之略，音譯檀那，意謂施與他人財物、佛法等。放生也是一種布施，是施與生命，如果否定布施，就破壞了「不殺生」的戒律。故稱「……言無布施，是卽名爲破戒邪見。」

〔二〕破戒，大乘佛教徒要修三聚戒：①攝律儀戒，執行佛教戒律和儀式，不殺生是其中的重要內容；②攝善法戒，慈悲爲懷；③攝衆生戒，亦稱饒益有情戒，意謂保護衆生。三聚互攝，圓融無礙，如不殺生可以包含在任何一聚戒中。如犯殺生戒，就破壞了三聚戒。

〔三〕實法空，意謂真實的法空。成實論主張，客觀世界的一切，包括大乘佛教的布施和布施的果報在內，都是虛幻不實的。

【本段大意】第九、傷害大乘佛教的見解和修行。大般涅槃經稱：「如果以聲聞、辟支佛的心情來說，不需要進行布施，這就是破壞戒律的錯誤見解。」小乘佛教徒關於空的觀點，否定布施，破壞大乘佛教的修行，所以是破壞戒律。破壞大乘佛教的見解，所以稱爲「邪見」。成實論把否定布施稱爲真實的法空，作爲該論的最高「真理」。要想作爲大乘佛教的話，就不要生起小乘之心。

檢世人第十。秦弘始七年，天竺有刹利浮海至長安〔一〕，聞羅什作大乘學，以正觀論等諮而驗之，什公爲其敷折，爲頂受絶歎不能已已。白什公曰：當以此明震暉天竺，何由蘊此摩尼乃在邊地〔二〕？我在天竺聞諸論師深怪罽賓小乘學者。鳩摩羅陀自稱朗月之照，偏智小才，非此喻也。而訶梨惜其師以才自傷，以智自病，故作此論，以辨有法之實，明其依實之假，故以成實爲名〔三〕。用天竺刹利之言驗之，跋摩師資皆小乘學也。

## 校釋

〔一〕刹利，刹帝利（Kṣatriya）之略，印度的四種姓之一。據吉藏著中論序疏，此指覺賢（Buddhabhadra，音譯佛陀跋陀羅，三五九——四二九），他由海路來華，於東晉義熙四年（四〇八）至長安，文中所說的秦弘始七年（四〇五）可能是他動身的時間。

〔二〕摩尼，梵文 Mani 的音譯，意譯爲珍寶，此處喻指中論所講的大乘佛教。邊地，係指中國。

〔三〕成實論講滅三心：①滅假名心，一般認爲神我（Ātman，靈魂）是在色、受、想、行、識五蘊上假設的，因此是假名。滅假名心就是滅除神我得我空；②滅實法心，滅除假名心以後便剩下實法五蘊，滅除實法五蘊得法空；③滅空心，假名心和實法心滅除後得空心，再把空心滅除掉就是空空。文中所說「有法之實」就是實法心五蘊，「依實之假」係指在五蘊上假設的假名心神我。

【本段大意】第十、從當世人進行檢驗。秦弘始七年（公元四〇五年）古印度有個刹帝利叫佛陀跋陀羅，由海路來長安，聽説鳩摩羅什弘揚大乘學説，用中論（即正觀論）等向他詢問，進行檢驗，鳩摩羅什向他講解，這位刹帝利一再地向他頂禮，讚嘆的不得了。他對鳩摩羅什説：應當用中論等大乘佛教的光輝照耀印度，爲什麽把這樣的珍寶蘊藏在中國呢？我在印度聽説諸位論師都深深責怪罽賓地區的小乘佛教學者。鳩摩羅陀自我吹嘘説，他的理論猶如明月普照全世界。説他是智慧偏斜，才幹渺小，都不足以譬喻他。訶梨跋摩害怕他的老師才幹渺小而自我傷害，智慧偏斜而出紕漏，於是作了這部論，説明五蘊等實法，並説明神我是在五蘊上假設的假名，所以稱爲成實論。用古印度這位刹帝利的話進行檢驗，訶梨跋摩和他的老師鳩摩羅陀都是小乘佛教學者。

爰至齊司徒文宣王，誠信三寶〔一〕，每感嘉瑞〔二〕，以齊永明十年十月，延請名德五百餘人，於普弘寺敷講〔三〕。文宣王每以大乘經論爲履道之津涯，正法之樞鍵。而後生棄本崇末〔四〕，卽請諸法師抄此成實以爲九卷，命周顒作序〔五〕。恐專弘小論，廢大乘業，自爾已後，爰至梁武，盛弘大乘，排拆成實衆師〔六〕，不可具記。

## 校釋

〔一〕三寶是梵文 Triratna 的意譯：①佛，係指佛教創始人釋迦牟尼，也泛指大乘佛教所説的一切佛；②法，卽佛法，佛教教義；③僧，卽弘揚佛法的僧衆。

〔二〕據三論玄義檢幽集卷四，齊竟陵王内傳：「王得熱病，夜中再死，夢見金像，手灌神湯，因遂平復也。」（大正藏卷七十，第四二五頁）

〔三〕據出三藏記集第十一卷的略成實論記，文宣王於齊永明七年（四八九）十月，招集名僧五百餘

人，請僧柔法師和慧次法師在普弘寺宣講成實論。（見大正藏卷五十五，第七十八頁）

〔四〕「本」爲本源，指大乘佛教；「末」爲末流，指小乘佛教。

〔五〕周顒，字彥倫，約卒於公元四八五年，汝南安城人，在劉宋王朝時曾爲剡令，入齊後曾任山陰令、中書郎、給事中等職。他篤信佛教，尤致力於三論宗的研究，曾著有三宗論，深受智林和尚的贊賞，可惜已佚。除著有抄成實論序（出三藏記集卷十一）以外，還有與當時道教信徒張融辯論的文章難張長史門論和重答張長史書（均見弘明集卷六）。認爲佛教和道教是不同的，崇佛而抑道。

〔六〕梁武帝最初學習成實論和毘曇，信仰小乘佛教，後聞僧朗從北地來，住揚州南部的攝嶺山止觀寺，善解中論、百論、十二門論等大乘佛教義理，即派智寂等十人去學習，回來後傳授給梁武帝，使梁武帝放棄小乘而改信大乘。

【本段大意】齊司徒文宣王，虔誠信仰佛、法、僧三寶，他經常感到吉祥的預兆，於齊永明十年（公元四九二年）十月，請名僧大德五百多人，到普弘寺講解佛法。文宣王總是以大乘佛教的經和論作爲普渡衆生脱離苦海的渡口，作爲佛法的關鍵。但後輩人却放棄佛教的本源（大乘）不學，而崇仰佛教的末流（小乘），並請諸位法師抄寫這部成實論以爲九卷，還讓周顒作序。專門弘揚小乘佛教的論恐會廢棄大乘佛教，從此以後至梁武帝時期，又大力弘揚大乘佛教，排擠消除宣揚成實論的各位大師。這些情況不可能都一一記載。

問：「若以十義證成實爲小乘者，與毗曇優劣云何？」答：「求那跋摩遺文偈云〔一〕：『諸論各異端，修行理無二，偏執有是非，達者無違諍〔二〕。』又釋論云有四種門：一者阿毗曇門，二者空門，三者毗勒門〔三〕，此云篋藏，四者非空非有門〔四〕。不得般若、方便〔五〕，學毗曇門則墮有見，學於空門則墮空見，學毗勒門則墮亦空亦有見〔六〕，學非空非有門則墮愚癡論〔七〕。若得般若，心無染著，隨機適化，通道利人，無相違背。而成實、毗曇各執空、有，互相排斥，障道增見〔八〕，皆失佛旨也。」

## 校釋

〔一〕求那跋摩（Guṇavarman，三六七——四三一），意譯功德鎧，屬刹帝利種姓。高僧傳卷三：「累世爲王，治在罽賓國，祖父呵梨跋陀（Haribhadra），此言師子賢，以剛直被徙。父僧伽阿難（Sanghānanda），此言衆喜。」跋摩於二十歲出家爲僧，「洞名九部，博曉四含，誦經百餘萬言，深達律品，妙入禪要，時號曰三藏法師。」三十歲時罽賓國王死，大臣們請他還俗繼承王位，他沒有答應。後至師子國（今斯里蘭卡）傳教，又至闍婆國（今印度尼西亞爪哇）爲國王及王母授戒。在名僧慧觀、慧聰等建議下，南朝宋文帝於元嘉元年（四二四）派使者迎請求那跋摩至廣州，後至建康（今南京市），曾在虎市山建禪室，後居祇洹寺，開講法華經和華嚴經十地品。翻譯菩薩戒經、優婆塞五戒略論等十餘部。

〔二〕本段引文見高僧傳卷三求那跋摩傳。（大正藏卷五十，第三四二頁）

〔三〕「毘勒」原誤作「昆勒」，今改。毘勒是巴利文 Pela 的音譯，梵文作 Peṭā。是大衆部的一個支派多聞部解釋佛說的一種方法，對佛的說教分門別類地進行解釋。據大智度論卷十八，毘勒是迦旃延所造藏的解釋（Pelaka-upadeśa），原文三百二十萬言，多聞部用其略本，只三十二萬言。毘勒主要流行在古印度的南部，在多聞部出家的訶梨跋摩所著成實論也採用這種方法。

〔四〕以上四門參見大智度論第十八卷：「智者入三種法門，觀一切佛語皆是實法不相違背，何等是三門？一者毘勒門，二者阿毘曇門，三者空門。」（大正藏卷二十五，第一九二頁）大智度論第十五卷又稱：「常、無常非實相……若諸法非有常非無常是爲愚癡論。」（大正藏第二十五卷，第一七〇頁）「非無常」相當於「非空」，「非有常」相當於「非有」，合而言之，即爲第四門「非空非有門」。

〔五〕般若是梵文 Prajñā 的音譯，意譯爲智慧。佛教認爲這種智慧不同於一般人的智慧，是用「緣起性空」的理論否定世俗人的見解，其終極目的是達涅槃。方便是方便善巧（Upāyakauśala）之略，是般若智慧的運用，即大乘菩薩「普度衆生」所採用的各種機動靈活的手段。

〔六〕毘勒，原誤作昆勒，今改。

〔七〕關於愚癡論，大智度論卷十五解釋如下：「若諸法非有常、非無常，是爲愚癡論。所以者何？若非有則破無，若非無則破有，若破此二事，更有何法可說？」（大正藏卷二十五，第一七〇頁）

〔八〕「障道增見」，意謂障礙成佛之道，增加邪惡的錯誤見解。

【本段大意】問：「如果從十方面的意義論證成實論是小乘的話，它和毗曇比較，誰高誰低呢？」答：「求那跋摩留下這樣的偈文：『各部論的觀點是不一致的，對於修行的人來說，所講的道理並沒有什麼不同；對於有偏見的人來說，認爲各部論有的講的對，有的講的錯；對於通達佛理的人來說，各部論之間並無矛盾。』大智度論把佛教分爲四類：一、阿毗曇（即毗曇），二、空（如成實論），三、大衆部的毗勒，意爲篋藏，四、非空非有。如果不掌握般若智慧和方便善巧，學習毗曇者則墮入有見，學習空者墮入空見，學毗勒者墮入亦空亦有見，學非空非有者墮入愚癡論。如果掌握了般若智慧，其心無雜染執著，依據衆生根機的不同進行教化，講清佛教道理，使人們覺悟，就沒有相互違背處。而成實論主張空，毗曇主張有，彼此之間相互排斥，障礙佛道，增加邪見，都喪失了佛教的宗旨。」

問：「會空斷結方得道耳〔一〕，鑒有之心何能隔凡？故知毗曇乖宗，成實得理。」答：「若言見空成聖，有不隔凡，三藏教門應無得道〔二〕，釋迦小乘一化徒然虛設，待成實後興，方有大利，豈可然乎？」

## 校　釋

〔一〕「結」有二義：一、結集，也就是煩惱，因無明而結集生死，使衆生永受煩惱；二、結縛，使衆生結縛於生死，令其不得解脫。大乘義章卷五：「結集生死，目之爲結；結縛衆生，亦名爲結。」（大正藏卷四十四，第五六一頁）

〔二〕「三藏教門」，指以四阿含經爲代表的小乘佛教。

【本段大意】問：「掌握了眞空實理，斷除了結縛，才是得道，達到涅槃，如果心總是執著於「有」，怎能脫離凡塵呢？所以毘曇違背了佛教的宗旨，而成實論符合佛教道理。」答：「如果說領悟了空即可成爲『聖人』，堅持有不能與塵世隔離，以四阿含爲代表的小乘三藏（堅持我空法有），就不符合佛教道理，釋迦牟尼的小乘教化就是徒勞虛設，等待講空的成實論出現以後，才大大有利於涅槃之道，難道是這樣的嗎？

問：「毘曇但明人空，成實具明二空，云何兩論無有優劣？」答：「於小乘內分三品：一者，倶不得二空，如犢子部云〔一〕：『四大和合有於眼法，五陰和合別有人法〔二〕。』此下根人也〔三〕；二者，薩衛之流，但得人空，不得法空，爲次根人也；三者，譬喻訶梨之流，具得二空，爲上根人也。約空義淺深，則毘曇爲小乘之劣，成實爲小內之勝也。」

## 校釋

〔一〕犢子部（Vātsiputriya），釋迦牟尼逝世三百年後從說一切有部分裂出來的一個重要派別，亦稱跋耆子部、可住子弟子部，流行的地區是古印度的西部和中部。他們把佛所說的一切法歸結爲五藏：一、過去藏，二、現在藏，三、未來藏。以上三藏屬有爲法。四、無爲法藏，五、不可說藏，即補特伽羅(Pudgala)，意譯爲「我」，認爲「我」是輪迴的主體。

〔二〕語見大智度論卷一：「佛法中亦有犢子比丘說：如四大和合有眼法，如是五衆和合有人法。」（大正藏卷二十五，第六十一頁）地、水、火、風四大和合而成眼、耳、鼻、舌、身五根及一切色法（物質現象）；色、受、想、行、識五蘊（亦稱五衆、五陰）和合而成人法（我）。所以犢子部主張我有、法有。

〔三〕根，梵文Indriya的意譯，意謂「能生」，如眼根能生眼識，耳根能生耳識等。人有生善、惡行爲之力，稱爲根性、根機、根緣等。俱舍論卷三把根區分爲二十二類：眼、耳、鼻、舌、身、意、女、男、命、苦、樂、憂、喜、捨、信、精進、念、定、慧、未知當知、已知、具知根。

【本段大意】問：「毘曇只講我空，成實論講我空、法空，這兩種論怎能沒有優劣呢？」答：「在小乘佛教內分爲三等：一、我空、法空都没有達到者，如犢子部稱『地、水、火、風四大和合而成眼、耳、鼻、舌、身五根及一切物質現象，色、受、想、行、識五蘊和合而成人我。』這是根性最低下的人；二、薩婆多部（卽說一切有部，簡稱有部）教徒，已達到人空，還没有達到法空，這是根性稍次之人；三、訶梨跋摩等譬喻師，已達我、法二空，這是上等根性的人。按照空義的淺深來分，毘曇是小乘佛教中最低劣者，成實論是小乘佛教中最優勝者。」

問：「釋論云：『佛滅度後分爲二分：一、但信人空，不信法空；二、俱信人、法二空〔一〕。』但應有二，何得分三？」答：「犢子入真觀故〔二〕，則見我空，出於俗諦，別有人體〔三〕。龍樹約其入觀義邊〔四〕，故但分二也。」

## 校釋

〔一〕語見大智度論卷三十五：「佛後五百歲分爲二分：有信法空，有但信衆生空。」（大正藏卷二十五，第三一九頁）佛教從產生的第一天起就主張「我空」（無我），所以「有信法空」即表明主張我空、法空。「衆生空」又稱爲人空或我空。

〔二〕入，爲悟入，理解。　真觀，即真諦的觀點。

〔三〕人體，即我。

〔四〕入觀，意謂悟入空觀。

【本段大意】問：「大智度論稱：『釋迦牟尼湼槃後，其教徒分爲兩部分：一部分人只相信我空，不相信法空；另一部分人既相信我空，又相信法空。』應該是只分爲這兩部分，爲什麼要分三個等級呢？」答：「犢子部教徒悟入真諦觀點，就可以相信我空；如按俗諦觀察問題，就會認爲有我。龍樹按照人們悟入空觀的意義來分，就只分爲這兩部分。」

問：「三論斥外道、毘曇，斯事可爾，而龍樹前興，訶梨後出〔一〕，時節遥隔，何由相破？」答：「俱令執著，〔二〕即便被破，何論前後？若前論不破後迷，亦應古方不治今病，扁鵲之術〔三〕，末世無益矣。」

## 校釋

〔一〕龍樹前興，訶梨後出，龍樹的生活年代約爲公元二、三世紀，訶梨跋摩的生活年代約爲公元四世紀。

〔二〕執著，意謂主張客觀事物實有並預以貪著。

〔三〕扁鵲，姓秦，名越，春秋時代的名醫。史記卷十七有傳。

【本段大意】問：「龍樹的中論、十二門論和提婆的百論破斥外道和毘曇，這是可以理解的，但龍樹出生在前，訶梨跋摩出生在後，時間相隔遥遠，爲什麼要進行破斥呢？」答：「只要是讓人認爲客觀事物實有並預以貪著的理論都應當破斥，哪管它前後呢？如果以前的理論不破除以後的迷惑，古代的藥方就不應當醫治今天的疾病，扁鵲的醫術對後世人就没有益處了。」

問：「若法勝、訶梨著小論以通三藏〔一〕，馬鳴、龍樹作大教以弘方等〔二〕，巨、細分流，何俟相破？」答：「佛說小乘，本爲詮大，保冥之徒〔三〕，守指忘月〔四〕，經自斥之，故論主依佛。」

## 校釋

〔一〕小論，小乘佛教的論籍。三藏，此指小乘佛教的經、律、論三藏。

〔二〕馬鳴（Aśvaghoṣa，約一、二世紀間），古印度大乘佛教論師。馬鳴菩薩傳載，他很善於說法，聽他弘法者，無不開悟，連馬都「垂淚聽法，無貪食想……以馬解其音故，遂號爲馬鳴菩薩。」（大正藏卷五十，第一八四頁）相傳他原爲婆羅門外道，後受脇尊者教誨而改信佛教。祖籍中天竺，主要在北天竺弘揚佛法。主要著作有佛所行贊、大乘莊嚴論經，相傳還撰有大乘起信論，但有人疑爲僞書。

〔三〕據三論玄義檢幽集，「保冥之徒」，即「保執冥寂空理小乘人」。（大正藏卷七十，第四二七頁）指弘揚成實論的小乘佛教學者。

〔四〕守指忘月，大乘佛教徒把大乘視爲佛教的本源，比喻爲月亮；視小乘爲末流，比喻爲手指。以手指月，目的是讓人們順着手指看到月亮，譬喻通過學小乘進而學大乘，但弘揚成實論的學者却只看手指，不看月亮，頑固堅持小乘，不向大乘邁進。

【本段大意】問：「如果法勝和訶梨跋摩著小乘佛教的論籍，是爲了讓人們融會貫通小乘的經、律、論三藏；馬鳴、龍樹著大乘論，是爲了弘揚大乘佛經。大乘和小乘界限分明，各行其事，爲什麼要對人家進行破斥呢？」答：「佛演説小乘，本來是爲了説明大乘，但保守空寂之理的成實論學者却如同只守住手指，不看月亮，頑固堅持小乘，不向大乘邁進。佛説的經當然予以破斥，所以論主龍樹也仿効佛的榜樣予以破斥。」

問：「有人言成實論探大釋小，此有何過？」答：「上已明之，必有此迷，今當更迷。探大釋小，則小、大不收〔一〕，進不馳於白牛〔二〕，退失駕於羊、鹿〔三〕，騾論之言〔四〕，驗之久矣。」

## 校釋

〔一〕「小、大不收」，意謂既不算小乘佛教，又不算大乘佛教。

〔二〕白牛，據妙法蓮華經譬喻品，白牛拉的車。譬喻大乘佛教。

〔三〕羊、鹿，據妙法蓮華經譬喻品，羊車喻指聲聞乘，鹿車喻指緣覺乘。兩者都屬小乘佛教。

〔四〕騾非牛、非羊、非鹿，「騾論」喻指難問者所説的「成實論探大釋小」，這種理論既不屬於大乘，又不屬於小乘，而是介於大、小乘之間的一種理論。

【本段大意】問：「有人説成實論是探討大乘之意以解釋小乘，這有什麽錯誤呢？」答：「上述内容説過以後，必然要産生這樣的迷惑，這樣講就更加迷惑了。探討大乘之意以解釋小乘，既不屬於小乘，又不屬於大乘。往前進，趕不上白牛拉的車（喻指大乘）；往後退，又算不上羊車（喻指聲聞乘）、鹿車（喻指緣覺乘）。而是一種介於大、小乘之間的「騾論」語言，這早已得到證明了。」

呵大執第四〔一〕。初立宗，次破斥。有大乘師曰：「四術、三玄並爲外教〔二〕，毘曇、成實蓋是小乘。明理不周，在文不足，既障大乘，理宜須破。自方等紘宗〔三〕，衆聖軌轍，教稱滿字〔四〕，理曰無餘。信之則獲福無邊，毁謗招莫大之罪，但須伏膺甘露〔五〕，頂戴法橋〔六〕，不應破矣。

## 校釋

〔一〕三論宗批判的大乘佛教主要是南北朝時代的攝論師、地論師以及隋朝的天台宗。地論師和攝論師都是繼承印度大乘有宗（有識）觀點，和堅持大乘空宗思想的三論宗直接對立。吉藏爲了確立自己二藏、三輪的判教主張，對慧觀及天台宗的五時判教理論進行了批判。

〔二〕四術，參見本書第一五頁注二。

〔三〕紘宗，即大宗，也就是大乘佛教。

〔四〕滿字，大乘佛教徒宣稱，大乘佛教所講的義理圓滿無缺，攝盡一切佛教功德，故稱滿字教。認爲小乘佛教所講的義理是不圓滿的，只宜於對小根器的人講，稱之爲半字教。

〔五〕甘露，梵文 Amṛta 的意譯，原爲印度的一種美酒，印度神話宣稱，飲之則不老不死。此處喻指涅槃。因爲涅槃是脱離生死輪迴的永恒的安樂境界。

〔六〕法橋，指大乘教法，因爲在大乘論師看來，大乘教法是使衆生到達涅槃的橋樑。

【本段大意】第四、呵斥三論宗反對的其他大乘佛教宗派的主張。首先説明「大執」的内容，然後進行破斥。有的大乘論師説：四術、三玄都是外道，毗曇、成實都是小乘，它們説明道理不够周詳，所用文字亦不充足，既然它們障礙了大乘教法，按理來説就應當進行破斥。屬於自己一方的方等大乘，諸位佛教「聖人」都履行其道路，其教法是圓滿無缺的滿字教，所講的道理是究竟無餘的極理，信仰它卽可獲得無窮無盡的幸福，對它進行毁傷誹謗就要招來極大的罪過，只須極端佩服這大乘教法之甘露，極端崇敬這大乘教法之橋樑，不應當進行破斥啊！

問：「必是夜光〔一〕，宜應頂受，正恐多雜僞寶，須陶汰之。若謂無瑕，可陳其要。」答：「大乘博奥，不可具明，統其樞鍵，略標二意：一者，辨教莫出五時；二者，隔凡宗歸二諦。言五時者，昔涅槃初度江左〔二〕，宋道場寺沙門慧觀〔三〕，仍製經序，略判佛教凡有二科：一者頓教〔四〕，卽華嚴之流〔五〕，但爲菩薩具足顯理；二者，始從鹿苑，終竟鵠林〔六〕，自淺至深謂之漸教〔七〕。於漸教內開爲五時：一者，三乘別教〔八〕，爲聲聞人說於四諦〔九〕，爲辟支佛演說十二因緣〔一〇〕，爲大乘人明於六度〔一一〕，行因各別，得果不同，謂三乘別教；二者，般若通化三機〔一二〕，謂三乘通教〔一三〕；三者，淨名、思益，讚揚菩薩，抑挫聲聞，謂抑揚教〔一四〕；四者，法華會彼三乘，同歸一極，謂同歸教〔一五〕；五者，涅槃名常住教〔一六〕。自五時已後，雖復改易，屬在其間〔一七〕。教雖五時，不出二諦，三假爲俗〔一八〕，四忘爲真〔一九〕，會彼四忘，故有三乘賢聖。」

## 校釋

〔一〕夜光，卽夜明珠，喻指大乘佛法。

〔二〕涅槃，大般涅槃經的略稱。江左，指江蘇等地，此指建康（今南京市）。

〔三〕慧觀，姓崔，清河人，南北朝時代的名僧，南朝宋元嘉中卒，時年七十一歲。高僧傳卷七：「十歲便以博見馳名，弱年出家遊方受業，晚適廬山，又諮稟慧遠。」（大正藏卷五十，第三六八頁）後投羅什門下。曾著辨宗論，論述頓悟和漸悟的意義。

〔四〕頓教，即主張頓悟成佛的佛教，認爲佛教義理是一個不可分隔的整體，因此對它的覺悟不可能分階段進行，不需要先學小乘後學大乘，不需要歷劫修行，一旦掌握了佛教「真理」即可突然覺悟，立即成佛。所以對衆生説法時，不需要先講小乘後講大乘，可以直接講大乘。

〔五〕華嚴，即華嚴經，是大方廣佛華嚴經之略。共有三個譯本：一、東晉佛馱跋陀羅譯本，稱爲六十華嚴或舊譯華嚴經，譯於晉義熙十四年至劉宋永初二年（四一八——四二一）；二、唐實叉難陀譯本，稱八十華嚴或新譯華嚴經，譯於證聖元年至聖曆二年（六九五——六九八）。還有唐般若譯本，稱爲四十華嚴，是華嚴經入法界品的異譯，譯於唐乾元二年至貞元十四年（七五九——七九八）。主要内容是闡述「頓入佛地」的思想。

〔六〕鵠林，相傳釋迦牟尼在拘尸那迦（Kuśinagara）城郊的沙羅樹下逝世時，沙羅樹變爲白色，猶如白鵠，故稱沙羅樹林爲鵠林。

〔七〕漸教，與頓教相對，主張漸悟成佛的教法，如先説小乘，後説大乘，把佛教分爲次第，使受教者逐漸覺悟。

〔八〕三乘別教，針對聲聞、緣覺、菩薩三乘人的不同根機分別施教，對聲聞乘講四諦，對緣覺乘講十二因緣，對菩薩乘講六度。

〔九〕四諦（Catursatya），亦稱四聖諦，意謂「四條神聖的真理」：一苦諦，是講人世間的一切痛苦現象；二、集諦，是講造成痛苦的原因「業」（因欲望而引起的行爲）和「惑」（對佛教義理的愚昧無知）；三、滅諦，是講造成痛苦的「業」和「惑」是可以消除的，只要消除它，便可達到佛教所追求的最高解脱境界——脱離生死輪迴的涅槃；四、道諦，是要人們相信有一條解除痛苦的途徑，即八正道：①正見（見解），②正思惟，③正語，④正業，⑤正命（生活），⑥正精進（努力），⑦正念（銘記佛法），⑧正定（禪定）。

〔一〇〕辟支佛，是辟支迦佛陀（Pratyekabuddha）之略，意譯緣覺，係指依靠觀悟十二因緣之理而得道的小乘佛教徒。　十二因緣是佛教對人生苦難的原因所作的分析，它認爲，人的生命起源及其發展是由十二個相互繫繫的環節構成的：①無明，對四諦等佛教「真理」迷惑不解；②由無明而産生「行」（行爲）；③由行而産生「識」，包括眼、耳、鼻、舌、身、意六識；④由識而産生名色，即構成人體的精神「名」和肉體「色」；⑤由名色而有六處，即眼、耳、鼻、舌、身、意六根；⑥由六處而生「觸」（與外界的接觸）；⑦由觸而生「受」（感受）；⑧由受而生「愛」（貪愛）；⑨由愛而生「取」，即有了貪愛，便發生了對外界事物的追求取着；⑩由取而生「有」（衆生生存的環境）；⑪由「有」而「生」，即有了生存的環境便有了生；⑫由生到老死。

〔一一〕六度，梵文Ṣatpāramitā的意譯，音譯六波羅蜜或六波羅蜜多，是大乘佛教所主張的從生死此岸到達涅槃彼岸的修行方法，包括：①布施（Dāna，音譯檀那），②持戒（Śīla，音譯尸羅），③忍辱

(Kṣanti，音譯羼提)，④精進(Vīrya，音譯毘梨耶)，⑤定(Dhyāna，音譯禪那)，⑥智慧(Prajñā，音譯般若)

〔一二〕般若，卽般若經。　　三機，是聲聞、緣覺、菩薩三乘人的根機。

〔一三〕三乘通教，意謂般若經是對聲聞、緣覺、菩薩三乘人都可通用的教法。

〔一四〕抑揚教，維摩、思益等經，抑挫小乘，讚揚大乘，故稱其教法爲抑揚教。

〔一五〕同歸教，妙法蓮華經把聲聞、緣覺，菩薩三乘，同歸佛教的終極教法——佛乘，故稱同歸教。

〔一六〕常住教，大般涅槃經所講的涅槃境界是永恒常住不變的，故名。

〔一七〕自五時以後，雖復改易，屬在其間。　這是指自從慧觀提出五時判教的主張以後，天台宗也提出五時，天台宗的五時對慧觀的五時來說，雖然有一些改變，但仍屬一個類型。天台宗的五時是：①華嚴時，講華嚴經；②鹿苑時(或稱阿含時)，講阿含經；③方等時，講維摩等大乘經典；④般若時，講般若經；⑤法華涅槃時，講法華經和大般涅槃經。

〔一八〕三假，是三論宗所講的三種假名：①因成假，一切事物都是因緣和合的産物，因此其名都是虛假不實的；②相續假，一切有爲法相續而存在，斷滅卽消失；③相待假，如君與臣、父與子、大與小等，都是相待而成立，皆無自性。　　俗，卽俗諦。

〔一九〕四忘，是三論宗的四種根本否定：①非有，②非無，③非亦有亦無，④非非有非無。　　真，卽真諦。

【本段大意】問：「肯定是夜明珠，就應當十分崇敬，恐怕有魚目混珠，就需要淘汰。如果認爲沒有疵瑕，可以陳述其要點。」答：「大乘佛教廣博深奥，不可全部說明，總括說其關鍵，可簡略標明兩個要點：一、辨別其教法，没有超出五時的範圍；二、與凡塵隔離的宗旨，歸於真、俗二諦。所謂「五時」，從前，大般涅槃經剛到建康（今南京市），宋道場寺慧觀和尚乃撰經序，簡略判定全部佛教爲兩大類：一、是頓悟成佛的教門，卽華嚴經等，只爲菩薩全面而又充足地顯示佛教「真理」；二、從釋迦牟尼在鹿野苑初轉法輪開始，到拘尸那迦鵠林涅槃爲止，由淺到深地演說佛法，稱之爲漸悟成佛的教門。在漸教内又分爲五時：①爲聲聞、緣覺、菩薩三乘分別說法的教門，爲小乘佛教的聲聞乘講四諦，爲緣覺乘講十二因緣，爲大乘佛教的菩薩乘講六度。行爲之因各有分別，所得果報也不相同，所以稱爲三乘別教；②般若經，對於教化聲聞、緣覺、菩薩乘三種根機的人全都適用，所以稱爲三乘通教；③維摩經、思益經等大乘經典，讚揚大乘佛教的菩薩乘，壓抑挫折小乘佛教的聲聞乘，所以稱爲抑揚教；④法華經，把聲聞、緣覺、菩薩三乘同歸佛教的終極說教——佛乘，稱爲同歸教；⑤大般涅槃經，所講的涅槃境界常住不滅，故稱常住教。自從慧觀提出五時判教的主張以後，有的宗派（如天台宗）也提出五時判教的理論，天台宗的五時雖然對慧觀的五時有一些改變，但仍然屬於這一大類。其教法雖然分爲五時，但超不出真、俗二諦，因成假、相續假、相待假三種假名是俗諦，非有、非無、非亦有亦無、非非有非無四忘是真諦。領會了這四忘就會成爲聲聞、緣覺、菩薩三乘的賢人和聖人。

破執第二，前責五時，次難二諦。問：「既有五時，云何分於大小？」答：「初一爲小，後四爲大。」問：「道理爲有大乘，爲無大耶？如其有大，則是有見，若言無大，何所立耶？又若謂有大異小，則有小異大，名爲二見〔一〕。大品云：『諸有二者，無道無果〔二〕。』涅槃云：『明與無明，愚者謂二〔三〕。』又若實有大乘者，名有所得。有所得者，爲魔眷屬，非佛弟子〔四〕。又有所得者，不動不出，無有乘義，不名爲乘〔五〕。又大乘之宗，永斷生死，名爲斷見；涅槃是常，卽是常見〔六〕。乃爲斷常，何大之有？」

## 校釋

〔一〕二見，是與不二法門相對立的一種觀點，認爲世界上存在着彼此有區别的森羅萬象的事物。

〔二〕語見摩訶般若波羅蜜經（卽大品般若經）遍學品：「有二相者，無有檀波羅蜜乃至般若波羅蜜，無有道，無有果。」（大正藏卷八，第三八三頁）檀波羅蜜是梵文 Dānapāramitā 的音譯，意謂六度之首施度；般若波羅蜜是梵文 Prajñāpāramitā 的音譯，意謂六度之尾智度。所以「檀波羅蜜乃至般若波羅蜜」意謂六度。

〔三〕語見大般涅槃經如來性品：「若言無明因緣諸行，凡夫之人聞已生二法想，明與無明；智者了達其性無二，無二之性卽是實性。」（大正藏卷十二，第四一〇頁）

〔四〕本段內容可參見大般涅槃經第十七卷：「善男子！汝之所問亦無所得，我之所說亦無所得，若說有得是魔眷屬，非我弟子。」（大正藏卷十二，第四六四頁）「有所得」是有所執著，「無所得」是無所執著。　魔是魔羅（Māra）之略，佛教稱害人性命、擾亂身心、障人行善者爲魔。他化自在天之主波旬爲魔王，其眷屬爲魔衆。

〔五〕本段是破除大乘的「乘」字，可參見摩訶般若波羅蜜經出到品：「須菩提！汝所問誰當乘是乘出者，無有人乘是乘出者，是乘出者、所用法及出時，是一切法皆無所有。若一切法無所有，用何等法當出？」（大正藏卷八，第二六〇頁）一般認爲，「乘」意謂乘載，衆生乘佛法出離苦海到達涅槃彼岸。「乘」義成立需要有三大因素：乘者、乘法、乘時，因一切皆空，這三者都不存在，所以「乘」義不能成立。

〔六〕常見，執身心常住不滅的見解。三論宗認爲，斷見和常見都是違背中道實相的錯誤見解。大般涅槃經卷二十七稱：「衆生起見，凡有二種：一者常見，二者斷見。如是二見，不名中道，無常無斷，乃名中道。」

【本段大意】第二、對錯誤主張進行破斥。首先斥責五時說，然後責難二諦。問：「既然有五時，怎樣分大乘和小乘呢？」答：「五時中的第一時三乘別教是小乘，後面的四時（三乘通教、抑揚教、同歸教、常住教）是大乘。」問：「從道理上來講，是有大乘呢，還是没有大乘呢？如果説有大乘，就是有見；如果説没有大乘，大乘怎麽能成立呢？而且，如果説有大乘異於小乘，就有小乘異於大乘，這就是『二見』。大品般若經稱：『主張二見的人們，不修佛道，也得不到好的果報。』大般涅槃經稱：『愚蠢的人認爲明和無明是兩個東西。』而且，如果真有大乘的話，就是有所執著，有所執著就是魔衆，並不是佛的弟子。對有所執著的人來説既然動、出都不存在，所以沒有「乘」的意思，不能稱之爲「乘」。而且，大乘的宗旨是永遠斷除生死，這就是斷見；涅槃境界常住不滅，這就是常見。既然是斷見和常見，大乘從何而有呢？」

次難五時，前總難，次別責。難曰：「但應立大小二教，不應制於五時，略引三經三論證之，大品經云：『諸天子歎曰：我於閻浮見第二法輪轉〔一〕。』龍樹釋云：『鹿苑已轉小輪，今復轉大法輪〔二〕。』法華經云：『昔於波羅捺轉於四諦〔三〕，今在靈鷲山説於一乘〔四〕。』涅槃經云：『昔於鹿林轉小〔五〕，今於雙樹説大〔六〕。』故知教唯二門〔七〕，無五時也。智度論云：『佛法有二：一者三藏，二者大乘藏〔八〕。』地持論云〔九〕：『十一部經名聲聞藏，方等大乘名菩薩藏〔一〇〕。』正觀論云：『前爲聲聞説生滅法，次爲菩薩説無生滅法〔一一〕。』以經論驗之，唯有二藏〔一二〕，無五時矣。」問：「若乃皆是菩薩藏者，華嚴、般若、法華、涅槃此四何異？」答：「須識四句，衆經焕然：一、但教菩薩，不化聲聞，謂華嚴經也；二、但化聲聞，不教菩薩，謂三藏教也；三、顯教菩薩，密化二乘〔一三〕，大品以上，法華之前〔一四〕，諸大乘教也。命小乘人説於大法，謂顯教菩薩。密示此法，以爲己任，如付窮子財〔一五〕，謂密化聲聞也；四、顯教聲聞，顯教菩薩，法華教也。菩薩聞是法，疑網皆已除，化菩薩也。千二百羅漢悉亦當作佛〔一六〕，化二乘也。四句之中，三義屬菩薩藏內開之〔一七〕，但化二乘爲三藏教矣。

## 校釋

〔一〕語見摩訶般若波羅蜜經無作品：「爾時諸天子虛空中立，發大音聲，踊躍歡喜……作如是言：我等於閻浮提見第二法輪轉。」（大正藏卷八，第三一一頁）閻浮提亦稱贍部洲（Jambudvipa），閻浮或贍部（Jambu）是樹名，此洲盛產閻浮樹，故名。「提」即洲（Dvipa）。相傳此洲位於須彌山的南部，是世俗人的住地，故往往以閻浮提代稱印度。轉法輪，即佛說法。第二法輪轉，意謂佛第二次說法。

〔二〕轉小輪，意謂演說小乘佛教。轉大法輪，意謂演說大乘佛教。龍樹這段話見其所著大智度論第六十五卷：「初轉法輪，八萬諸天得無生法忍，阿若憍陳如一人得初道。今無量諸天得無生法忍，是故第二法輪轉。」（大正藏卷二十五，第五一七頁）無生法忍是遠離生死的真如實相。

〔三〕波羅捺（Bārāṇasi），亦稱波羅奈或波羅奈斯等，古印度中部的一個小國，相當於現在的貝拿勒斯。釋迦牟尼初轉法輪的鹿野苑即屬此地。

〔四〕語見妙法蓮華經譬喻品：「昔於波羅奈轉四諦法輪，分別說諸法，五衆之生滅，今復轉最妙無上大法輪，是法甚深奧，少有能信者。」（大正藏卷九，第十二頁）五衆，即色、受、想、行、識五蘊。一乘，即佛乘，大乘佛教認爲佛乘是教化衆生成佛的唯一方法，故稱一乘。

〔五〕鹿林，即鹿野苑。

〔六〕雙樹，即釋迦入滅處的娑羅雙樹之略。參看第一〇三頁注六。本段引文見大般涅槃經卷十四：「善男子！是諸大衆復有二種：一者求小乘，二者求大乘。於昔日波羅奈城爲諸聲聞轉法輪，今始於此拘尸那城爲諸菩薩轉大法輪。」（大正藏卷十二，第四四七頁）轉法輪，意謂說法。「輪」原爲轉輪聖王的輪寶，可以迴轉四天下，碾摧諸怨敵，以法輪譬喻佛的教法，因佛教徒認爲，佛的教法可以迴轉一切衆生，摧破諸煩惱。「轉法輪」是說把佛的教法轉自內心，而移至他心。

〔七〕二門，係指大乘和小乘。

〔八〕本段引文見大智度論第一百卷：「爲是二種人故，佛口所說以文字語言分爲二種：三藏是聲聞法，摩訶衍是大乘法。」（大正藏卷二十，第七五六頁）

〔九〕地持論，即菩薩地持經，八卷，北涼曇無讖譯。

〔一〇〕本段引文見地持論卷三：「十二部經唯方廣一部是菩薩藏，餘十一部是聲聞藏。」（大正藏卷三十，第九〇二頁）十二部經，是從形式和內容所區分的十二種類型的佛經：①修多羅（Sūtra），即長行（散文體）佛經；②祇夜（Geya），以頌體爲主，長行作解釋；③和伽羅那（Vyākarṇa），佛的授記；④伽陀（Gāthā），偈頌經文；⑤優陀那（Udāna），無人發問，佛自說的經文；⑥尼陀那（Nidāna），記述佛說法教化的因緣，如諸經的序品；⑦阿婆陀那（Avadāna），佛經中的譬喻部分；⑧伊提目多伽（Itivṛttaka），本事，佛說弟子過去世的故事；⑨闍伽陀（Jātaka），本生，佛說自己過去世的故事；⑩毘佛略（Vaipulya），方廣，大乘經；⑪阿浮陀達磨（Adbhutadharma），未曾有，記述佛顯神通的故事；⑫優波提舍（Upadeśa），論議，論證諸法意義的經文。

〔一一〕本段引文見中論卷一：「佛欲斷如是等諸邪見，令知佛法故，先於聲聞法中說十二因緣，又爲已習行有大心堪受深法者，以大乘法說因緣相，所謂一切法不生不滅不一不異等，畢竟空無所有。」（大正藏卷三十，第一頁）

〔一二〕二藏，指大乘和小乘。

〔一三〕二乘，指小乘佛教的聲聞乘和緣覺乘。

〔一四〕根據慧觀的五時判教主張，「大品以上，法華之前」，係指抑揚教中的維摩、思益等大乘佛經。

〔一五〕「如付窮子財」，這個典故出於妙法蓮華經信解品，有個小孩從小就離開父親，流浪他鄉，靠討飯度日。其父非常富裕，具大量財寶，發愁没人繼承。有一天，窮兒子回到故鄉，已不識其父。父親認出自己的兒子，非常高興。兒子見其父坐在獅子座，家屬圍繞，奴僕侍立，威嚴無比，以爲是國王，心懷恐懼，趕快逃跑。父親派僕人去把他叫回來，兒子見身穿華貴服裝的僕人在追他，跑得更快了。父親召回僕人，讓兒子隨意走，又秘密派兩個面容憔悴的僕人跟隨他，叫窮兒子回家掏大糞，兒子欣然同意。數日後，父親脫下華貴的衣服，換上破衣爛裳去接近兒子，說：「你幹活幹得很好，應當受到優待，給你一些米麵，望你不要恐懼，我就像你的父親一樣。」兩人的感情越來越好，後來又讓兒子當倉庫管理員。一天，父親忽得重病，自知活不長了，把親朋都叫到跟前，當衆宣佈：「這個管理倉庫的人是我的兒子，我死以後，全部財産由他繼承。」佛教用這個故事説明：弘揚佛法要由淺入深，逐步提高，先講小乘，後講大乘，就像那位富人逐步接近兒子，最後把自己的全部財産交給兒子一樣。

〔一六〕前五句内容見妙法蓮華經方便品：「菩薩聞是法，疑網皆已除，千二百羅漢，悉亦當作佛。」（大正藏卷九，第十頁）這是説：菩薩聽了妙法蓮華經的教法，疑慮的網羅都已消除。一千二百羅漢聽了妙法蓮華經，都已陞級爲佛。

〔一七〕三義，指前文「四句」中的第一、第三、第四。

【本段大意】然後責難「五時」，首先從總的方面進行責難，爾後對五時分別予以責難。詰難説：「只應當區分大乘和小乘兩種教法，不應當區分五時，簡略引用三部經和三部論進行論證。大品般若經稱：『諸位天子很有感慨地説：我們在閻浮提（喻指印度）看到佛第二次轉法輪。』龍樹的大智度論解釋説：『佛已於鹿野苑轉小乘佛教法輪，現在又轉大乘佛教法輪。』法華經説：『從前佛在波羅捺轉法輪講四諦法，現在靈鷲山講佛乘。』大般涅槃經稱：『從前佛在鹿野苑轉小乘佛教法輪，現在娑羅雙樹演説大乘佛教。』由此可見，佛的教法只有大乘和小乘兩類，沒有區分五時。大智度論稱：『佛的教法有兩種：一是小乘佛教的經、律、論三藏，二是大乘佛教三藏。』地持論稱：『十二部經中有十一部經是小乘佛教的聲聞藏，只有方等（方廣）才是大乘佛教的菩薩藏。』中論稱：『佛首先爲小乘佛教的聲聞人説生滅法（我空法有），然後爲菩薩講無生滅法（我空法空）。』用經和論進行檢驗，只有大乘和小乘二藏，没有五時。」問：「如果都是菩薩藏，華嚴、般若、法華、涅槃這四部經有什麼不同呢？」答：「只要認識了下列四句，對各部經都可以明白：一、只教化菩薩，不教化聲聞，這是華嚴經；二、只教化聲聞，不教化菩薩，是小乘佛教經、律、論三藏的教法；三、公開教化菩薩，對小乘佛教的聲聞乘和緣覺乘進行暗示，是大品般若經以上，法華經以前的維摩、思益等大乘佛經。讓小乘人學習大乘佛法，就是公開地教化菩薩。向小乘佛教徒暗示大乘佛法，作爲自己的責任，就像是父親把財產逐步移交給窮兒子一樣，這就是向小乘佛教的聲聞人進行暗示；四、公開地教化小乘聲聞，也公開地教化大乘菩薩，這是法華經的教法。菩薩聽了法華經的教法，疑慮的網羅都已經消除，這就是教化菩薩；有一千二百羅漢聽了法華經的教法，都進步爲佛，這就是教化小乘佛教的聲聞乘和緣覺乘。四句中的第一、第三、第四三句之義，都是大乘菩薩藏内的區分，只教化聲聞、緣覺，屬於小乘經、律、論三藏的教法。

次別難五時。問：「若立五時，有何過耶？」答：「五時之説，非但無文，亦復害理，若言第一名三乘別教，是義不然，依毗曇宗，三乘則同見四諦，然後得道；就成實義，但會一滅，方乃成聖〔一〕。據大乘宗，同契無生〔二〕，然後隔凡，是則初教亦通〔三〕，何以言別？次云大品是三乘通教，是亦不然，釋論云：『般若不屬二乘，但屬菩薩〔四〕。』若大品是三乘通教，則應通屬，何故不屬二乘？」問：「若依釋論明般若但屬菩薩，在經何故勸三乘同學般若？」答：「般若有二種：一者摩訶般若，此云大慧，蓋是菩薩所得，故不屬二乘。若以實相之境名爲般若〔五〕，則三乘同觀，故勸三乘令並學之。經師不體二種之說〔六〕，便謂般若是三乘通教。次云淨名是抑揚教者，是亦不然，大品呵二乘爲癡狗〔七〕，淨名貶聲聞爲敗根〔八〕，挫小既齊，揚大不二，何得以大品爲通教，淨名爲抑揚？次法華爲同歸，應無所疑，但在五時之說，雖辨同歸，未明常住〔九〕。而天親之論釋法華〔一〇〕，初分有七處佛性之文〔一一〕。解後段壽量品，辨三身之說〔一二〕，斯乃究竟無餘，不應謂爲不了之教〔一三〕。次涅槃爲常住教者，然常與無常皆是對治用門〔一四〕。若論涅槃，體絶百非，理超四句。舊宗但得用門〔一五〕，未識其體，故亦失旨也。」

## 校釋

〔一〕以上兩句見成實論一時品：「最後見滅諦，故名爲得道。」（大正藏卷三十二，第二五七頁）

〔二〕無生，即無生無滅諸法空寂的涅槃境界。

〔三〕初教，指聲聞、緣覺、菩薩三乘之初的聲聞乘。

〔四〕本段引文見大智度論卷四十三：「般若不屬佛，不屬聲聞、辟支佛，不屬凡夫，但屬菩薩。」（大正藏卷二十五，第三七一頁）當菩薩成佛時，般若智慧要轉變成只有佛才具有的、無所不知的一切種智，所以般若智慧不屬於佛。

〔五〕般若(Prajñā)，分爲三種：一、文字般若，即寫成文字的佛陀說教，如佛說的經或菩薩造的論；

二、觀照般若，觀察諸法實相的智慧；三、實相般若，去掉世俗觀念之後所認識到的諸法實相。此處講的是實相般若。

〔六〕經師，意謂精通佛經的大師，此指提出五時判教主張的慧觀。

〔七〕「大品呵二乘爲癡狗」，見摩訶般若波羅蜜經第十五卷：「須菩提！譬如狗不從大家求食，反從作務者索。如是，須菩提！當來世有善男子、善女人，棄深般若波羅蜜而攀枝葉，聲聞、辟支佛所應行經，當知是爲菩薩魔事。」（大正藏卷八，第三一九頁）

〔八〕「淨名貶聲聞爲敗根」，見維摩經（意譯爲淨名經）不思議品中迦葉對舍利弗說的一段話：「我等何爲永絕其根？於此大乘已如敗種。一切聲聞是不可思議解脫法門，皆應號泣，聲震三千大千世界。」（大正藏卷十四，第五四七頁）敗根亦稱敗種。小乘佛教的聲聞、緣覺二乘只求羅漢果，不求成佛，不求生菩提（Bodhi，意譯覺悟）之心，故被大乘佛教譬喻爲敗壞的草木之根。三千大千世界，佛教以須彌山爲中心，以鐵圍山爲外郭，同一日月所照的四天下爲一小世界，合此小世界一千爲小千世界；合此小千世界一千爲中千世界；合此中千世界一千爲大千世界。因大千世界中有小、中、大三種「千世界」，故稱三千大千世界。

〔九〕常住，此指佛性，因佛教認爲佛性是永恒的，常住不滅的。

〔一〇〕天親（Vasubandhu），即世親，音譯婆藪槃豆，古印度北部富婁沙富羅國人，生活年代約爲公元四、五世紀，先於說一切有部出家，著有阿毘達磨俱舍論。後在其兄無著的影響下，改學大乘，成爲大乘有宗的創始人之一，主要著作有辨中邊論、唯識二十論、唯識三十頌等。他爲法華經所作的論釋是妙法蓮華經優波提舍，該書有兩個漢譯本：一是後魏菩提流支、曇林等翻譯的妙法蓮華經優波提舍，二是元魏勒那摩提、僧朗等翻譯的妙法蓮華經論優波提舍。

〔一一〕「初分（第一章）有七處佛性之文」，係指：一、方便品的「諸佛智慧」，二、方便品的「諸法實相」，三、方便品的「佛知見」，四、方便品的「諸法從本來」，五、譬喻品的「我等同入法性」，六、法師品釋論所說的「知佛性不遠」，七、不輕菩薩授惡人記的釋論所說的「示諸衆生皆有佛性」。佛性是梵文 Buddhatā 的意譯，亦稱如來性、覺性等，原指佛陀本性，後發展爲成佛的可能性、因性，以及佛的智慧、諸法實相、法性等。

〔一二〕妙法蓮華經優波提舍譬喻品：「示現成大菩提無上故，示現三種佛菩提故：一者示現應佛菩提……二者示現報佛菩提……三者示現法佛菩提。」（大正藏卷二十六，第九頁）這裏所說的三種菩提就是佛的三身：法身、報身、應身。法身即法性，亦稱如來藏、真心、本覺等，所以法身無相；報身是以法身爲因，經過修行而獲得的佛果身，報身是爲適應菩薩的需要而呈現出來的佛身，所以報身有相但不來人間；化身是佛爲適應拯救六道衆生所呈現出來的佛果身，所以化身可來人間。

〔一三〕「不了之教」，意謂不了義經的教法，不了義經是隱覆實義的權巧方便之說，一般指小乘佛經及說權巧方便法門的大乘佛經。

〔一四〕常，意謂永恒不變；無常，意謂有生滅變化的非永恒現象。說「常」是爲了對治「無常」；說「無常」是爲了對治「常」。所以說「常與無常皆是對治用門（起破除作用的部分）」，都是虛幻不實的，都沒有達到空寂的涅槃境界。

〔一五〕舊宗，係指前文所述慧觀的五時判教主張。用門，即前文所說的「對治用門」。

【本段大意】然後對五時分別予以責難，問：「如立五時，這有什麽錯誤呢？」答：「五時判教理論不但沒有經文作爲證明，也破壞了佛教道理。如果說第一是三乘別教的話，其意義並非如此，依據毗曇諸論的說法，聲聞、緣覺、菩薩三乘都是認識了四諦道理之後才達到涅槃之道；就成實論的意義說，只要認識了四諦之一的滅諦，就可以成爲佛教「聖人」；根據大乘佛教觀點，達到無生無滅的涅槃境界，才能與凡世隔絕。這種道理，就連聲聞、緣覺、菩薩三乘之初的聲聞乘，都可通達，怎能說是別教呢？然後說大品般若經是三乘通教，這也不對，大智度論稱：『般若智慧不屬於小乘佛教的聲聞乘和緣覺乘，祇屬於菩薩。』如果說大品般若經是三乘通教，應當屬於聲聞、緣覺、菩薩三乘，爲什麽不屬於聲聞、緣覺二乘呢？」問：「如果依據大智度論說明般若祇屬於菩薩，爲什麽大般若經勸三乘人都學般若經呢？」答：「有兩種般若智慧：一是摩訶般若，意譯大慧，都是菩薩所獲得，所以不屬於聲聞、緣覺二乘，如果把諸法實相的境界稱之爲般若（實相般若），三乘人都可以理解，所以勸三乘人都學般若經。經師慧觀不懂得般若有兩種的說法，便說般若經是三乘通教。然後說維摩經是抑揚教，這也不對，大品般若經呵斥聲聞、緣覺二乘是傻狗，維摩經貶斥聲聞是敗根，二者在挫折小乘方面是一致的，在讚揚大乘方面是相同的，怎能稱大品般若經是三乘通教，稱維摩經爲抑揚教呢？其次說法華經是同歸教，應當是沒有疑問的，但在五時判教理論中，雖然辨明同歸佛乘，但未說明佛性常住不滅。世親解釋法華經的妙法蓮華經優波提舍的前面部分有七個地方講到佛性，在解釋後段壽量品的時候，又辨明法身、報身、應身三身學說，這可以說是把佛教道理講得究竟無餘了，不應當稱之爲不了之教。然後批駁大般涅槃經爲常住教，然而說常是爲了對治無常，說無常是爲了對治常，所以常與無常都是對治用門。如果說涅槃的話，它什麼都不是，只能用一系列的否定表達，其道理超越「有、無、亦有亦無，非有非無」四句。慧觀不懂常與無常祇是「對治用門」，並未認識涅槃的本體，所以喪失了大般涅槃經的宗旨。」

次難二諦。迷失二諦凡有三人：一者毘曇，執定性之有，迷於假有〔一〕，故失世諦〔二〕。亦不知假有宛然而無所有，復失一真空；二者學大乘者，名方廣道人〔三〕，執於邪空，不知假有，故失世諦。既執邪空，迷於正空，亦喪真矣〔四〕；三者卽世所行，雖具知二諦，或言一體，或言二體〔五〕。立二不成，復喪真俗也。問：「真俗一體〔六〕，此有何過？」答：「若俗與真一，真真俗亦真；若真與俗一，俗俗真亦俗；若真真俗不真，則俗與真異；若俗俗真不俗，則真與俗異。故二途並塞，一體不成。」問：「一既有過，異應無咎？」答：「經云〔七〕：『色卽是空，空卽是色〔八〕。』若言各體〔九〕，相卽便壞；若有雙卽〔一〇〕，便二體不成。故進退無通，異義亦屈。然五時不立，真俗又傾，大乘之宗，言將何寄？」

## 校釋

〔一〕假有，三論宗認爲，世間一切事物都是因緣和合的産物，因此都没有自性，都是虚幻不實的，就像水中月、鏡中花一樣，所以稱之爲假有。

〔二〕「故失世諦」，俗諦所説的「有」是佛順從世俗人的認識而説有，實際上這種「有」是無自性的假有，而毘曇所主張的「有」是有自性的真有。雖然二者都主張「有」，但其本質却完全不同，所以説毘曇的「有」喪失了三論宗的俗諦。

〔三〕方廣道人，是在學習大乘過程中的人，這種人因爲還處在學習的過程中，所以對大乘佛教有很多誤解，大智度論卷一稱：「更有佛法中方廣道人，言一切法不生不滅，空無所有，譬如兔角龜毛常無。」（大正藏卷二十五，第六十一頁）方廣道人把「空」理解爲像烏龜毛、兔子角一樣的空無，這是對三論宗「空」義的誤解，空並不是空無，而是無自性，從真諦講是「空」從俗諦講是「有」，所以「空」就是假有，故卽空觀有，卽有觀空，空、有不二。

〔四〕真，卽真諦。

〔五〕本段内容參見吉藏著中觀論疏卷二：「開善謂真、俗一體，故名爲一；龍光謂真、俗異體，故名言異。今俱斥之，故云不一不異。」（大正藏卷四十二，第二十六頁）龍光，卽龍光寺的僧綽；開善，卽開善寺的智藏。智藏是梁武帝時代的著名成實師，僧綽是他的著名弟子。他們或者把真、俗二諦完全等同（一體），或者截然分開（異體）這就把真、俗二諦完全喪失了，因爲二諦非一非異，既有區別，又有聯繫。

〔六〕真，卽真諦；俗，卽俗諦。「真俗一體」，是說把真諦和俗諦完全等同起來，混然一體。

〔七〕經，指摩訶般若波羅蜜經或般若心經。

〔八〕本段引文見摩訶般若波羅蜜經習應品：「舍利弗！色不異空，空不異色；色卽是空，空卽是色。」（大正藏卷八，第二二三頁）般若心經有同樣的話。色是梵文Rūpa的意譯，一般指物質，作爲六塵（色、聲、香、味、觸、法）之一的色，係指物體的顏色和形狀。

〔九〕各體，卽成實師龍光寺僧綽所主張的真、俗異體，或稱二體。意謂把真、俗二諦截然分開，互不相關。

〔一〇〕雙卽，就是摩訶般若波羅蜜經「色卽是空，空卽是色」中的兩個「卽」字，三論宗用以表達俗（諦）卽真（諦），真卽俗；有卽空，空卽有。

【本段大意】然後責難對二諦的錯誤理解。對二諦迷惑不解的共有三種人：一、以毘曇爲經典的說一切有部教徒，他們主張有自性的「有」（獨立存在的定性有），不懂得是假有，這就迷失了俗諦。也不知道假有，好像是「有」，實際上是無所有的「空」，這也就迷失了一種真實的「空」；二、學習大乘佛教的方廣道人，主張錯誤的空，不知道虛假的「有」，所以迷失了俗諦。既然主張錯誤的「空」，對正確的「空」卽迷惑不解，這也就喪失了真諦；三、世間人的一般認識，對真、俗二諦雖然都知道，或者說真、俗二諦完全等同，混然一體；或者說真、俗二諦，毫不相關。這樣，真、俗二諦都成立不起來，又把真、俗二諦喪失了。問：「主張真、俗一體，這有什麼錯誤呢？」答：「如果俗諦與真諦一體，真諦是真諦，俗諦也是真諦；如果真諦與俗諦一體，俗諦是俗諦，真諦也是俗諦；如果真諦是真諦，俗諦不是真諦，則俗諦與真諦不同；如果俗諦是俗諦，真諦不是俗諦，則真諦不同於俗諦。所以，這兩條道路都堵塞了，認爲真、俗一體的主張不能成立。」問：「既然主張真、俗一體有錯誤，主張真、俗異體應該是沒有錯誤吧？」答：「般若經稱：『物質卽是空，空卽是物質。』如果說真、俗二諦各體（異體），就破壞了這種「相卽」關係，如果有這兩種「卽」，就認爲真、俗二體（異體）的主張不能成立。所以進、退兩難，都講不通，認爲真、俗二諦異體的意義也不能成立。既然五時判教主張不能成立，真、俗二諦又被傾倒，大乘的宗旨將寄託在哪裏呢？」

顯正第二。自上已來，破外道、毘曇、成實、大乘〔一〕。從此已後，序前四宗，斥於三論，故通其邪難，顯明正理〔二〕。上既遍斥四宗，於時羣難競起，咸疑龍樹非是正師，所造之論應爲邪法。是故此章次明顯正義。正義雖多，略標二種。一明人正〔三〕，次顯法正〔四〕。

## 校釋

〔一〕三論宗對大乘佛教的批判見一〇一頁注一。

〔二〕正理，意謂三論宗的「正確」理論。

〔三〕人正，指龍樹其人「正確」。
〔四〕法正，指龍樹的教法「正確」。

【本段大意】第二、闡明三論宗的「正確」主張。前述內容，是破斥外道、毘曇、成實論和攝論師、地論師、天臺宗等大乘佛教觀點。從此以後，敍述這四個派別對中論、十二門論和百論的駁斥，所以要說明它們對三論宗的錯誤責難，闡明三論宗的「正確」理論。前面既然已經普遍駁斥這四個派別，當時各種責難競相而起，都懷疑龍樹不是正確的論師，所著的論應當是錯誤的教法。所以本章要闡明「正確」的義理。「正確」的義理雖然很多，簡略標明兩種：一、闡明龍樹其人「正確」，然後闡明龍樹的教法「正確」。

言人正者，楞伽經。大慧菩薩問〔一〕：「世尊滅度後〔二〕，是法何人持？」佛說偈答：「於我滅度後，南天大國中〔三〕，有大德比丘〔四〕，名龍樹菩薩，住初歡喜地〔五〕，爲人說大乘，能破有、無見〔六〕，往生安養國〔七〕。」次摩耶經云〔八〕：「摩耶問阿難曰〔九〕：『佛滅度後何人持法？』阿難答曰：『如來正法五百年，第一百年優婆掘多說法教化〔一〇〕，住持正法〔一一〕。次二百年，尸羅難陀比丘於閻浮提度十億人〔一二〕。次三百年，青蓮華眼比丘說法教化，度半億人。次四百年間，牛口比丘演說法要，度一萬人。第五百年，寶天比丘度二萬人，八萬衆生發菩提心〔一三〕，正法便滅。六百年間，九十六種邪見競興，破滅佛法，馬鳴比丘摧此外道。七百年問，有一比丘名曰龍樹，善巧説法〔一四〕，燃正法炬，滅邪見幢〔一五〕。』尋大、小乘經，親記龍樹破邪顯正〔一六〕。今内、外並呵〔一七〕，大、小俱斥，何所疑哉？又馬鳴、龍樹佛有誠記，尚復生疑，法勝、訶梨無經所印，云何輒受？」問：「法勝乃未見誠文，訶梨亦有明據。阿含經云：『實名四諦，是故比丘當成四諦〔一八〕。』佛垂此敕，懸鑒有在，逮茲像末，允屬訶梨爲成是法，故造斯論，紘宗若斯，豈虚搆哉？」答：「蓋是通指像末，〔一九〕豈别主訶梨，故非所據也。」

## 校釋

〔一〕楞伽經（Laṅkāratārasūtra），現存三個譯本：一、楞伽阿跋多羅寶經，四卷，南朝劉宋求那跋陀羅譯於元嘉二十年（四四三）；二、入楞伽經，十卷，元魏菩提留支譯於延昌二年（五一三）；三、大乘入楞伽經，七卷，唐實叉難陀譯於久視元年至長安四年（七〇〇——七〇四）。通行本是四卷本。主要内容是世界萬有皆由心造。

〔二〕世尊是梵文Bhagavat或Lokanātna的意譯，音譯薄伽梵或路伽那他，佛教徒對教祖釋迦牟尼的尊稱。大乘義章卷二十：「佛備衆德，爲世欽重，故號世尊。」（大正藏卷四十四，第八六四頁）

〔三〕天，是天竺（印度古名）之略。

〔四〕大德，是梵文 Bhadanta 的意譯，音譯婆檀陀。意謂有大德行者，爲對高僧的尊稱。

〔五〕歡喜地，是大乘菩薩十地的第一地。已證得人空、法空，生大歡喜。據吉藏著中論序疏，龍樹是十地菩薩，「住初歡喜地」可以解釋爲引導衆入生歡喜地。

〔六〕有見，係指毘曇的「諸法實有」主張；無見，係指成實論的空無見解。

〔七〕安養國，卽安樂國，「安」意謂没有危險；「樂」意謂没有煩惱。也就西方極樂世界。本段引文見入楞伽經卷九，原文如下：「如來滅度後，誰持爲我説？」「如來滅度後，未來當有人，大慧汝諦聽：有人持我法，於南天大國中，有大德比丘名龍樹菩薩，能破有、無見，爲人説我乘大乘無上法，證得歡喜地，往生安樂國。」（大正藏卷十六，第五六九頁）

〔八〕摩耶經，摩訶摩耶經的略稱，亦稱佛昇忉利天爲母説法經或佛臨般涅槃母子相見經，二卷，蕭齊曇景譯。

〔九〕摩耶是摩訶摩耶（Mahāmāyā）之略，意譯大幻或大術，相傳是釋迦牟尼的生母，古印度迦毘羅衛國净飯王的王后，天臂國善覺王的公主。

〔一〇〕優婆掘多（Upagupta），亦稱優婆毱多、優婆笈多等，意譯近藏或近護。相傳是阿育王的國師，曾勸王建塔供養佛及其弟子的舍利。

〔一一〕住持，安住於塵世，保持佛法。

〔一二〕度，同渡。是梵文Pāramitā的意譯，音譯波羅蜜多。佛教把衆生生活的塵世譬喻爲生死苦海，從生到死，從死到生，不斷受苦。自渡並渡其他衆生脱離生死，逃出苦海，稱之爲「度」。

〔一三〕發菩提心，菩提是梵文Bodhi的音譯，意譯爲覺悟，舊譯爲「道」，意謂通向涅槃的道路。對這種

「道」起追求之心，即爲發菩提心。大乘義章卷九：「發菩提心者，菩提胡語，此翻名道，果德圓通故曰菩提。於大菩提起意趣求，名發菩提心。」（大正藏卷四十四，第六三六頁）

〔一四〕善巧說法，意謂善於運用巧妙方便的辦法演說佛法。

〔一五〕本段引文見摩耶經卷二。（大正藏卷十二，第一〇一三頁）文中所說尸羅難陀比丘、青蓮華眼比丘、牛口比丘、寶天比丘等都是神話人物。關於佛教的傳承體系，佛教典籍中的記載很不一致，一般根據付法藏因緣傳：一、迦葉，二、阿難，三、商那和修，四、末田地，五、毱多，六、彌遮迦，七、佛馱難提，八、佛馱蜜多，九、脇比丘，十、富那奢，十一、馬鳴，十二、毘羅，十三、龍樹，十四、提婆，十五、羅睺羅，十六、僧佉難提，十七、僧伽耶奢，十八、鳩摩羅馱，十九、闍夜那，二十、盤馱，二十一、摩奴羅，二十二、鶴勒夜那，二十三、師子。

〔一六〕記載佛向龍樹授記的佛教典籍有摩耶經和楞伽經。摩耶經屬小乘經，楞伽經屬大乘經。

〔一七〕內，指佛教本身「內學」；外，指佛教之外的外道。

〔一八〕本段內容參見增壹阿含經卷十七：「如是比丘，有此四諦，實有不虛。世尊之所說，故名爲諦……當作方便，成此四諦。」（大正藏卷二，第六三一頁）

〔一九〕像末，佛教典籍把佛法的發展分爲三個時期：正法、像法、末法。「正法」是正確的佛法；「像法」是相似於「正法」的佛法；「末法」是頻於滅亡的佛法。關於三時的期限說法不一，一般認爲正法五百年，像法一千年，末法一萬年。這裏的「像末」謂像法之末。

**【本段大意】**所謂「人正」，楞伽經中大慧菩薩問：「佛涅槃後，這佛法由誰住持？」佛以偈（詩）回答說：「我涅槃以後，南天竺的一個大國中，有位具大德行的比丘龍樹菩薩，引導衆生入十地中的第一地歡喜地，爲人們演說大乘佛教，能够破除有見和無見，死後往生西方極樂世界。」以後的摩耶經稱：「摩耶問阿難說：『佛涅槃後，誰住持佛法？』阿難回答說：『如來正法延續五百年。第一百年，優婆掘多演說佛法，教化衆生，住持佛教正法。後二百年，尸羅難陀和尚在閻浮提度十億人。後三百年，青蓮華眼和尚演說佛法，教化衆生，度半億人。後四百年間，牛口和尚演說佛法要點，度一萬人。第五百年間，寶天和尚度二萬人，有八萬衆生對涅槃之道發起追求之心，佛教正法便消滅了。六百年間，有九十六種外道的錯誤見解競相興起，破斥毁滅佛法，馬鳴和尚摧伏這些外道。七百年間，有一位叫做龍樹的和尚，善於用巧妙方便的手段演說佛法，點燃起正法的火把，滅除邪見的旗幟。』查閱大乘和小乘佛經，佛都親自授記龍樹破邪顯正。現在對內學、外道對加以呵斥，對大乘、小乘都加以斥責，還有什麽可懷疑的呢？而且，佛確實對馬鳴、龍樹都曾授記，還產生懷疑，法勝和訶梨跋摩都没有佛經予以印證，怎能使人接受呢？」問：「確實没有見過佛教經文記載佛曾向法勝授記，對於訶梨跋摩却有明確依據。阿含經稱：『「實」（成實論的「實」字）意謂四諦，所以佛教徒應當成立四諦之理。』佛留下這樣的囑咐，是爲了給將來的人看，現在猶存。到像法末期，由訶梨跋摩弘揚佛法，爲了成立四諦法才造成實論。其根本宗旨就是這樣，哪能是虛構的呢？」答：「這都是指的整個像法末期，哪裏是單指成實論的作者訶梨跋摩呢？所以，阿含經不能成爲證據。」

顯法正第二。問：「龍樹著述部類甚多，三論偏空似非究竟。」答：「僧叡昔在什公門下，爲翻譯之宗，其論序云〔一〕：『夫百梁之構興〔二〕，則鄙茅茨之仄陋〔三〕。覩斯論之紘博〔四〕，則知偏悟之鄙倍〔五〕。』故偏主小乘，正歸此論〔六〕。又如前云〔七〕，天竺十六大國〔八〕，方八千里〔九〕，有向化之緣，並爲委誠龍樹爲無相佛〔一〇〕。『敢預學者之徒，無不翫味斯論，以爲喉衿〔一一〕。』若是偏空，豈爲諸國所重？又羅什本執小乘，因此論而迴轍正觀〔一二〕。厥後衆師，藉斯文而曉迷。以此詳之，蓋是究竟無餘之說。」

## 校釋

〔一〕論序，即僧叡的中論序。

〔二〕「百」字，金陵刻經處本出三藏記集經序卷十一的中論序皆作「栢」。

〔三〕茅茨，意謂茅草做的尼姑庵，此處喻指小乘佛教。

〔四〕斯論，指中論。

〔五〕偏悟，意謂强調片面覺悟的小乘佛教。

〔六〕「故偏主小乘，正歸此論」。鳩摩羅什原信仰偏空的小乘佛教成實論，後皈依大乘佛教中論的中道正法。

〔七〕前云，如前文所引僧叡著中論序所說。

〔八〕十六大國，據神通遊戲經等載，佛教産生時期的古代印度，出現了十六個國家：①鴦伽國（Aṅga）、②摩揭陀國（Magadna）、③迦尸國（Kāśi）、④憍薩羅國（Kosala）、⑤跋祇國（Vajji）、⑥末羅國（Malla）、⑦支提國（Ceti）、⑧犢子國（Vatsa）、⑨俱盧國（Kuru）、⑩旁遮羅國（Pañcāla）、⑪末遮國（Maccha）、⑫蘇羅西那國（Surasena）、⑬阿濕迦國（Assakā）、⑭阿般提國（Avanti）、⑮犍陀羅國（Gandnara）、⑯紺蒲遮國（Kamboja）。

〔九〕方八千里，據玄奘著大唐西域記，古印度四周國境綫長九萬里，這裏所説的「方八千里」指龍樹的弘法地區。

〔一〇〕無相佛，亦稱無相好佛。意謂龍樹的身體没有三十二相，但能降伏妖魔和外道，其功德與佛等同。三十二相是佛不同於凡人的三十二種特徵：①足下安平立相，②足下二輪相，③長指相，④足跟廣平相，⑤手足指縵網相，⑥手足柔軟相，⑦足趺高滿相，⑧腨如鹿王相，⑨正立手摩膝相，⑩陰藏相，⑪身廣長等相，⑫毛上向相，⑬一孔一毛生相，⑭金色相，⑮丈光相，⑯細薄皮相，⑰七處（兩手、兩足、兩肩、脖頸）隆滿相，⑱兩腋下隆滿相，⑲上身如獅子相，⑳大直身相，㉑肩圓好相，㉒四十齒相，㉓齒齊相，㉔牙白相，㉕獅子頰相，㉖味中得上味相，㉗大舌相，㉘梵聲相，㉙真青眼相，㉚牛眼睫相，㉛頂髻相，㉜白毛相。

〔一一〕引自僧叡著中論序。（見大正藏卷三十，第一頁）

〔一二〕正觀，即古印度大乘佛教的中觀學派（Mādhgamika），亦稱大乘空宗，約起源於公元三世紀，創始人是龍樹及其弟子提婆，主要論典是龍樹的中論、十二門論、大智度論，還有提婆的百論等，發揮般若經的性空思想。自從鳩摩羅什把該派經典介紹到中國以後，對中國佛教的天臺宗、三論宗、華嚴宗、禪宗等的形成都有着深刻影響。

【本段大意】第二，闡明龍樹的教法正確。問：「龍樹著作的部數和種類都很多，中論、十二門論和百論偏重於講空，似乎還不是佛的終極教法。」答：「從前僧叡是鳩摩羅什的弟子，是羅什譯經的得力助手，他所著的中論序稱：『一百根樑（或栢木樑）所建築的長者大宅（喻指大乘佛教），鄙視茅草庵（喻指小乘佛教）的狹窄簡陋。看到這部中論宏大廣博，更覺得主張片面覺悟小乘佛教之鄙陋。』所以，鳩摩羅什原偏信小乘佛教成實論，後來皈依中論正法。又如僧叡著中論序稱，古印度有十六大國，龍樹弘法教化的地區，四周長八千里，人們都虔誠地稱龍樹是無相佛。『堅持學習中論的佛教徒，没有不仔細研究並讚賞這部論的，都以中論作爲佛法的宗要。』如果是偏空的話，怎能受到各國的重視呢？而且，鳩摩羅什原信仰小乘佛教，正因爲讀了這部論，才改信大乘佛教的中觀學派。以後的各位論師都是憑借中論解除了對佛法的迷惑。由此看來，中論講的都是佛的終極教法。」

問：「若內、外並呵，大、小俱斥，此論宗旨何所依據耶？」答：「若心存內、外，情寄大、小，則墮在偏邪，失於正理〔一〕。既失正理，則正觀不生〔二〕。若正觀不生，則斷、常不滅〔三〕。若斷、常不滅，則苦輪常運〔四〕。以內、外並冥，大、小俱寂，始名正理。悟斯正理，則發生正觀。正觀若生，則戲論斯滅。戲論斯滅，則苦輪便壞。三論大宗，其意若此。蓋乃總衆教之旨歸，統羣聖之靈府〔五〕。味道之流〔六〕，豈不栖憑斯趣耶？」問：「若內、外並除，大、小俱斥，乃爲斷見，何名正宗〔七〕？」答：「既內、外並冥，則斷、常斯寂。二邊既捨〔八〕，寧非正宗耶？」

## 校釋

〔一〕正理，即中道實相，也就是佛教所講的永恒不變的絕對「真理」。三論宗認爲，只有拋棄執著，才能認識這種「真理」，故稱「若心存內、外，情寄大、小，則墮在偏邪，失於正理。」

〔二〕正觀，即「正確」的觀點，也就是佛教所說的智慧。三論宗以中道實相爲其正觀。

〔三〕斷，是主張衆生之身心死後即斷滅的斷見；常，是主張事物永恒不變的常見。

〔四〕苦輪，意謂衆生在三界不斷輪迴受苦，猶如痛苦的輪子旋轉不息。

〔五〕靈府，即心靈。

〔六〕味道之流，學習佛道的人們。

〔七〕正宗，是消除斷見和常見的「正確」主張，也就是三論宗的中道實相。

〔八〕二邊，即斷見和常見這兩種極端錯誤的見解。

【本段大意】問：「如果對內學、外道都要呵斥，對大乘和小乘都予以斥責，中論的宗旨還依據什麼呢？」答：「如果心中存在着內學、外道，情緒上寄托於大乘、小乘，就會墮落於偏斜的錯誤，喪失中道實相之理。既然喪失了中道實相之理，成佛智慧就不能産生。如果成佛智慧不産生，則斷見和常見就不會消滅。如果斷見和常見不消滅，痛苦的輪子就運轉不停。只要内學、外道都没有了，大乘和小乘都消除了，才能稱之爲中道實相。領悟了這種中道實相之理，就會産生成佛的智慧。只要産生了成佛智慧，戲論就會消滅。戲論消滅了，痛苦的輪子就會破壞。中論、十二門論和百論的根本宗旨，其用意就是這些。這種宗旨總持一切佛教經、論的宗旨和歸趣，統率一切「聖人」的心靈，學習佛道的人們，怎能不全心傾注於這種宗旨呢？」問：「如果把内學、外道都消除了，把大乘和小乘都斥責了，這就是斷見，怎能稱之爲正確主張呢？」答：「既然内學、外道都没有了，斷見和常見都寂滅了。斷、常二邊見既然已經捨除，怎能不是正確主張呢？」

難曰：「夫有斷有常，故名之爲有；無斷無常，目之爲無。既其是無，何由離斷？」答：「既斷、常斯寂，則有、無等皆離，不應更復謂染於無。」難曰：「雖有此通，終不免難。夫有有有無名之爲有；無有無無始是大無〔一〕。既其墮無，何由離斷？」答：「本對有病，是故説無。有病若消，空藥亦廢〔二〕。則知聖道未曾有、無〔三〕，何所滯耶？」難曰：「是有是無，名爲兩是；非有非無，名爲兩非。既墮是非，還同儒、墨〔四〕。」答：「本非二是〔五〕，故有雙非〔六〕。二是既亡〔七〕，雙非亦息，故知非是亦復非非。」難曰：「非是非非，還墮二非，何由免非？」答：「二是生乎夢虎〔八〕，兩非還見空華〔九〕。則知本無所是，今亦無非。」

## 校釋

〔一〕大無，是對「無」而言，否定有即是無，既否定有，又否定無，稱之爲大無。

〔二〕空藥亦廢，三論宗認爲「空」也是不存在的，這就是空空。正如中論觀行品所說的：「若有不空法，則應有空法。實無不空法，何得有空法？」（大正藏卷三十，第十八頁）這是說：「不空與空相待而成立，因不空而有空，因空而有不空。如果有不空，就應當有空。實際上並沒有不空，怎麼能有空呢？

〔三〕聖道，即涅槃之道，也就是三論宗所講的中道實相，不同於說一切有部的「有」，也不同於經量部的空無。

〔四〕儒，即儒家；墨，即墨家。先秦時兩派爭鳴。

〔五〕二是，即是有、是無。

〔六〕雙非，即非有、非無。

〔七〕「亡」字，原作「忘」，據大正藏本改。

〔八〕「二二是生乎夢虎」，見善見律毘婆沙卷十二：「眠時夢見……虎、狼、師子、賊逐。」（大正藏卷二十四，第七六〇頁）此處用「夢虎」比喻二是虛幻不實。

〔九〕「兩非還見空華」，見入楞伽經問答品：「猶如虛空花，有、無不可得。」（大正藏卷十六，第五一九頁）這是說：就像虛空中的花朵一樣，不能說是有，因爲它是虛幻不實的；也不能說是無，因爲它是幻有。此處比喻非有、非無猶如「空華」虛幻不實。

【本段大意】詰難說：「有斷見有常見，所以稱之爲『有』，無斷見無常見稱之爲『無』。既然是『無』，有什麽理由脫離斷見呢？」答：「既然是斷見和常見都寂滅了，『有』和『無』也都脫離了，不應該再一次地染著於『無』。」詰難說：「雖然有以上的解釋，還是免不了受到詰難。如果存在『有』，又存在『無』，就稱之爲『有』；不存在『有』，也不存在『無』，才能稱之爲『大無』。既然墮落到『無』，有什麽理由脫離斷見呢？」答：「本來是爲了對治『有』病，所以說『無』，『有』病如果消除了，『空』藥也就廢除了。由此可見，中道實相從來就不是『有』，也不是『無』，這有什麽講不通呢？」詰難說：「『是』『有』『是』『無』，稱之爲兩是，非『有』非『無』稱之爲兩非，既然墮落到是、非，與儒、墨兩家争論是非一樣。」答：「因爲不是二是（是有、是無），所以有雙非（非有、非無）。二是既然已經消亡，雙非也就息滅了。由此可見，既不是『是』，也不是『非』。」詰難說：「不是『是』，也不是『非』，還是墮落到二非，有什麽理由免除『非』呢？」答：「二是（是有、是無）的產生就像夢中虎一樣虛幻不實，兩非（非有、非無）就像空中花一樣虛幻不實。由此可見，根本就没有『是』，也没有『非』。」

難曰：「若無是無非，亦不邪不正，何故建篇章稱破邪顯正？」答：「夫有非有是，此則爲邪；無是無非，乃名爲正。所以命篇辨破邪顯正。」難曰：「既有邪可破，有正可顯，則心存取捨，何謂無依？」答：「爲息於邪，强名爲正。在邪既息，則正亦不留，故心無所著。」難曰：「若邪正並冥，豈非空見？」答：「正觀論云：『大聖説空法，爲離諸見故，若復見有空，諸佛所不化〔一〕。』如水能滅火，今水還出火，當用何滅？斷、常爲火，空能滅之。若復著空，即無藥可滅也〔二〕。」難曰：「既著空病，何故不服有藥而言息化？」答：「若以有化，還復滯有，乃至亡言〔三〕，便復著斷。如此之流，何由可化？」

## 校 釋

〔一〕引自中論觀行品。（見大正藏卷三十，第十頁）

〔二〕以上四句見中論對以上偈頌的解釋：「如火從薪出，以水可滅，若從水生，爲用何滅？如空是水，能滅諸煩惱火。有人罪重，貪著心深，智慧淺故，於空生見，或謂有空，或謂無空，因有、無還起煩惱。」（大正藏卷三十，第十八頁）

〔三〕「亡」字，原作「忘」，據大正藏本改。「亡言」，見僧肇著涅槃無名論：「得意亡言，體其非有非無。」（大正藏卷四十五，第一五九頁）這是説：只要認識到「亡言」（意謂不能用語言表達）的程度，其道理的本體既不是有，也不是無。

【本段大意】詰難説：「如果没有是，也没有非，也就没有錯誤和正確，爲什麽要建立篇章稱爲破邪顯正呢？」答：「認爲有非有是的主張，是錯誤的見解，認爲没有是也没有非的主張，才是正確的見解，所以要建立篇章辨別破邪顯正。」難問説：「既然有錯誤可以破除，有正確觀點可以闡明，其心中就存在着採納和捨棄，爲什麽稱爲無所依托呢？」答：「爲了熄滅錯誤，勉强稱爲正確。錯誤熄滅了，正確也就不保留了，所以心中没有所執著的東西。」難問說：「如果錯誤和正確都消除了，這不就是空見嗎？」答：「中論稱：『佛演説空，是爲了擺脱各種錯誤的見解，如果又主張空，各位佛都不能對他進行教化。』就像水能把火熄滅，如果水産生於火，應當用什麽滅除呢？如果斷見和常見是火，空可以使之熄滅，如果又執著於『空』這種疾病，就没有藥可使之滅除了。」難問說：「既然執著於『空』病，爲什麽不服用『有』藥予以滅除呢？」答：「如果用『有』使之熄滅，又要停止在『有』上，只好不用言語來表達，又執著於斷見。像這樣的人，怎能受到教化呢？」

問：「心有所著，有何過耶？」答：「若有所著，便有所縛〔一〕，不得解脱生、老、病、死、憂、悲、苦、惱〔二〕。故法華云：『我以無數方便，引道衆生令離諸著〔三〕。』浄名云：『不著世間如蓮華，常善入於空寂行，達諸法相無罣礙，稽首如空無所依〔四〕。』三世諸佛〔五〕，爲六道衆生心有所著，故出世説經。四依開士〔六〕，爲大、小學人心有所依，故出世造論。故有依有得爲生死之本，無住無著爲經、論大宗〔七〕。」難曰：「若内、外並冥，佛經何故説大、小兩教？」答：「法華云：『是法不可示，言辭相寂滅〔八〕。』如來於無名相中〔九〕，强名相説，故有大、小教門。欲令衆生因此名相悟無名相〔一〇〕。而封教之徒，聞説大、小，更生染著，是故造論，破斯執情，還令了悟本來寂滅，故四依出世爲如佛也〔一一〕。」

## 校釋

〔一〕縛，是煩惱的異名，意謂煩惱能够繫縛人心，使之不得解脱。

〔二〕解脱，是梵文 Mokṣa 的意譯，意謂擺脱塵世煩惱的繫縛，以達涅槃。稻芋經對生、老、死、憂、苦、悲、惱解釋如下：「後陰始起故名爲『生』；住世衰變故名爲『老』；最後敗壞故名爲『死』；追感往事言聲哀戚名爲「憂」；苦事來逼身是名『苦』；追思相續故名爲『悲』；煩惱纏縛故名爲『惱』。」（大正藏卷十六，第八一八頁）後陰卽五陰，是構成人體的五蘊：色、受、想、行、識。

〔三〕本段引文見妙法蓮華經方便品：「舍利弗！吾從成佛以來，種種因緣，種種譬喻，廣演言教，無數方便，引導衆生，令離諸著。」（大正藏卷九，第五頁）

〔四〕本段引文出自浄名經（維摩經）佛國品。（見大正藏卷十四，第五三八頁）

〔五〕三世諸佛，卽三世佛：過去世的迦葉佛，現在世的釋迦牟尼佛，未來世的彌勒佛。

〔六〕開士，是菩薩（Bodhisattva）的意譯，意謂以佛法開導衆生之士。這裏特指三論宗所推初祖龍樹。

〔七〕雖有佛説的經和菩薩造的論，但在三論宗看來，佛教經、論都是權巧方便法門，真正的佛法是不可説也不可想的。三論宗神祕地宣稱：真正的佛法是「言亡慮絶」，動口卽錯，動念卽乖。所以，聽法的人不能停止在佛和菩薩的説教上（「無住」），不能有所執著（「無著」），這才是佛教經、論的根本宗旨，正如般若波羅蜜經卷五百六十九所説：「無可執著是法真實，若著真實，卽是虚

妄。」「以不著故，即非虛妄，無所執著，心即無礙。」（大正藏卷七，第九三八頁）

〔八〕本段引文出自妙法蓮華經方便品。（見大正藏卷九，第五頁）

〔九〕名相，一般人認爲，一切事物都有自己的名相，「名」即事物的名字，如桌子、椅子等；「相」即相狀，如顏色、形狀等。耳可聞謂之「名」，眼可見謂之「相」。三論宗認爲：事物的名相都是虛幻不實的，凡夫誤以爲真，引出種種妄惑。

〔一〇〕上兩句內容，參見吉藏著勝鬘寶窟：「然至理無名，聖人無名相中，爲衆生故假名相說，欲令衆生因此名相悟無名相，如懸峰可陟，要假繩梯。」（大正藏卷三十七，第一頁）

〔一一〕「四依出世爲如佛也」，參見吉藏著中論疏卷一：「四依如佛，亦即是佛也。」（大正藏卷四十二，第八頁）這是說：四依菩薩龍樹像是佛，實際上就是佛，即前文所說的無相佛。

【本段大意】問：「心有所執著，有什麼過錯呢？」答：「如果有所執著，則有所繫縛，不能擺脫生、老、病、死、憂、悲、苦、惱。所以法華經稱：『我以無數權巧方便辦法，引導衆生，使之擺脫各種執著。』淨名經說：『就像蓮花那樣不執著於世間，常修善法入於空寂，以達到認識各種事物的性相都自由自在，毫無阻礙，向如空無所依的佛致敬。』三世各佛，因爲六道衆生之心有所執著，所以才出世說經；四依菩薩龍樹，因爲學習大乘和小乘人的心情有所依托，才出世造論。所以，有依托、有所得是生死的根本，不停止在經、論的說教上，無所執著才是佛教經、論的根本宗旨。」難問說：「如果內學、外道都已消除，佛經爲什麼說大乘教和小乘教呢？」答：「法華經稱：『這種佛法不可用語言表示，語言文字都要滅除。』如來佛對於這種無名相的佛法，勉强利用名相進行説教，所以有大乘教和小乘教，爲了使衆生通過這些名相的説教，領悟無名相的佛法。而拘泥于教法（認識只停止在佛和菩薩的説教上）的人，聽説大乘和小乘，更加産生染污和執著，所以要造論破斥這種心情，要讓他們領悟佛法本來是寂滅的。所以，四依菩薩龍樹出世造論，就像佛一樣。」

問：「此論名爲正觀〔一〕，『正』有幾種〔二〕？」答：「天無兩日，土無二王，教有多門，理唯一『正』，是故上來破斥四宗。華嚴云：『文殊！法常爾〔三〕，法王唯一法〔四〕，一切無畏人〔五〕，一道出生死〔六〕。』但欲出處衆生〔七〕，於無名相法，强名相説，令禀學之徒，因而得悟，故開二正：一者體正〔八〕，二者用正〔九〕。非真非俗名爲『體正』；真之與俗目爲『用正』。所以然者，諸法實相言亡慮絶〔一〇〕，未曾真、俗，故名之爲『體』；絶諸偏邪，目之爲『正』，故言『體正』。所言『用正』者，體絶名言，物無由悟〔一一〕，雖非有、無，强説真、俗，故名爲『用』。此真之與俗亦不偏邪，目之爲『正』，故名『用正』也。」

## 校　釋

〔一〕此論，指龍樹的中論，亦稱正觀論。

〔二〕正，即「中」，也就是三論宗所講的中道實相。

〔三〕「法常爾」，卽中道實相，因爲三論宗認爲，中道實相是永恒不變的，本來就有的。

〔四〕法王，卽佛。　唯一法，意謂唯一的教法，指三論宗的中道實相。

〔五〕無畏人，意謂無所畏懼的人，此處指佛。亦稱無礙人，因爲佛對佛教道理已徹底覺悟，通達無礙。「無畏人」大正藏本作「無礙人」。

〔六〕一道，卽中道。因爲佛覺悟了中道實相之理，就逃出生死輪迴，達到涅槃。本段引文出自華嚴經卷六。（見大正藏卷九，第四二九頁）

〔七〕出處衆生，使衆生逃出生死輪迴，處於永恒的涅槃境界。

〔八〕體正，卽非真非俗的中道實理之本體，既不可言談，又不可思慮，不偏不倚，故名爲「正」。

〔九〕用正，因爲真諦之理無法表達，爲了達到教化衆生的目的，只好將真諦所講的道理應用在俗諦上，用權巧方便的手法表達出來，故爲「用正」。

〔一〇〕「亡」字原作「忘」，據大正藏本改。

〔一一〕「物無由悟」，意謂三論宗的中道實相，衆生無法理解。此處的「物」字意謂衆生。

【本段大意】問：「中論稱爲正觀論，『正』有幾種呢？」答：「天上没有兩個太陽，一個國家没有兩個國王，佛的教法雖有多種，其道理只是一個『正』，所以，一開始就破斥外道、毘曇、成實、大執四宗。華嚴經稱：『文殊！只有中道實相才是永恒真理，佛的教法歸根到底只有這中道實相，所有的一切佛都是由於覺悟了中道實相之理，才脱離了生死輪迴。』但是，爲了使衆生出離生死輪迴，永遠處於涅槃境界，對於無名相的佛法，勉强利用名相進行説教，是爲了使學習佛教的人們因此而得到覺悟，所以分出兩個『正』：一是體正，二是用正。既非真諦，又非俗諦，稱爲『體正』；這種真諦應用在俗諦上，稱爲『用正』。所以這樣，是因爲一切事物的本性，既不可用語言表達，又不可以思慮揣測，無所謂真諦、俗諦，所以稱之爲『體』；没有任何偏斜錯誤，故視之爲『正』。所以稱爲『體正』。所謂『用正』，因爲中道實理的本體没有名相，不可用語言表達，衆生没法理解，雖然不是有，也不是無，勉强稱爲真諦、俗諦，所以稱爲『用』。這種真諦應用在俗諦上，也没有偏斜的錯誤，視之爲『正』，所以稱爲『用正』。」

問：「既云真、俗，則是二邊，何名爲正？」答：「如因緣假有，目之爲俗。然假有不可言其定有〔一〕，假有不可言其定無。此之假有，遠離二邊，故名爲『正』。俗有既爾，真無亦爾〔二〕。假無不可定無，假無不可定有。遠離二邊，故目之爲『正』。」問：「何故辨體、用二正耶？」答：「像末鈍根〔三〕，多墮偏邪，四依出世，匡正佛法，故明『用正〔四〕』。既識正教，便悟正理，則有『體正』〔五〕。但正有三種：一、對偏病，目之爲『正』，名對偏正〔六〕；二、盡淨於偏，名之爲『正』，謂盡偏正也〔七〕；三、偏病既去，正亦不留，非偏非正，不知何以美之，强嘆爲『正』，謂絶待正也〔八〕。」

## 校 釋

〔一〕定有，意謂肯定的有自性的「有」。在三論宗看來，俗諦的「有」都是因緣和合的産物，没有自性，不能稱爲定有；因爲是假有，也不能稱爲無。

〔二〕真無，即真諦所講的「無」（空）。在三論宗看來，真諦的「無」和俗諦的「有」是一樣的，真諦的「無」不是定無，是與俗諦的「有」相待而言，要「即空觀有」。但不能稱爲定有，因爲還可以即有觀空」。

〔三〕鈍根（Mridu-indriya），佛教對接受佛道遲鈍者的貶稱。

〔四〕用正，意謂作用正確。三論宗認爲，龍樹造的論是爲了改正被歪曲的佛法，清除掉偏斜的錯誤，故名「用正」。

〔五〕體正，意謂道理的本體正確。在三論宗看來，其中道理論不摻有任何偏斜的錯誤，故稱「體正」。

〔六〕對偏正，亦名對偏中，是吉藏著中論序疏所講三種中道的第一種。「一者對斷、常之偏明中，此是對偏中。」（大正藏卷四十二，第二頁）針對斷見和常見所説明的中道實理，稱爲對偏中。

〔七〕盡偏正，亦名盡偏中，是三種中道的第二種，吉藏著中論序疏稱：「二者盡偏中，立於中名，欲盡於偏病，故名盡偏中。」（大正藏卷四十二，第二頁）成立中道的名字，想以此將斷、常二見偏斜的毛病消除乾淨，這就是盡偏中。

〔八〕絶待正，亦名絶待中，是三種中道的第三種，中論序疏稱：「偏病盡，得有於中也。」（大正藏卷四十二，第二頁）把斷見和常見偏斜的毛病消除乾淨以後，所得的中道實理稱爲絶待中。

【本段大意】問：「既然稱真諦和俗諦，就應當是斷、常二邊見，爲什麼要稱爲『正』呢？」答：「如因緣和合的事物，是虛假的『有』，視之爲俗諦。但是，假有不可説是定性的『有』（常見），假有也不可説是定性的『無』（斷見），這種假有遠離斷、常二邊見，所以稱之爲『正』。既然俗諦的『有』是這樣，真諦的『無』也是這樣。真諦的『無』是假無，假無不能稱爲定性的『無』（斷見），假無也不能稱爲定性的『有』（常見）。因爲遠離斷、常二邊見，所以視之爲『正』。」問：「爲什麽要辨别體正和用正呢？」答：「像法末期的鈍根人，大多數墮落於偏斜的毛病，四依菩薩龍樹出世以後，扶持佛法，並改正被歪曲的佛法，所以被稱爲用正；既然認識了佛的『正確』説教，便領悟了佛教的『正確』道理，這就有了體正。但『正』有三種：一、對於偏斜的毛病來説，視之爲『正』，稱爲對偏正；二、偏斜的毛病一點也不存在了，稱之爲『正』，稱爲盡偏正；三、偏斜的毛病既然已經除掉，『正』也就不保留了，既不是偏，又不是『正』，不知道用什麽名稱予以讚美，勉强讚嘆爲『正』，稱爲絶待正。」

在「正」既然，觀、論亦爾〔一〕。因於體正發生正觀〔二〕，名爲體觀〔三〕。藉二諦用，生二諦觀，名爲用觀〔四〕。故觀具二也。觀辨於心，爲衆生故，如實説體，名爲體論〔五〕。若説於用，名之爲用論〔六〕。故論具二也。「正」既有對偏、盡偏、絶待。觀、論亦然，類前可知。

## 校釋

〔一〕觀、論，「觀」即觀點、智慧等，是佛和菩薩的能觀之心，是主動態；「論」是菩薩在「正確」觀點指導下所造的論，是被動態。吉藏著中論序疏稱：「觀謂諸佛、菩薩能觀之心。諸佛觀辨於心，宣之

於口，秤（按：應作稱）之爲經；菩薩觀辨於心，宣之於口，目之爲論。」（大正藏卷四十二，第二頁）

〔二〕正觀，意謂「正確」觀點，與邪觀（錯誤觀點）相對立而存在。觀與經合即爲正觀，也就是佛說教的觀點。

〔三〕體觀，意謂關於本體的觀點，在「正確」道理本體的基礎上所產生的「正確」觀點，稱爲體觀。

〔四〕用觀，意謂關於使用的觀點。對真、俗二諦的具體應用稱爲用觀。

〔五〕體論，意謂關於本體的理論，菩薩領悟佛的說教以後，如實爲衆生演說這種理論的本體，此稱體論。

〔六〕用論，意謂關於應用的理論，關於佛教「真理」本體的具體應用稱爲用論。

【本段大意】既然「正」是這樣，「觀」和「論」也是這樣。由於佛教「真理」本體的正確，產生「正確」的觀點，稱爲體觀。憑藉真諦和俗諦的應用，產生二諦的觀點，稱爲用觀。所以，「觀」具有體觀和用觀兩種。「觀」由心加以辨別，爲衆生如實地演說佛教「真理」的本體，稱爲體論。如果演說佛教「真理」本體的應用，就稱爲用論。所以，論具有體論和用論兩種。「正」既然有對偏正、盡偏正、絕待正之分，「觀」和「論」也是這樣，只要知道了「正」的分類，就可以知道「觀」和「論」的分類。

# 三論玄義卷下

隋慧日道場沙門吉藏奉命撰

次明經論相資。大品經云：「雖生死道長，衆生性多〔一〕，菩薩應如是正憶念：生死邊如虚空〔二〕，衆生性邊亦如虚空，此中無生死往來〔三〕，亦無解脱者〔四〕。」然既無生死，亦無涅槃。則知亦無衆生及以於佛，寧有經之與論耶？故内、外並冥，緣、觀俱寂〔五〕。然雖非生死涅槃，而於衆生成生死，故大品云：「諸法無所有，如是有〔六〕。」既有衆生，故有諸佛。既有諸佛，便有教門。既有諸佛教門，則有菩薩之論。諸佛爲衆生失道，是故説經，菩薩爲衆生迷經，是故造論。

## 校釋

〔一〕「生死道長，衆生性多」，衆生不斷輪迴受苦，生了又死，死了又生，故稱「生死道長」。六道衆生，性質各異，故稱「衆生性多」。

〔二〕邊，意謂邊見，如斷、常等極端「錯誤」的見解。

〔三〕往，意謂死；來，意謂生。生死往來，即衆生的輪迴。

〔四〕本段引文見摩訶般若波羅蜜經卷十七的夢行品：「菩薩摩訶薩行六波羅蜜經時當作是念，雖生死道長，衆生性多，爾時應如是正憶念，生死邊如虛空，衆生邊亦如虛空。是中實無生死往來，亦無解脱者。菩薩摩訶薩作如是行，能具足六波羅蜜，近一切種智。」（大正藏卷八，第二四九頁）一切種智，是佛所具有的無所不知的智慧。

〔五〕以上兩句體現了大乘空宗和有宗的根本區別：大乘有宗否定外道而不否定佛教本身，否定客觀事物而不否定主觀心識；大乘空宗對這一切都予以否定，其目的是滅除人們的欲望。

〔六〕本段引文是取大品般若經遍學品一段文字的大意。原文如下：「二是有法，不二是無法……一切相皆是二，一切二皆是有法，適有有法，便有生死。」（大正藏卷八，第二八三頁）「二」與「不二」是對立的，「二」是客觀事物的千差萬别。在三論宗看來，世界上的一切都是不存在的，也不存在事物的差别性。這就是「不二」。所以「二」意味着客觀事物的存在（有法），「不二」意味着「空」（無法），事物的相狀都是「二」，一切「二」都意味着事物的存在，有事物存在就有生死苦惱。

【本段大意】然後講經和論的互相資助。菩薩造論是爲了解釋佛説的經，這是論助經；造論菩薩的智慧來源於佛説的經，這是經助論。大品般若經稱：「雖然衆生的生死道路長遠，六道衆生性質各異，菩薩應當這樣考慮問題：生死這種邊見就像虛空一樣是不存在的，衆生性質這種邊見也像虛空一樣是不存在的，這裏邊没有生死輪迴，也没有涅槃。」既然没有生死，也就没有涅槃，也就没有衆生，也没有佛，哪裏還有經和論呢？這樣内學、外道都滅除了，形成事物的客觀條件和能觀之心也都没有了。

雖然没有生死和涅槃，對於衆生來説，則有生死，所以大品般若經稱：「一切事物本來是不存在的，但對衆生來説是存在的。」既然有衆生，所以有各位佛。既然有各位佛，便有佛的説教。既然有佛的説教，則有菩薩造的論。因爲衆生迷失佛道，所以佛説經；因爲衆生對佛説的經迷惑不解，所以菩薩造論。

然經有通、別〔一〕，在論亦爾。所言經通者〔二〕，「通」爲息衆生顛倒〔三〕，「通」爲開顯道門〔四〕。所言論通者〔五〕，諸聖弟子。造一切論，亦通爲息迷教之病，申明正道〔六〕。所言經別者〔七〕，赴大、小二緣，説大、小兩教。所言論別者〔八〕，爲破大、小兩迷，申大、小兩教，故有大、小二論也。然就經、論之中，具有能、所之義〔九〕，經以二智爲能説〔一〇〕，二諦爲所説；論以二慧爲能説〔一一〕，言教爲所説，斯則經、論各有能、所也。

## 校釋

〔一〕通，爲總相；別，爲別相。總述經、論的功能是總相；別述大、小乘經和論的功能是別相。

〔二〕經通，意謂佛所説經的普遍功能。破除衆生的錯誤見解，弘揚佛法。

〔三〕顛倒，意謂衆生認爲客觀事物實有的「錯誤」見解。

〔四〕道門，即佛道之門。

〔五〕論通，即菩薩所造論的普遍功能。破除衆生對佛經的迷惑，弘揚佛經正意。

〔六〕正道，即佛道，也就是三論宗的中道實相。

〔七〕經别，意謂經的個别功能，是爲了適應大乘人和小乘人的不同根緣，分别演説大乘經和小乘經。

〔八〕論别，即論的個别功能。爲了破除對大乘教的迷惑，申明大乘佛教，故造大乘論；爲了破除對小乘的迷惑，申明小乘教，故造小乘論。

〔九〕能，是能説，是説法的主體；所，是所説，是被弘揚的佛教義理。

〔一〇〕二智，佛的智慧稱爲「智」，菩薩的智慧稱爲「慧」。「智」與「慧」有時可以通用。「二智」是佛所具有的兩種智慧：一切智和一切種智。一切智是佛對事物的共性認識，也就是空、真如等；一切種智是佛對事物的個性認識。真如是梵文Tathatā的意譯，是佛教所認爲的事物的「真實」狀況。

〔一一〕二慧，是菩薩所具有的兩種智慧：實相慧和方便慧。實相慧，即三論宗的中道實相；方便慧，是菩薩爲了普渡衆生所採取的權巧方便法門，如譬喻等。

【本段大意】然而經有通、别之分，論也是這樣。所謂「經通」，「通」是消除衆生的錯誤見解，打開顯明佛道之門。所謂「論通」，佛的弟子（菩薩）們所造的一切論，都是爲了消除衆生對佛經迷惑不解的毛病，闡明中道實相。所謂「經别」，是佛爲了適應大乘人和小乘人的不同根緣，分别演説大乘經和小乘經。所謂「論别」，是爲了破除對大乘教和小乘教的迷惑，申明大乘教和小乘教，所以有大乘論和小乘論。然而在佛教經、論之中，都具有能説和所説的意義。經以一切智和一切種智爲能説，以真、俗二諦爲所説。論以實相、方便二慧爲能説，以菩薩的言論説教爲所説。所以經和論各有自己的能説和所説。

次明經論能所絞絡有四句不同：一者，經能爲論所，二者，經所爲論能，三者，論能爲經所，四者，論所爲經能。經能爲論所者，如來二智即是論主所悟〔一〕，故法華明今昔兩教〔二〕，爲直往菩薩及迴小向大之人，並令悟入佛慧〔三〕。故涌出品云：「是諸衆生始見我身，聞我所説，卽便信受，入如來慧〔四〕。」此明昔教爲直往菩薩入佛慧也。次云：「除先修習學小乘者，我今亦令得聞是經，入於佛慧〔五〕。」此明今教迴小之人入於佛慧。故今、昔兩教同明爲入佛慧，則知佛慧是所悟也。次明經所爲論能者，經所卽是二諦，能發生論主二慧故。佛之二諦爲能生，論主二慧爲所生也。次明論能爲經所者，論主二慧由經發生也。次明論所爲經能者，論主言教能申佛二諦也。

## 校釋

〔一〕論主，此處泛指論的作者——菩薩。

〔二〕今昔兩教，根據三論宗「三輪」的判教主張，今教是法華經，因爲它是「三輪」的第三輪；昔教是華嚴經，因爲它是「三輪」的第一輪。

〔三〕佛慧，卽佛的智慧，也就是佛的二智：一切智和一切種智。這裏的「慧」與「智」同義。

〔四〕語見妙法蓮華經菩薩從地涌出品：「是諸衆生，始見我身，聞我所說，即皆信受，入如來慧。」（大正藏卷九，第四十頁）「始見我身」意謂衆生見到佛的化身。佛的法身無相，報身不來人間，衆生只能見佛的化身。「如來慧」即佛慧。

〔五〕引文出處同上。原文如下：「除先修習學小乘者，如是之人，我今亦令得聞是經，入於佛慧。」

【本段大意】然後說明佛教經、論的能說和所說互相交織的關係有四句不同：一、經的能說是論的所說，二、經的所說是論的能說，三、論的能說是經的所說，四、論的所說是經的能說。經的能說是論的所說，是講如來佛的一切智和一切種智要由論的作者菩薩們所領悟。妙法蓮華經說，過去的華嚴經是直接對菩薩進行說教的，當今的妙法蓮華經是對從小乘改信大乘的人進行說教的，二者都是讓衆生領悟佛的智慧。所以妙法蓮華經菩薩從地涌出品又稱：「這些衆生們開始見到我的化身，聽了我所說的教法，能够立刻接受，獲得如來佛的智慧。」這就說明：過去的華嚴經能使菩薩直接得到佛的智慧。妙法蓮華經又說：「以前學習小乘佛教的人們，現在我也能讓他們聽到這部妙法蓮華經以後，獲得佛的智慧。」這說明，當今的妙法蓮華經，能使改信小乘爲大乘的人們獲得佛的智慧。所以，當今的妙法蓮華經和過去的華嚴經都是爲了讓衆生獲得佛的智慧。由此可見，佛的智慧是所悟的對象。然後說明經的所說是論的能說，經的所說就是真、俗二諦，能使論的作者菩薩們獲得實相、方便二慧。佛的二諦是能生，論主的二慧是所生。然後說明論的能說是經的所說，論主的二慧是由於佛經的啓發而產生。然後說明論的所說是經的能說，論主的言論說教能够發揮佛的二諦。

次會四句爲二句〔一〕，經若能若所並是能資〔二〕，論若能若所皆是所資〔三〕。又論若能若所悉爲能申〔四〕，經若能若所悉是爲所申〔五〕。故合成一能一所也。次泯一句以歸無句，以能而爲所，則能非定能；以所而爲能，則所非定所。以能非定能，是則非能；所非定所，是則非所。故非能非所，非經非論，非佛非菩薩，不知何以目之，故稱正法，强名中實也。問：「能非定能，是則非能所非定所，是則非所，出何文耶？」答：「中論然可然品云：『若法因待成，是法還成待，今則無因待，亦無所成法〔六〕。』卽其證也。」

## 校釋

〔一〕四句，卽上文所説的不同的四句：一者經能爲論所，二者經所爲論能，三者論能爲經所，四者論所爲經能。

〔二〕能資，意謂能起到資助作用，是主動態。佛所説的經是一切論的根據，對論的形成起到資助作用。

〔三〕所資，意謂論是經所資助的對象，是被動態。論的作者菩薩們必須首先學習佛説的經，受到經的資助，然後才能造論解釋經。

〔四〕能申，因爲佛教的論是解釋經的，所以論對經能起到申明或引申發揮的作用。

〔五〕所申，因爲佛教的論是解釋經的，所以經是論所申明或引申發揮的對象。

〔六〕本段引文見大正藏卷三十，第十五頁。

【本段大意】然後把上述四句合併爲兩句：經無論是能還是所，都是能資；論無論是能還是所，都是所資。而且，論無論是能還是所，都是能申；經無論是能還是所，都是所申。這就合成一能一所。然後，滅除一能一所這一句，歸於無句（空）。由於能而有所，所以能並不是定性的能；由於所而有能，所以所也不是定性的所。因爲能不是定性的能，所以是非能；所也不是定性的所，所以是非所。所以沒有能，沒有所，沒有經，沒有論，沒有佛，沒有菩薩，不知如何看待它，所以稱爲「正確」法門，勉强給它起個名字叫中道實相。問：「能不是定性的能，所以沒有能；所不是定性的所，所以沒有所。出自哪部書呢？」答：「中論然可然品稱：『如果事物因相待而成立，這種事物還成立於相待之因。現在沒有相待之因，也就沒有所成立的事物。』這就是證據。」

次別明造論緣起。然所以造論者，如上所明，如來爲失道故說經〔一〕，論主爲迷經故造論。爲失道故說經，此是根本失〔二〕；論主爲迷經故造論，此是枝末失〔三〕。又佛爲失道者說經，此失謂一往失〔四〕；論主爲迷經故造論，此失卽失中更起失〔五〕。所以然者，以其迷道，此是一失，如來說經，爲令入道，而復迷經，故是失中失也。一往之失，謂利根人聞經卽悟〔六〕，失中之失，謂鈍根人也〔七〕。

## 校釋

〔一〕道，即佛道。

〔二〕根本失，佛道是根本，對根本的迷失稱爲根本失。

〔三〕枝末失，佛道是根本，闡明佛道的諸論是枝末，對這種枝末的迷失稱爲枝末失。

〔四〕一往失，衆生對佛道的迷失是從前就有的，故稱一往失。

〔五〕「失中更起失」，衆生原來對佛道的迷失稱爲「一往失」，所以佛說經教化衆生，衆生對佛經又迷惑不解，故稱「失中更起失」。

〔六〕利根，是梵文Tīkṣṇa-indriya的意譯，「利」爲鋭利，「根」爲根機。利根是根機鋭利能够迅速理解佛法的人。

〔七〕鈍根，是梵文Mṛdu-indriya的意譯，與利根相對，意謂根機遲鈍不易於接受佛法的人。

【本段大意】然後辨別說明造論的緣故。所以要造論，如前所說，因爲衆生迷失佛道，所以如來佛要說經；因爲衆生對佛經迷惑不解，所以菩薩要造論。佛因衆生迷失佛道而說經，這種迷失稱爲「根本失」。菩薩們因衆生對佛經迷惑不解而造論，這種迷失稱爲「枝末失」。佛因衆生迷失佛道而說經，這種迷失稱爲「一往失」；菩薩們因衆生對佛經迷惑不解而造論，這種迷失是「迷失中更起迷失」。所以如此，因爲衆生迷失佛道，這是一種失，如來佛爲衆生悟入佛道而說經，有的衆生對佛經又迷惑不解，所以是「迷失中的迷失」。原來的迷失，如果是利根人，聽了佛說的經即可覺悟，迷失中又起迷失者，是鈍根人。

問：「何等是迷經之人？」答：「卽是諸部異執。言諸部異執者，或二部，或五部，或十八部，或二十部，或五百部。言二部者，如來二月十五日入涅槃〔一〕，諸聖弟子四月十五日於王舍城祇闍崛山中結集三藏〔二〕，爾時卽有二部名字〔三〕：一、上座部〔四〕，謂迦葉爲上座〔五〕，迦葉上陳如一夏〔六〕，爲佛以法付屬迦葉，名上座部也。迦葉所領但有五百人〔七〕，依智度論則有千人〔八〕；二、大衆部〔九〕，卽界外大衆〔一〇〕，乃有萬數，婆師波羅漢爲主〔一一〕，此云淚出，常悲苦衆生而淚墮也，卽五比丘中之一人。而年大迦葉，教授界外大衆，所以有二衆。迦葉有五百羅漢，前入界內，結集三藏。後多人來結集三藏，迦葉並不許之。有二因緣：一者，五百皆聰明人故；二者，已羯磨竟故〔一二〕。依智度論〔一三〕，阿闍世王但設千人食故〔一四〕，餘人來不得。從是以來，至佛滅度後百一十六年〔一五〕，但有二部名字，未有異執。」

校釋

〔一〕關於佛涅槃的日子佛經中的記載很不一致，百丈清規卷二載爲二月十五日，大唐西域記卷八載爲三月十五日，泥洹經載爲四月八日。中國、朝鮮、日本等國的大乘佛教徒都在二月十五日舉行佛涅槃節。

〔二〕四月十五日之說據眞諦著部執論疏卷二。王舍城（Rājagṛha）是古印度摩揭陀國的首都，位於今比哈爾邦底賴耶(Tilayā)附近，相傳第一次佛教結集在此舉行。祇闍崛山，卽鷲山，位於王舍城的東北部。　認爲第一次佛教結集卽有三藏之說，據四分律卷五十四、十誦律卷六十、大智度論卷二等，由阿難誦出經和論，由優波離誦律；據付法藏因緣傳卷一，由阿難誦經，優波離誦律，迦葉誦論；迦葉結經則說經、律、論三藏都由阿難誦出。史學界一般認爲，第一次佛教結集時卽有三藏之說是不可信的，據五分律卷三十、摩訶僧祇律卷三十二等，第一次佛教結集時只有經藏和律藏。由迦葉主持會議，由阿難誦經，由優波離誦律。

〔三〕認爲第一次佛教結集就分裂爲大衆、上座二部的說法與部執論疏卷二、大唐西域記卷九等相同，但史學界一般認爲此說不可信，佛教的根本分裂應當是發生於第二次佛教結集期間。

〔四〕上座部是梵文 Sthaviravāda 的意譯，其學說與大衆部直接對抗。公元前三世紀從古印度傳入斯里蘭卡，進而又從斯里蘭卡傳入緬甸、泰國、老撾、柬埔寨等國，形成南傳上座部佛教。

〔五〕上座，是梵文 Sthavira 的意譯，佛教徒對出家長者的尊稱。四分律删繁補闕行事鈔卷下明確規定：出家九年以下者稱爲下座，出家十年至十九年者稱爲中座，出家二十年至四十九年者稱爲上座。

〔六〕夏，爲夏臘之略，佛教僧人每年夏季有雨期安居，所以他們往往以夏臘作爲法臘，卽僧人出家受戒後的年份。

〔七〕五百人，第一次佛教結集，有以迦葉爲首的五百比丘參加。此說據真諦著部執論疏卷二。

〔八〕大智度論卷二有「爾時大迦葉選得千人」之句，見大正藏卷二十五，第六十七頁。

〔九〕大衆部，是梵文Mahāsanghika的意譯，主要分布在古印度的中部和南部，神話色彩已相當濃重，提出佛、菩薩、羅漢的等級差別，爲大乘佛教的形成奠定了思想基礎。

〔一〇〕界外，相傳第一次佛教結集時，以迦葉爲首的五百比丘在王舍城的七葉窟內舉行會議，後有以婆師波爲首的一萬比丘趕來參加，迦葉不允許他們參加，於是這一萬人在窟外舉行結集。窟內稱爲界內，窟外稱爲界外。

〔一一〕婆師波，是梵文Bāṣpa的音譯，另譯波濕波、婆沙波等，意譯淚出，即五比丘中的跋提。

〔一二〕「已羯磨竟」，羯磨是梵文Karma的音譯，意譯爲「業」，即「辦事」或「所作」。「已羯磨竟」此指迦葉已安排妥當。羯，音傑。

〔一三〕見大智度論卷二。（大正藏卷二十五，第六十七頁）

〔一四〕阿闍世王，是梵文Ajātaśatru的音譯，意譯未生怨，亦名婆羅留支、善見等，父頻婆娑羅王，母韋提希。佛在世時摩揭陀國的國王，殺父而繼王位，後皈依佛教，是第一次佛教結集的護法王。

〔一五〕「百一十六年」之說據部執異論。

【本段大意】問：「誰是對佛經迷惑不解的人呢？」答：「就是各個部派持不同主張的人，不同部派：或二部，或五部，或十八部，或二十部，或五百部。所說的二部，如來佛於二月十五日涅槃，佛的各位弟子四月十五日在王舍城的祇闍崛山中結集經、律、論三藏，這時候就有二部名字：一、上座部，即以迦葉爲上座，從法臘來講，迦葉比陳如大一歲，釋迦牟尼將佛法傳給迦葉，所以以迦葉爲首的一派僧衆稱爲上座部。迦葉率領的僧衆只有五百人，但據大智度論則有一千人；二、大衆部，即在七葉窟外舉行結集的僧衆，有一萬人參加，以婆師波羅漢爲首，婆師波（Bāṣpa）意譯淚出，因爲他往往對衆生的痛苦表示慈悲而痛哭流淚，他是五比丘之一。年長的迦葉教授窟內僧衆，婆師波教授窟外僧衆，這就分成了兩部。以迦葉爲首的五百羅漢，首先進入窟內結集經、律、論三藏，後來又有很多人來參加結集三藏，迦葉不允許他們參加，有兩個原因：一、因爲以迦葉爲首的五百比丘都是聰明人；二、因爲迦葉已安排妥當。根據大智度論的說法，阿闍世王只準備一千個人的飯，其他人不能來。自此以來，到佛涅槃後一百一十六年，只有上座、大衆二部名字，沒有其他部派的不同主張。」

百一十六年外，有舶主兒，名摩訶提婆〔一〕，端正聰明，作三逆罪〔二〕，後入佛法。凡有二事：一者取諸大乘經，內三藏中釋之，諸阿羅漢結集法藏時，已簡除此義，而大衆部用此義，上座部不用之，因爾起諍，遂成二部；二者摩訶提婆自作偈言：「餘人染汙衣，無明疑他度，聖道言所顯，是諸佛正教〔三〕。」以此一偈安置戒後〔四〕，布薩誦戒竟亦誦此一偈〔五〕。此偈有五事：一、「餘人染汙衣」者，提婆不浄出汙衣〔六〕，而誑弟子言：「我是阿羅漢，實無不浄，但是天魔女以不浄汙羅漢衣。」故云「餘人染汙衣」。然此一語，有虛有實，其實是凡夫誑弟子說如上事〔七〕，是故爲虛。魔女實能以不净汙羅漢衣，是故爲實。其衆諍其所說，或虛或實，故分二部」；二云「無明」者，然羅漢乃無三界受生無明，而有無知習氣無明〔八〕，故云「無明」。時衆或言羅漢有無明，或言無無明，因此起諍，故分二部」；三云「疑」者，須陀洹果乃於三解脱門無疑〔九〕，而於外事有疑，故云「疑」也」；四「他度」者，鈍根初果而不自知得初果，問善知識〔一〇〕，善知識爲說於三實、四諦，無疑是初果相，其自觀察方知得初果，故云「他度〔一一〕」；五「聖道言所顯」者，然得聖道時，亦有言所顯，如身子當口誦偈時即得初果〔一二〕，故云「言所顯」。時衆諍此五義，或是或非〔一三〕，故成二部也〔一四〕。問：「此二部執何義異耶？」答：「義異乃多〔一五〕，今略明其一，大衆部執生死涅槃皆是假名，上座部執生死涅槃皆是真實。」

## 校　釋

〔一〕摩訶提婆是梵文Mahādeva的音譯，意譯大天。據大毘婆沙論卷九十九等載，他是古印度中部末土羅國人，商人之子，生活年代約爲釋迦牟尼逝世百年之後。

〔二〕三逆罪，相傳大天青年時期，其父外出經商，他與母親通奸。父親回來後，與母合謀殺父。恐事情敗露，欲將母親藏到華氏城，路遇他供養過的羅漢比丘，恐其知情將他殺死。後來又發現母親與他人私通，又將母親殺死。這就構成了殺父、殺母、殺比丘的三逆罪。

〔三〕據異部宗輪論，大天所作的偈是：「餘所誘無知，猶豫他令入，道因聲故起，是名真佛教。」（萍寄廬校印本異部宗輪論述記第二十三葉）大天認爲小乘佛教修行的最高果位阿羅漢還存在着五種局限：①仍有世俗人的情欲，遇到魔女的引誘還會有遺精現象發生（「餘所誘」）；②不知道自己修行所達到的果位（「無知」）；③在判斷是非時仍有猶豫（「猶豫」）；④對自己修行所達到的果位，靠別人指點才能知道（「他令入」）；⑤仍有痛苦，甚致夜呼「苦哉！」，這種聲音有利於認識佛教「真理」（「道因聲故起」）。並聲稱，只有堅持這五點主張才是真正的佛教（「是名真佛教」）。

〔四〕「安置戒後」，大天受波羅提木叉戒後作此偈。波羅提木叉是梵文Prātimokṣa的音譯，意譯「隨順解脱」，是一種防范僧尼爲非作惡的禁戒。佛教宣稱：遵守這種戒律可以解脱一切煩惱。

〔五〕布薩，梵文Upavasatha的音譯，意譯「净住」、「長養」等。出家人每月十五日、二十九日或三十日舉行集會，誦戒並向別人懺悔自己所犯的罪過，以此斷惡並增長善法。在家信徒每月的八日、十四日、十五日、二十三日、二十九日、三十日六齋日受持八戒，也稱爲增長善法。

〔六〕提婆，此處係摩訶提婆（大天）之略。

〔七〕凡夫，意謂一般的人。這裏的意思是説：大天自稱是阿羅漢，實際上他並没有脱離凡塵。

〔八〕習氣，是梵文Vāsanā的意譯，是煩惱在心裏留下的影響。

〔九〕須陀洹（Srota-āpanna）果，即剛剛參預「聖道」的預流果，是小乘佛教修行的初果。三解脱門，亦稱三涅槃門：懂得「一切皆空」的道理稱爲空解脱門；領悟一切事物皆無相狀的道理稱爲無相解脱門；因爲懂得上述「空」及「無相」的道理，對世間事物皆無願求，稱爲無願解脱門。

〔一〇〕善知識，佛教指有學問而又善於説教的僧人。

〔一一〕他度，意謂依靠别人的幫助認識佛教「真理」。此處是説：得初果的鈍根人靠「善知識」演説佛、法、僧三寶及苦、集、滅、道四諦才知道自己已得初果，故云「他度」。

〔一二〕如身子當口誦偈時卽得初果，相傳馬勝比丘梵名頞鞞爲身子（舍利弗）誦一偈：「一切諸法本，因緣空無主，息心達本源，故號爲沙門。」身子聞之卽得初果。

〔一三〕「或是或非」，據説一切有部論師世友造、唐玄奘翻譯的異部宗輪論，支持大天五事的有二衆：①龍象衆，卽如龍和象一般「性禀凶頑」的大天之流；②邊鄙衆，卽大天的門徒，「心行理外，因之爲『邊』，無德可稱，名之爲『鄙』。」意謂既不懂佛教道理又無德行之人。反對大天五事的也有二衆：①多聞衆，卽廣泛學習聽聞佛教經典的人們；②大德衆，卽具有偉大德行的佛教「聖人」。（上述引文均見窺基著異部宗輪論述記卷上，萍寄廬校印本第二十二頁）

〔一四〕北傳佛教認爲上座、大衆二部的分裂是由於大天五事，南傳佛教典籍的記載與此不同，據斯里蘭卡的大史、島史等載，佛教的根本分裂發生於第二次佛教結集期間，分裂的原因是由於「十事」。跋耆族比丘提出十條戒律新主張，稱爲「十事」，以耶舍爲首的長老比丘持反對態度，在吠舍離召集七百比丘舉行結集，宣佈十事非法。這十事是：①角鹽淨，放在角器的食鹽可供日後食用；②二指淨，佛教戒律規定過午不食，跋耆族比丘主張中午太陽的影子過兩個指頭仍可進食，③復坐食净，吃過飯後還可再坐就食；④他聚落净，飯後到其他村莊仍可進食；⑤酥油、蜜和酪净，不到開飯時間也可食用上述食物；⑥飲闍樓伽。酒净，比丘病時允許飲用未發酵的棕櫚酒；⑦座具隨意大小净；⑧習先所習净，出家前學習過的東西，出家後仍可學習；⑨贊同净，在特殊情況下，僧團中的一部分比丘可先對某些問題作出決議，然後徵得其他比丘同意；⑩受蓄金銀净，比丘可以接受人們布施的金銀財物。堅持「十事」的跋耆族比丘組成大衆部，堅持主張「十事」非法的以耶舍爲首的長老比丘組成上座部。

〔一五〕「義異乃多」，大衆、上座二部的主要分歧是：①上座部主張教主釋迦牟尼是人，大衆部則把他神化；②上座部修行的最高果位是羅漢，大衆部提出佛、菩薩、羅漢的三級差別；③上座部主張心有染、净之分，只有净心才能得到解脱，大衆部强調的則是染心解脱；④大衆部主張生死和涅槃都是虚幻不實的，上座部則認爲是真實的。由此可見，大衆部思想更接近大乘。

【本段大意】釋迦牟尼涅槃一百一十六年後，有個大商人的兒子叫摩訶提婆（大天）長得端正而又聰明，犯殺父、殺母、殺比丘的三逆罪，後皈依佛法，作過兩件事情：一、用大乘經的意思解釋經、律、論三藏，各位羅漢結集三藏時已清除這種意思，但大衆部還是利用它，上座部不用，因而引起争論，於是分成大衆、上座二部；二、摩訶提婆親自作偈稱：「魔女以其不净弄髒羅漢的衣服（餘人染污衣），仍有無明，對佛教『真理』仍有懷疑，不知道自己證得的果位，需要靠别人的指點（無明疑他度），靠别人的言教而得『聖道』（聖道言所顯）。這才是各位佛的真正説教（是諸佛正教）」。摩訶提婆受波羅提木叉戒以後作的這首偈，舉行完布薩儀式誦讀完戒律以後，還是誦讀這首偈。這首偈包括五件事情：一、「餘人染污衣」，意思是説：摩訶提婆遺精，弄髒衣服，他却欺騙弟子説：「我是阿羅漢，實際上並無不净，而是魔女以其不净弄髒羅漢的衣服。」所以説「餘人染污衣」。然而這句話有的是虚假的，有的是真實的。實際上這是摩訶提婆這位凡人爲欺騙弟子而説的上面這件事，所以是虚假的。魔女真的能以其不净弄髒羅漢的衣服，所以説是真實的。僧衆對這種説法進行争論，有人認爲是虚假的，有人認爲是真實的，所以分成兩部：二、「無明」，雖然阿羅漢没有在欲界、色界、無色界受生的「無明」，但不被人所知的煩惱在心中留下的影響這種「無明」。仍然是存在的，所以説「無明」。當時的僧衆，有人説阿羅漢有「無明」，有人説没有「無明」，因此引起争論，所以分成兩部：三、「疑」，得預流果的人對於三解脱門没有懷疑，對於其他事情則有懷疑，所以説「疑」；四、「他度」，得到初果的鈍根人，自己不知道已得初果，向有知識並善於説教的高僧進行詢問，這樣的高僧爲其演説三寶、四諦，認爲他所得果位肯定是初果相，自己再進行觀察，這才知道已得初果，所以説「他度」；五、「聖道言所顯」，得聖道時也要靠别人的言教進行説明，如頞鞞沙門爲舍利弗（身子）説了一個偈，舍利弗聽後即得初果，所以説「言所顯」。當時的僧衆對這五個意思進行争論，有人認爲這五個意思是對的，有人認爲是錯的，所以分成大衆、上座二部。問：「這兩個部派的主張有什麽不同呢？」答：「其主張分歧很多，現在簡略説明其中的一點，大衆部主張生死和涅槃都是虚幻不實的假名，上座部則主張生死和涅槃都是真實的。」

至二百年中，從大衆部又出三部。于時大衆部因摩訶提婆移度住央崛多羅國〔一〕，此國在王舍城北。此部將華嚴、般若等大乘經雜三藏中說之，時人有信者，有不信者，故成二部。不信者，唯言阿難等三師所誦三藏〔二〕，此則可信，自三藏外諸大乘經皆不可信。復有信大乘者，有三因緣：一者，爾時猶有親聞佛說大乘法者，是故可信；二者，自思量道理應有大乘，是故可信；三者，信其師故，是故可信。言三部者。一、一說部〔三〕，此部執生死、涅槃皆是假名，故云「一說」；二、出世說部〔四〕，此部言世間法從顛倒生業〔五〕，業生果〔六〕，故是不實。出世法不從顛倒生，故是真實；三、灰山住部〔七〕，前二從執義受名，此因住處爲因。此山有石堪作灰，此部住彼山中修道，故以爲名。其執毘曇是實教〔八〕，經、律爲權說，故彼引經偈云：「隨宜覆身，隨宜飲食，隨宜住處，疾斷煩惱〔九〕。」隨宜覆身者，有三衣佛亦許〔一〇〕，無三衣佛亦許；隨宜飲食者，時食佛亦許〔一一〕，非時食亦許；隨宜住處者，結界住亦許〔一二〕，不結界亦許；疾斷煩惱者，佛意但令疾斷煩惱。此部甚精進，過餘人也〔一三〕。

## 校釋

〔一〕央崛多羅國(Anguttarāpa)是古印度摩揭陀國北部的小國。

〔二〕阿難等三師，有二說：①阿難集經藏，優婆離集律藏，富樓那集論藏；②阿難集經藏，優婆離集律藏，迦葉集論藏。

〔三〕一說部(Ekavyavahārika)，文殊問經稱爲執一語言部，因其主張與大衆部完全相同。該部主張一切世間法及出世間法都没有實體，只有假名，假名就是「說」，故稱一說部。

〔四〕出世說部(Lokottaravāda)，亦稱說出世部、執一語言部等，該部主張脱離三界、六道輪迴的涅槃境界(出世間法)是實有，世間森羅萬象的一切事物(世間法)都是虛幻不實的。

〔五〕業，是梵文 karma 的意譯，音譯羯磨，意謂造作、行爲等，泛指身心活動。一般分爲身業(行爲)、語業(言語)、意業(心理活動)。

〔六〕果，意謂衆生在三界、六道輪迴的果報。

〔七〕灰山住部，該部以住處爲名，因其住處之山的石頭可以製灰，僧衆居住於灰山，故稱灰山住部。異部宗輪論稱爲鷄胤部(Kaukkuṭika)，音譯高拘利柯部，據稱該部創始人是鷄的後代。這顯然是圖騰崇拜的殘餘。十八部論稱爲窟居部，其解釋近似於灰山住部。該部主張佛教的論是真實說教，經和律是權巧方便之說。

〔八〕毘曇，此處是阿毘曇磨(Abhidnarma)之略，泛指佛教的一切論。

〔九〕此偈出處不明。

〔一〇〕三衣，是梵文 Tricivara 的意譯，即佛教僧人穿的三種衣服：①僧伽梨(Saṅghāṭī)，意譯大衣，僧人舉行授戒，說戒或進王宮、城鎮等隆重場合穿用。用九條或二十五條布縫製而成，故稱九品大衣；②郁多羅僧（Uttarāsanga），意譯上衣，在禮誦、聽講、布薩時穿用，用七條布縫製而成；③安陀會（Antaravāsaka），意譯内衣，平時或就寢時穿用。用五條布縫製而成。

〔一一〕時食，僧人按照戒律規定的時間就餐稱爲時食。

〔一二〕「結界住」，建伽藍（佛教寺院）或作戒壇（僧人授戒的壇場），劃定區域境界，稱爲結界。「結界住」是説佛教僧人在指定的區域或伽藍中居住。

〔一三〕精進，是梵文 Virya 的意譯，音譯毘梨耶，意謂堅持不懈的努力。「此部甚精進過餘人也」，灰山住部修行非常强調精進，該部教徒開始禪定之前都要立下誓言：只要不得道，即使身體破壞如塵，也不停止修行。

【本段大意】到佛涅槃二百年中，從大衆部分裂出三個部派。當時的大衆部，因摩訶提婆移住央崛多羅國，這個國家位於摩揭陀國首都王舍城的北部。這個部派將華嚴經、般若經等大乘經典摻雜在小乘經、律、論三藏内進行演説，當時有人相信，有人不相信，所以分成信與不信兩部分人。不相信的人，只説阿難等三位法師所誦讀的小乘三藏，認爲這是可以相信的，小乘三藏以外的各種大乘經典都不可信。也有相信大乘的人，這有三個原因：一、當時還有親自聽過釋迦牟尼佛演説大乘佛法的人，所以是可信的；二、自己思考佛教道理，覺得應該有大乘佛法，所以是可信的；三、由於相信老師的緣故，所以是可信的。此時大衆部分裂出來的三個部派是：一、一説部，該部主張生死和涅槃都是假名，故稱「一説」；二、出世説部，該部主張塵世間的一切事物，都是由於衆生的虚妄認識而産生身、口、意三業，由業而生果報，所以是虛幻不實的。脫離三界、六道輪迴的出世間法不是由於衆生的虛妄認識而產生，所以是真實的；三、灰山住部，前面所講的一說部和出世說部兩個部派都是由於它們主張的意義而得的名字，灰山住部的名稱是由於住處的緣故。這個部派主張：論是佛的真實說教，經和律都是佛的權巧方便之說，所以引證佛經的偈說：「根據需要，隨意穿衣（隨宜覆身）；根據需要，可以在任何時間就餐（隨宜飲食）；根據需要，可以隨意選擇住處（隨宜住處）；佛的用意是迅速地斷除煩惱（疾斷煩惱）」。所謂「隨宜覆身」，意思是說佛允許穿三衣，也允許不穿三衣；所謂「隨宜飲食」，意思是說：按戒律規定的時間就餐佛允許，不按規定時間就餐佛也允許；所謂「隨宜住處」，意思是說：僧衆按照規定的區域居住佛允許，不按規定的區域居住佛也允許；所謂「疾斷煩惱」，意思是說：佛的用意只是爲了讓衆生盡快地斷除煩惱。灰山住部特别强調精進，在這方面超過其他任何人。

至二百年中〔一〕，從大衆部內又出一部〔二〕，名多聞部〔三〕。大衆部唯弘淺義〔四〕，棄於深義。佛在世時，有仙人值佛得羅漢〔五〕，恆隨佛往他方及天上聽法。佛涅槃時，其人不見，在雪山坐禪〔六〕。至佛滅度後二百年中，從雪山出，覓諸同行，見大衆部唯弘淺義，不知深法。其人具足誦淺深義，深義中有大乘義。成實論卽從此部出〔七〕。時人有信其所說者，故別成一部，名多聞部。

## 校釋

〔一〕至二百年中，此說據異部宗輪論，多聞部分裂出來的時間，十八部論載爲「百餘年」，文殊問經載爲「百歲內」。一般採用異部宗輪論的記載。

〔二〕從大衆部內又出一部，異部宗輪論、十八部論等都認爲多聞部是從大衆部分裂出來的一個部派，文殊問經却認爲多聞部是從高拘梨柯部（鷄胤部）分裂出來的。一般認爲前者可信。

〔三〕多聞部，是梵文 Bahuśrutiya 的意譯，窺基著異部宗輪論述記卷中稱：「廣學三藏，深悟佛言，從德爲名，名多聞部。當時律主，具多聞德也。」（萍寄廬校印本第三葉）該部主張，佛所說教的無常、苦、空、無我、涅槃寂静能使衆生出離世間痛苦，得到解脫。

〔四〕淺義，即膚淺的小乘教義；下文的深義指深奥的大乘教義。

〔五〕仙人，是梵文 Ṛṣi 的意譯，婆羅門教用以指吠陀頌詩的作者，後泛指一切「聖人」，是一種似神的人物。據異部宗輪論述記卷中，此處的仙人名叫祀皮衣，因爲他常穿樹皮衣祀天，故名。

〔六〕雪山，即喜馬拉雅山。坐禪，是佛教的一種修行方式。「禪」是禪那（Dhyāna）之略，意譯静慮，令心專注一境，以形成獨特的心境或幻覺。

〔七〕「成實論即從此部出」，相傳成實論的作者訶梨跋摩曾與多聞部高僧共同研究大乘佛説，後撰成實論，所以成實論受多聞部思想影響。

【本段大意】到佛涅槃後二百年中，從大衆部中又分裂出一部，叫多聞部。大衆部只弘揚膚淺的小乘教義，捨棄深奥的大乘教義。釋迦牟尼佛在世時，有位仙人叫祀皮衣，佛在時已得羅漢果，經常跟隨佛到其他地方和天上聽佛說法。佛涅槃時，這位仙人没有看見，因爲他到喜馬拉雅山坐禪去了。到佛涅槃後二百年中，從喜馬拉雅山出來，尋找和他一起修行的人，他看到大衆部只弘揚膚淺的小乘教義，不知道深奥的大乘佛法。這位仙人既能誦說淺義，又能誦說深義，在深義中含有大乘的意義。成實論就受多聞部的思想影響。當時有人相信祀皮衣仙人所說的道理，所以特別分出一部，叫多聞部。

於二百年中〔一〕，從大衆部更出一部，名多聞分別部〔二〕。佛在世時，大迦旃延造論解佛阿含經〔三〕。至二百年，大迦旃延從阿耨達池出〔四〕，更分別前多聞部中義，時人有信其所說者，故云多聞分別部。

## 校釋

〔一〕於二百年中，多聞分別部從大衆部分出的時間，部異執論載爲佛涅槃後第二百年中，異部宗輪論載爲「第二百年」，十八部論載爲「二百餘年」，文殊問經没有講到這個部派。

〔二〕多聞分別部，異部宗輪論稱爲說假部（Prajñaptivāda），部異執論稱爲分別說部，十八部論稱爲施設論部。該部主張世間法及出世間法都有假有實。

〔三〕大迦旃延（Mahākātyāyana），本書出現三個迦旃延：第一、佛在世時的迦旃延，是佛的十大弟子之一，姓大迦旃延，名那羅陀，原出家學外道，後皈依佛教，號稱「議論第一」；第二、說一切有部鼻祖；第三、多聞分別部的鼻祖。 此處把佛在世時的迦旃延和多聞分別部的鼻祖迦旃延解釋爲一個人。 相傳佛在世時，迦旃延在阿耨達池坐禪，佛滅二百年後，迦旃延從阿耨達池出來創立了多聞分別部。

〔四〕阿耨達池（Anavatapta 或 Anavadatta），意譯無熱池或無熱惱池。 佛教神話傳説：在雪山（喜馬拉雅山）頂上有一水池，池内有五柱堂，堂内住着阿耨達龍王，所以這個水池叫做阿耨達池。

【本段大意】在釋迦牟尼佛涅槃後二百年中，從大衆部中又分出一部，叫多聞分別部。 釋迦在世時，大迦旃延造論，解釋佛演説的阿含經。 到佛滅二百年，大迦旃延從阿耨達池出來，對前述多聞部主張的意義又加分別，當時有人相信他所説的道理，所以稱爲多聞分別部。

於二百年滿，有一外道名大天〔一〕。 爾時摩伽陀國有優婆塞大弘佛法〔二〕，諸外道爲利養故，皆剃頭出家〔三〕，便有賊住比丘〔四〕，大天爲賊住主。 大天身自出家，所度弟子依大天衆出家受戒〔五〕。 爾時衆人共諍斯事，上座部云：和上無戒及破戒〔六〕，闍梨有戒〔七〕，大衆亦有戒，受戒則得，戒從大衆得。 大衆知和上無戒，而與共受戒者，大衆得突吉羅罪〔八〕。問：「戒既不從和上得，何故稱和上名？」答：「欲令受戒後和上攝録，教誨弟子耳。」薩婆多用此解。 餘部言：和上無戒及破戒，大衆有戒則不得戒〔九〕，戒從和上得。故因此諍論，遂不容大天徒衆，因爾別住山間，於此山間執義又異，故有支提山部〔一〇〕，及北山部〔一一〕。 佛得道及轉法輪處〔三〕。大衆處名支提，此處有山名支提山。於彼山北別有山，名北山部也。大衆部合別數，或五，或七，或八。言五部者，初一說部，二出世說部，三灰山住部，此初破成三也。次多聞部，次多聞分別部，故成五部。言七部者，因外道分成二部，謂支提山部及北山部。前五因內執起，後二因外道起，故成七部。言八部者，則數根本大衆部也。

## 校釋

〔一〕大天（Mahādeva，音譯摩訶提婆），這是第二個大天，與第一次分裂時的大天並非一人。

〔二〕摩伽陀國，即摩揭陀（Magadha），古印度的小國名，舊譯摩伽陀或摩揭提，相當於現在印度比哈爾邦的巴特那和加雅。最早的首都是山城，後來遷到王舍城，最後遷到華氏城。大約興起於公元前六世紀，相傳擁有八個鎮區。　優婆塞是梵文 Upāsaka 的音譯，意譯清信士、近事男等，是受五戒的男居士。

〔三〕釋迦牟尼逝後二百年末，由於居士在摩揭陀國大力弘揚佛法，使佛教勢力迅速發展，人們紛紛向佛教僧衆布施錢財，有些外道爲獲私利以養其身（「利養」），也都剃頭出家，致使佛教極度不純。

〔四〕賊住比丘，沒有受具足戒（大戒）的比丘，住於受具足戒的比丘當中，共同參預僧事，稱爲賊住比丘。具足戒是梵文 Upasampanna 的意譯，因和沙彌、沙彌尼所受的十戒相比，戒品具足而得名。佛教規定，只有受具足戒的人才能正式獲得僧尼資格。四分律還規定，年滿二十歲以上者才有資格受具足戒，比丘戒二百五十條，比丘尼戒三百四十八條。

〔五〕受戒，佛教徒接受佛教戒律的一種儀式。

〔六〕和上，即和尚(Upādhyāya)，意譯親教師，鳩摩羅什譯爲「力生」，意思是依據師父的教誨使弟子道力增生。原意是師父，中國佛典中往往以此作爲對佛教師長的尊稱，後演化爲對出家男僧的通稱。晉書佛圖澄傳是「和尚」二字見正史之始。 無戒，即沒有受戒。 破戒，受戒後再犯戒。

〔七〕闍梨，是阿闍梨(Ācārya)之略，意譯導師或軌範師。授十戒之師稱爲「十戒阿闍梨」，受具足戒時作羯磨的老師稱爲「羯磨阿闍梨」，教授威儀的老師稱爲「威儀阿闍梨」，教讀經的老師稱爲「授經阿闍梨」，教起居規則的老師稱爲「依止阿闍梨」。

〔八〕突吉羅罪，是梵文 Duṣkṛta 的音譯，意譯「惡作」，佛教徒在行爲、言談方面輕微違背戒律所犯的一種輕罪。

〔九〕得戒，佛教認爲，僧人受戒後能獲得一種無表色(無形物質)的力量，稱爲得戒。

〔一〇〕支提山部(Caityavāda 或 Jetavaniya)，亦稱制多山部。制多(Caitya 或 Jeta)意譯靈廟，因此山多有制多故稱制多山。制多山部以崇拜制多並居住於制多山而得名。吉藏稱支提(制多)爲地名是不對的。

〔一一〕北山部，即北山住部(Uttarasaila)，音譯郁多羅施羅部。因該部教徒居住於制多山的北部的一個山，故稱北山住部。

〔一三〕佛得道及轉法輪處，相傳摩揭陀國的菩提伽耶地區是釋迦牟尼成道的處所，在其成道的菩提樹旁是阿若憍陳如等五比丘原來的住處，釋迦牟尼曾爲五比丘說四諦法，史稱初轉法輪，所以把這裏稱爲「佛得道及轉法輪處」。實際上，佛初轉法輪處是鹿野苑。

【本段大意】釋迦牟尼逝後二百年末，有一位外道叫大天。當時在摩揭陀國有居士大力弘揚佛法，各種外道爲接受私利以養其身，都剃頭出家，這就産生了賊住比丘，大天是賊住比丘的首領。大天出家以後，他所度的弟子依大天派僧衆出家受戒。當時人們共同争論這件事，上座部稱：授戒和尚沒有受戒或受戒後又破壞戒律，阿闍梨受過戒，參加受戒儀式的僧衆也受過戒。在這種情況下，受戒就可以得戒，戒從參加受戒儀式的僧衆獲得。參加受戒儀式的僧衆明知授戒和尚沒有受過戒，而和他一起授戒者，得突吉羅罪。問：「既然戒不是從授戒和尚得，爲什麽還要稱爲和尚呢？」答：「爲了使他授戒後取得和尚資格，並教誨其弟子。」說一切有部用這種解釋。其他部派稱：授戒和尚如果沒有受過戒或者受戒後又破壞戒，參加受戒儀式的僧衆受過戒，受戒人不能得戒，因爲戒從授戒和尚得。這就引起争論，有的人和大天的徒衆水火不相容而移住於支提山；在支提山居住的僧衆又因主張不同，一部分人又移住於支提山北部的一座山。這就形成了支提山部和北山部。摩揭陀國是佛成道和初轉法輪處（按：佛初轉法輪處是鹿野苑）。廣大僧衆居住的處所稱爲支提（按：支提意爲靈廟），此處有山名支提山，此山北部另有一山，在此居住的僧衆稱爲北山部。大衆部及其支派，或稱五部，或稱七部，或稱八部。所説五部是：一、一説部，二、出世説部，三、灰山住部，最初的分裂形成這三部，然後又分出多聞部，以後又分出多聞分別部，所以成爲五部。所説七部的問題，因爲混進佛教的外道分成兩部，稱爲支提山部和北山部，前述五部是因爲佛教内部持不同見解而分裂，後面兩派是因爲混進佛教的外道分裂而成，所以成爲七部。所謂八部，是前述七部，再加根本大衆部。

次上座弟子部者〔一〕，佛滅度後，迦葉以三藏付三師，以修多羅付阿難〔二〕，以毘曇付富樓那〔三〕，以律付優婆離〔四〕。阿難去世，以修多羅付末田地〔五〕，末田地付舍那婆斯〔六〕，舍那婆斯付優婆掘多〔七〕，優婆掘多付富樓那〔八〕，富樓那付寐者柯〔九〕，寐者柯付迦旃延尼子〔一〇〕。從迦葉至寐者柯，二百年已來無異部。至三百年初，迦旃延尼子去世，便分成兩部：一、上座弟子部，二、薩婆多部。所以分成二部者，上座弟子但弘經，以經爲正，律開遮不定〔一一〕，毘曇但釋經，或過本〔一二〕，或減本，故不正弘之，亦不棄捨三藏也〔一三〕。而薩婆多，謂毘曇最勝，故偏弘之。從迦葉至掘多正弘經〔一四〕，從富樓那稍棄本弘末，故正弘毘曇。至迦旃延大興毘曇。上座弟子部，見其棄本弘末，四過宣令遣其改宗，遂守宗不改。而上座弟子部移往雪山避之，因名雪山住部〔一五〕。

# 校釋

〔一〕上座弟子部，即上座部。

〔二〕修多羅，是梵文Sūtra的音譯，意譯爲經。

〔三〕富樓那，即富樓那彌多羅尼子(Pūrṇamaitrāyaṇiputra)的略稱，意譯滿慈子，原爲迦毘羅衛婆羅門之子，曾與三十位朋友共同出家修苦行，後皈依佛教，成爲釋迦牟尼的十大弟子之一，號稱「説法第一」。相傳聽聞法華經以後，由小乘改信大乘，釋迦牟尼授記他未來成佛，號法明如來。

〔四〕優婆離，是梵文Upali的音譯，亦譯優波利、鄔波離等，意譯近執、近取等。古印度迦毘羅衛國人，屬首陀羅種姓，原爲釋迦王宮的理髮師，後皈依佛教，成爲釋迦牟尼的十大弟子之一，號稱「持律第一」。相傳第一次佛教結集時，由他誦出律藏。

〔五〕末田地，是梵文Madhyāntika的音譯，亦譯末田底迦、末闡提等。阿難弟子之一。據付法藏因緣傳卷二，阿難曾派末田地去古印度的罽賓國(今克什米爾地區)弘揚佛教。

〔六〕舍那婆斯(sānavāsi)，即商那和修或商諾迦縛娑(sāṇavakavāsi)，阿難的另一位弟子，與末田地同時，相傳阿難曾派他到古印度中部地區弘揚佛教。

〔七〕優婆掘多，即優婆毱多(Upagupta)。

〔八〕富樓那，從時代來講，此處的富樓那和前文的富樓那不應當是一個人，但用佛教神話來解釋，也可以把他説成是成佛後的富樓那。

〔九〕寐者柯(Micaka)，亦稱彌遮迦，富樓那的弟子，曾去古印度北部地區弘揚佛教。

〔一〇〕迦旃延尼子(Kātyāyanīputra)，即說一切有部發智論的作者迦旃延。

〔一一〕開遮，是佛教戒律用語，允許爲「開」，禁止爲「遮」。

〔一二〕本，即根本。指佛教的經藏，因爲佛教的論和律都是對經的發揮，所以佛教視經爲「本」，視論和律爲「末」。

〔一三〕二藏，指佛教的論藏和律藏。

〔一四〕掘多，是優婆掘多之略。

〔一五〕雪山住部，即雪山部(Haimavata)，亦稱根本上座部或上座弟子部。釋迦牟尼去世後三百年初，上座部佛教發生分裂，從中分出說一切有部，原上座部教徒移住雪山(即喜馬拉雅山)地區，故稱雪山住部。

【本段大意】前面已經敍述大衆部的分裂，其次敍述上座部的分裂。釋迦牟尼涅槃後，迦葉將經、律、論三藏傳給三位法師：把經傳給阿難，把論傳給富樓那，把律傳給優婆離。阿難去世，把經傳給末田地，末田地傳給舍那婆斯，舍那婆斯傳給優婆掘多，優婆掘多傳給富樓那，富樓那傳給寐者柯，寐者柯傳給迦旃延尼子。從迦葉至寐者柯，二百年以來沒有分裂出不同的部派。到三百年初，迦旃延尼子去世，便分裂出兩部：一、上座弟子部，二、說一切有部。之所以分成兩部，是因爲上座弟子只弘揚佛教的經藏，以經爲準。從律來講，哪些事情允許作？哪些事情不允許作？都不確定。論只是解釋經，或者超過這個根本，或者少於這個根本，所以不能把論作爲佛教的標準進行弘揚。對於佛教的律和論也不能放棄。而說一切有部，認爲論最爲殊勝，所以偏重弘揚。從迦葉至優婆掘多，把經作爲標準進行弘揚，從富樓那開始，稍微放棄根本（經）而弘揚末（論），所以把論作爲佛教的根本進行弘揚。到迦旃延時期，大力興起佛教的論。上座部見迦旃延放棄佛教的根本（經）而弘揚佛教的末（論），一再命令他改變宗旨，多達四次以上，但他還是頑固地堅持本宗意見而不改。上座部爲了躲避他而移住雪山（卽喜馬拉雅山）地區，所以稱爲雪山住部。

三百年從薩婆多出一部，名可住子弟子部〔一〕，卽是舊犢子部也。言可住子弟子部者，有仙人名可住，有女人是此仙人種，故名可住子〔二〕，有阿羅漢是可住女人之子，故名可住子，此部是此羅漢之弟子，故名可住子弟子也。舍利弗是羅睺羅和上〔三〕，羅睺羅是可住子和上，此部復是可住子之弟子。舍利弗釋佛九分毘曇，名法相毘曇，羅睺羅弘舍利弗毘曇〔四〕，可住子弘羅睺羅所說，此部復弘可住子所說也。

## 校釋

〔一〕可住子弟子部（Vātsīputrīya），亦稱犢子部、跋耆子部等。對可住子弟子部名稱的解釋如下：可住是仙人的名字，和這個仙人同族的一個女人也叫可住，她的兒子叫可住子，由可住子的弟子們所組成的部派稱爲可住子弟子部。窺基著異部宗輪論述記認爲這種曲折的解釋「其理難解」。該部流行的地區是古印度中部和西部。玄奘從印度帶回的佛經中，屬於本部的有十四部，但流傳至今的只有屬於律論的明了論。

〔二〕可住子，「子」爲衍文。

〔三〕羅睺羅(Rahula)，亦稱羅怙羅，意譯障月。釋迦牟尼的兒子，十五歲隨父出家作沙彌（沙彌指七歲以上二十歲以下受過十戒的出家男子，俗稱「小和尚」。）是佛教有沙彌之始。後來成爲釋迦牟尼的十大弟子之一，號稱「密行第一」。和上，這裏的意思是師父。

〔四〕舍利弗毘曇，即舍利弗阿毘曇。大智度論卷二：「有人言佛在世時，舍利弗解佛語故作阿毘曇，後犢子道人等讀誦乃至今，名爲舍利弗阿毘曇。」（大正藏卷二十五，第七十頁）

【本段大意】釋迦牟尼逝後三百年，從說一切有部分出一部，名可住子弟子部，舊譯犢子部。所謂可住子弟子部，是因爲有個仙人叫可住，有個女人和這位仙人同族，所以稱爲可住子（按：應爲可住）。有位阿羅漢是這位可住女人的兒子，稱爲可住子；這個部派是可住子羅漢的弟子，所以稱爲可住子弟子部。舍利弗是羅睺羅的老師，羅睺羅是可住子的老師，這個部派又是可住子的弟子。舍利弗解釋佛說的九分毗曇，稱爲法相毘曇。羅睺羅弘揚舍利弗阿毘曇，可住子又弘揚羅睺羅所說的教法，這個部派又弘揚可住子所說的教法。

次三百年中，從可住子部復出四部，以嫌舍利弗毗曇不足，更各各造論取經中義足之，所執異故，故成四部：一、法尚部〔一〕，卽舊曇無德部也；二、賢乘部〔二〕；三、正量弟子部〔三〕，有大正量羅漢，其是弟子，故名正量弟子部。此三從人作名。四、密林部〔四〕，從住處作名也。

## 校釋

〔一〕法尚部(Dharmottariya)，亦稱法上部、法勝部等，音譯曇無德部或達磨鬱多梨部。異部宗輪論述記卷中解釋說：「法上者，律主名，有法可上，名爲法上。或有法出世，衆人之上，名爲法上。」（萍寄廬校印本第十葉）

〔二〕賢乘部，是梵文 Bhadrayāniya 的意譯，另譯賢胄部，音譯跋陀羅耶尼耶部。根據異部宗輪論述記卷中的解釋，賢是部主的名字，「胄」意謂苗裔。這個部派的教徒都是賢阿羅漢的苗裔，所以稱爲賢胄部。

〔三〕正量弟子部，卽正量部(Sammitiya)，音譯三彌底耶部。根據異部宗輪論述記卷中的解釋，「量」是權衡刊定事物善惡的標準，「量無邪謬，故名爲正。」因爲「此部所立甚深法義，刊定無邪」所以稱爲正量部。這個部派是「從所立法，以彰部名」（引文均見萍寄廬校印的異部宗輪論述記卷中第十葉）吉藏解釋爲大正量羅漢的弟子，不知根據何在。該部依據的經是正法念處經，主要論書是三彌底部論，律書是明了論。其教義主張除堅持犢子部的有我以外，還主張有一種不失業，即善業沒有得善報惡業沒有得到惡報以前，其業力不失。盛行地區主要在古印度的西部和西南部。

〔四〕密林部，亦稱密林山部(Saṇṇagarika)或密林住部，根據異部宗輪論述記卷中的解釋，該部部主所住山的附近有密林，「從所居爲名」，故稱密林山部。

【本段大意】釋迦牟尼涅槃後三百年中，從犢子部又分出四部，因爲對舍利弗阿毗曇感到不滿足，各個部派分別造論，採取佛經的意義予以補足，因其主張不同，所以分成四部：一、法尚部，舊譯曇無德部；二、賢乘部；三、正量弟子部，有位羅漢叫大正量，由其弟子組成的部派，所以稱爲正量弟子部。這三個部派都是根據部主的名字起名。四、密林山部，是根據教徒的住處命名。

三百年，從薩婆多部復出一部，名正地部〔一〕。有婆羅門是國師〔二〕，名正地部〔三〕，善解四韋陀〔四〕，出家得羅漢〔五〕，取四韋陀好語莊嚴佛經〔六〕，執義又異，時人有信其所說，故別爲一部。

## 校釋

〔一〕正地部(Mahīśāsaka)，異部宗輪論稱爲化地部，相傳該部部主原爲國王，爲了教化本國人民而捨國出家，故稱化地部。部執異論稱爲正地部，因其部主名正地(吉藏誤寫爲正地部)。十八部論稱爲彌沙塞部，此爲梵文音譯。文殊問經稱爲大不可棄部，佛教神話傳説：該部部主初生被母親扔進井裏，父親趕去搶救，嬰兒没有淹死，故名大不可棄，他創立的部派稱爲大不可棄部。窺基著異部宗輪論述記認爲這是一種錯誤的解釋。該部主張没有過去和未來，只有現在和無爲法。

〔二〕國師，國王對高僧的封號，意謂舉國皈依，爲國人師。起源於印度，中國沿用之，北齊文宣王封高僧法常爲國師是中國沿用國師之始。

〔三〕正地部，「部」字爲衍文。

〔四〕韋陀（Veda），即吠陀，是婆羅門教最古的經典，約成書於公元前兩千年至前一千年，主要流行於古印度的西北部。四吠陀即：一、梨俱吠陀（Ṛgveda），内容是對自然諸神的贊歌；二、夜柔吠陀（Yajurveda），祭詞；三、娑摩吠陀（Sāmaveda），内容是咒語；四、阿闥婆吠陀（Atharvaveda），内容是巫術和咒語。

〔五〕出家（Pravrajana），原爲婆羅門教的一種遁世制度，後被佛教沿用，意謂離家到寺院作僧尼。

〔六〕莊嚴，以善美莊飾意謂莊嚴。

【本段大意】釋迦牟尼逝後三百年，從説一切有部又分出一部，名正地部，有個婆羅門是國師，名正地部（按：應作正地），善於解釋四吠陀，出家後得羅漢果，採取四吠陀中的美好言辭莊飾佛經，主張的意義又與説一切有部不同，當時有人相信他的説教，所以別立爲一部。

三百年中，從正地部又出一部，名法護部〔一〕，其本是目連弟子得羅漢，恆隨目連往色界中〔二〕，有所説法皆能誦持，自撰爲五藏，三藏如常，四咒藏〔三〕，五菩薩藏〔四〕。有信其所説者，故別成一部也。

## 校釋

〔一〕法護部(Dharmagupta)，亦稱法藏部，法護是部主的名字，他是目連的弟子。該部强調施佛，認爲向佛施捨，其功德大於施僧，認爲在佛塔興供養可得廣大果，其他方面多同大衆部。

〔二〕色界(Rūpaloka)是三界之一，位於欲界之上，無色界之下。在此居住的天神已斷除食欲和淫欲，但所居住的宫殿仍離不開物質(色)。經量部分色界爲四禪十七天，包括初禪三天：梵衆天、梵輔天、大梵天；二禪三天：少光天、無量光天、極光淨天；三禪三天：少淨天、無量淨天、遍淨天；四禪八天：無雲天、福生天、廣果天、無煩天、無熱天、善現天、善見天、色究竟天。説一切有部主張色界有十六天，上座部認爲有十八天。

〔三〕咒，即陀羅尼(Dharaṇi)，意譯總持，意謂能持佛法無量之文義，能持佛、菩薩無盡之功德。還可稱爲真言、密語等。

〔四〕菩薩藏，法華、華嚴等大乘經，因含藏菩薩修因證果之法，故稱菩薩藏。

【本段大意】釋迦牟尼涅槃後三百年中，從正地部又分裂出一個部派，名法護部。部主法護本來是目連的弟子，已得羅漢果，經常跟隨目連到色界諸天，對於目連所說的教法都能記憶背誦，親自將佛教經典撰集爲五藏，除平常所說的經、律、論三藏之外，還有第四咒藏，第五菩薩藏。有人相信他所說的教法，所以特別形成一個部派。

三百年中〔一〕，從薩婆多部又出一部，名善歲部〔二〕。迦留陀夷是其父〔三〕，及多比丘尼是母〔四〕，七歲得羅漢，值佛聞法，皆能誦持。撰集佛語，次第相對，破外道爲一類，對治衆生煩惱復爲一類〔五〕。時人有信其所說者，故別爲一部也〔六〕。

## 校釋

〔一〕據異部宗輪論，善歲部分裂出來的時間是釋迦牟尼涅槃後三百年末。

〔二〕善歲部(Suvarṣa)，亦稱飲光部(Kāśyapiya)。根據異部宗輪論述記卷中的解釋，飲光是部主的姓，善歲是部主的名。有位仙人，身有金光，其他的光到他身旁，都不能現，「飲蔽餘光，故言飲光」。飲光師少年時「性賢有德」，故稱善歲。亦稱迦葉遺部、迦葉維部、迦葉毘部等，皆爲梵文音譯。該部主張：若煩惱已經斷除，已達解脫道，惑體則無；若煩惱未斷，沒達到解脫，惑體則有。若業已生果，業體則失；若業未生果，業體則存。

〔三〕迦留陀夷(Kālodāyin)，意譯黑曜、黑光等。善歲的父親，悉達(釋迦牟尼之名)太子在宮時的老師，後出家爲比丘。

〔四〕及多，是梵文 Gupta 的音譯，善歲的母親，後出家爲比丘尼。 比丘尼，是梵文 Bhikṣuṇī 的
音譯，意譯乞士女。 亦稱沙門尼，俗稱尼姑，受過佛教具足戒的女出家人。

〔五〕煩惱，是梵文 Kleśa 的意譯，另譯爲「惑」。 佛教把擾亂衆生身心，使之產生迷惑、苦惱等的精神
作用，總稱爲煩惱。

〔六〕吉藏對善歲部的形成作如下解釋：善歲是迦留陀夷的兒子，年少出家歸佛，所以稱爲善歲，由善
歲創立的部派稱爲善歲部。 窺基著異部宗輪論述記卷中對這種解釋進行反駁説：「何故三百年
末，此人猶有也？」（萍寄廬校印本卷中第十二葉）這是説：既然善歲是釋迦牟尼時代的人物，爲
什麽釋迦逝後三百年末，這個人還存在呢？

【本段大意】釋迦牟尼涅槃後三百年中，從説一切有部又分裂出一個部派，稱爲善歲部。 迦留陀夷是部
主善歲的父親，及多尼姑是他的母親。 善歲七歲時得羅漢果，只要聽釋迦牟尼説過的佛法，都能記
憶背誦。 他曾把佛説的教法匯集在一起，前後次序互相對應，破斥外道是一類，斷除衆生煩惱又是
一類。 當時有人相信他的説教，所以特別形成一個部派。

三百年中〔一〕，從薩婆多部又出一部，名説度部〔二〕，謂五陰從此世度至後世〔三〕，得治
道乃滅〔四〕。亦名説經部，謂唯經藏爲正，餘二皆成經耳〔五〕。從上座部都合有十一部〔六〕，大
衆部有七部〔七〕，合成十八部，足根本二部〔八〕，爲二十部。

# 校釋

〔一〕三百年中，據異部宗輪論，説度部分裂出來的時間是釋迦牟尼涅槃後第四百年初。

〔二〕説度部(Saṅkrānti)，還稱爲：①經量部(Sautrāntika)或説經部，因該部主張以經爲量(標準)建立自己的理論體系；②説轉部，因該部主張有種子(産生世界上各種事物的精神因素)，可以從前世轉至後世，故名説轉部。該部主張有一種可以輪迴流轉的「一味藴」，並以此爲根本生出根邊藴，卽通常所説的色、受、想、行、識五藴，由此五藴構成一切有情之身心。

〔三〕五陰，卽五藴(Pañcaskandha)：①色藴，卽物質；②受藴，卽感受；③想藴，卽人的認識作用；④行藴，卽人的意志；⑤識藴，包括眼、耳、鼻、舌、身、意六識。

〔四〕治道，卽對治道，也就是斷除煩惱的涅槃之道。説度部認爲：五藴可以從前世轉至後世，生生世世輪迴不息，只有達到涅槃才能滅除。

〔五〕「餘二」，係指佛教的論藏和律藏。説度部認爲，佛教應當以經爲准，論和律都是解釋經的。這種主張和重論的説一切有部是對立的。

〔六〕十一部，從上座部共分裂出十一部：①説一切有部，②雪山部，③可住子弟子部，④法上部，⑤賢乘部，⑥正量弟子部，⑦密林住部，⑧正地部，⑨法護部，⑩善歲部，⑪説度部。

〔七〕「大衆部有七部」，從大衆部共分裂出七部：①一説部，②出世説部，③灰山住部，④多聞部，⑤多聞分別部，⑥支提山部，⑦北山部。

〔八〕根本二部，即大衆部和上座部，因爲大衆、上座二部的分裂，史稱根本分裂，所以稱大衆部和上座部爲根本二部。

【本段大意】釋迦牟尼涅槃後三百年中，從説一切有部又分裂出一個部派，名説度部，因該部主張五蘊可以從這一世轉度至下一世，只有達到斷除煩惱的涅槃之道才能滅除。還稱爲説經部，因爲該部主張佛教只能以經藏爲准，其餘的論藏和律藏都是解釋經的。從上座部共分裂出十一部，從大衆部共分裂出七部，枝末分裂共十八部，再加根本分裂的大衆部和上座部，總共爲二十部。

而薩婆多傳有異世五師〔一〕，有同世五師。異世五師者，一、迦葉，二、阿難，三、末田地，四、舍那婆斯，五、優婆掘多〔二〕。此五人持佛法藏，各得二十餘年，更相付屬，名異世也。同世五師者，於優婆掘多世，卽分成五部，一時並起，名同世五師〔三〕。一、曇無德〔四〕，二、摩訶僧祇〔五〕，三彌沙塞〔六〕，四迦葉維〔七〕，五犢子部〔八〕。又大集經亦明五部〔九〕，而文殊師利經〔一〇〕、部執論〔一一〕、及羅什分別部論〔一二〕，此三皆明二十部。所以有五部，復有二十部不同者，取其始終異執，故有二十，取其當世盛行，故但説五部。而言五部一時起者，則與上二十部義相違〔一三〕，或可見聞各異故也。

## 校釋

〔一〕薩婆多傳，大正藏本誤作婆羅多傳。續藏經本和金陵刻經處本都改爲薩婆多傳，卽梁僧佑的薩婆多師資傳（五卷），亦稱薩婆多部記。收在出三藏記集第十二卷。

〔二〕這裏所列擧的「異世五師」的傳承體系和阿育王傳相同，但舍那婆斯和末田地都是阿難的親傳弟子，稱爲「異世」是不對的。付法藏因緣傳的傳承體系是：一、迦葉，二、阿難，三、商那和修（卽舍那婆斯），四、優婆掘多，五、提多迦。

〔三〕同世五師，下文列出五個部派的名字。這五個部派並非「同世」，稱爲「五師」也不妥當，應當列部主的名字。

〔四〕曇無德，曇無德部是梵文Dharmottariya的音譯，意譯法尚部，部主法尚。

〔五〕摩訶僧祇，摩訶僧祇部是梵文 Mahāsaṅghika 的音譯，意譯大衆部，部主大天。

〔六〕彌沙塞，彌沙塞部是梵文 Mahīśāsaka 的音譯，意譯正地部，部主正地。

〔七〕迦葉維，迦葉維部是梵文 Kāśyapiya的音譯，意譯飲光部，亦稱善歲部，部主姓飲光，名善歲。

〔八〕犢子部（Vātsiputriya），亦稱可住子弟子部，部主可住子。

〔九〕大集經，卽大方等大集經，該經第二十二卷所列的五部是：①曇摩毱多部（Dharmagupta），卽法藏部；②薩婆婆帝部（Sarvavādin），卽說一切有部；③迦葉毘部（Kāśyapiya），卽飲光部；④彌沙塞部（Maniśāsaka），卽正地部；⑤婆嗟富羅部（Vātsiputriya），卽可住子弟子部。

〔一〇〕文殊師利經，卽文殊師利問經。

〔一一〕部執論，卽部異執論，是異部宗輪論的同本異譯，作者是古印度說一切有部的著名論師世友，南朝陳真諦譯，一卷。概括介紹小乘二十部的分裂經過及其各自的主張。

〔一二〕分別部論，即十八部論，異部宗輪論的同本異譯，失譯，或云後秦鳩摩羅什譯，或云陳真諦譯，一卷。

〔一三〕上兩句是說：如果說五部同時興起的話，則與上述二十部的分裂相違背。根據上述內容，法上部、正地部、善歲部、犢子部四部都出現於釋迦牟尼涅槃後三百年，但前後次第不同。而大衆部出現於釋迦逝後一百多年。所以稱五部同時興起，與上述內容矛盾。

【本段大意】但薩婆多傳載有不同時代的五位大師，還有同一時代的五位大師。不同時代的五位大師是：一、迦葉，二、阿難，三、末田地，四、舍那婆斯，五、優婆掘多。這五個人維持佛法，各有二十多年，一個傳一個，所以稱爲「異世」。同一時代的五位大師，即優婆掘多以後，就分成五部，這五個部派同時興起，所以稱爲「同世」五師：一、法尚部，二、大衆部，三、正地部，四、善歲部，五、犢子部。而且大集經也說有五部，但是文殊師利問經、部異執論和鳩摩羅什翻譯的十八部論都說有二十部。所以有五部和二十部的不同，是因爲各個部派的主張始終不同，所以有二十部，只就當世盛行而言，所以只說有五部。但說五部同時興起，則與上述二十部的分裂情況相違背，這可能是所見所聞各不相同的原因。

所言五百部者，智度論釋般若信毀品云：「佛滅度後五百歲後，有五百部不知佛意，爲解脱故，執諸法有決定相〔一〕，聞畢竟空〔二〕，如刀傷心〔三〕。」龍樹、提婆爲諸部異執失佛教意〔四〕，故造論破迷也。問「論主爲並破諸部，亦有不破耶？」答：「凡有四句：一、破而不取，若是諸部所説，乖大、小乘經，自立義者，則破而不取。故智度論呵迦旃延弟子云：〔五〕『三藏無此説，摩訶衍中亦無此説，蓋是諸論義師自作是説〔六〕。』卽是其事；二、取而不破，如文殊問經云：『十八及本二，皆從大乘出，無是亦無非，我説未來起〔七〕。』三、亦破亦取，破諸部能迷執情，收取諸部所迷之教；四、不破不取，就正道門〔八〕，未曾有破，亦無所取也。」

## 校釋

〔一〕「執諸法有決定相」，有的主張世間萬物是絶對的有，有的主張絶對的無，不能像三論宗那樣卽空觀有，卽有觀空。

〔二〕畢竟空（Atyanta-śūnyatā），一切有爲法（因緣和合的產物）和無爲法（非因緣和合的永恆「真理」）畢竟是空，稱爲畢竟空。大智度論卷三十一：「畢竟空者，以有爲空、無爲空破諸法無有遺餘，是名畢竟空。」（大正藏卷二十五，第二九七頁）

〔三〕本段引文見大智度論卷六十三：「是聲聞人著聲聞法，佛法過五百歲後，各各分別，有五百部。從是以來，以求諸法決定相故，自執其法，不知佛爲。解脱故説法，而堅著語言，故聞説般若諸法畢竟空，如刀傷心。」（大正藏卷二十五，第五〇三頁）

〔四〕提婆，是梵文 Deva 的音譯，意譯爲天，或稱聖天（Āryadeva），相傳他只有一隻眼睛，所以又稱爲伽那提婆（Kānadeva，意譯只有一隻眼的提婆），龍樹的弟子，生活年代約爲公元三世紀，祖籍古印度南部，屬婆羅門種姓，原先是一個王子，學波羅門教，後隨龍樹出家，能言善辯，著有四百論、百論、百字論等，進一步發展了龍樹的空宗學說。最後被一外道弟子殺死。

〔五〕迦旃延，此指説一切有部發智論的作者。

〔六〕本段引文見大智度論卷四：「佛何處説是語？何經中有是語？若聲聞法三藏中説，若摩訶衍中説。迦旃延尼子弟子輩言：『雖佛口、三藏中不説，義理應爾。』」（大正藏卷二十五，第九十三頁）

〔七〕語出文殊師利問經卷下的一首偈，見大正藏卷十四，第五〇一頁。

〔八〕正道門，卽三論宗的中道實相。

【本段大意】所謂五百部，大智度論在解釋般若經信毀品時説：「釋迦牟尼佛涅槃五百年後，有五百部派不知道佛的意思是爲了解脱，或主張絕對的有，或主張絕對的無，聽説一切有爲法和無爲法畢竟都是空，就像刀剜心一樣地難過。」龍樹及其弟子提婆因爲各個部派的不同主張都迷失了佛教誨的意思，所以要造論破除人們的迷惑。問：「論主龍樹和提婆對各個部派是都破斥呢，還是有的不破斥呢？」答：「共有四句：一、只破除而不收取，如果各個部派所説的，違背大乘經和小乘經的説教，各部派論師自己的觀點，則只能破除，不能收取。所以大智度論斥責迦旃延的弟子們説：『小乘的經、律、論三藏中沒有這樣説，大乘三藏中也沒有這樣説，都是各個部派的論師們自己這樣説。』這就是『破

**而不取』的事例；二、只收取而不破斥，如文殊師利問經所說：『枝末分裂的十八個部派和根本分裂的二個部派，都出自於大乘佛教，無所謂對，也無所謂錯，「有我」說是後起的。』三、既要破斥，又要收取，破斥各個部派所造成的錯誤主張，收取被各個部派所迷惑的佛教。四、既不破斥，又不收取，中道實相從來就沒有被破斥過，也沒有被收取過。」**

次明諸部通、別義。論有二種：一者通論〔一〕，二者別論〔二〕。若通破大、小二迷，通申大、小兩教，名爲通論，卽中論是也。故前二十五品，破大迷，申大教，後兩品，破小迷，申小教。二者別論，別破大、小迷，別申大、小教，名爲別論，如攝大乘論〔三〕、地持論等〔四〕，謂大乘通論。十地論〔五〕、智度論等大乘別論。如成實論等，通申三藏，謂小乘通論。馬鳴菩薩師名脇比丘〔六〕，造四阿含優婆提舍〔七〕，別釋修多羅藏；善見毘婆沙別釋毘尼藏〔八〕。智度論云：「八十部律八十部毘婆沙釋之〔九〕。」善見律別釋師子國要用十誦律〔一〇〕，舍利弗別釋佛九分毘曇〔一一〕，如此別釋三藏，故是小乘別論。就三藏中復有通、別，若具釋一藏〔一二〕，名爲通論；別釋一藏中一部，名爲別論也。問：「中論既通釋大、小，應名大、小通論，不得名爲大乘論也。」答：「雖釋大、小，但爲顯大，故是大乘論。所以然者，以初分明大乘，中分明小乘，後分還明大乘故。以是義故，名大乘論耳。」問：「十二門論是何論耶〔一三〕？」答：「是大乘通論，以始終破於大迷，通申大教，無破小迷，別申於小教，故是大乘通論也。」問：「百論復云〔四〕何？」答：「百論通破障大、小之邪，通申如來大、小兩正，故是大、小通論，但始終爲明大乘，故屬大乘通論耳。」

## 校釋

〔一〕通論，亦稱通申論、宗經論，意謂通申諸經宗旨的論，如中論、百論等，既講大乘，又講小乘。

〔二〕別論，亦稱釋經論、別申論，意謂專門解釋一經之論，如大智度論是專門解釋般若經的。

〔三〕攝大乘論(Mahāyānasaṃparigrahaśāstra)，是唯識學的重要論書之一，作者無著，有三個漢譯本：①攝大乘論本三卷，陳真諦譯；②攝大乘本論二卷，元魏佛陀扇多譯於普泰元年（五三一）；③攝大乘論本三卷，唐玄奘譯於貞觀二十二至二十三年（六四八——六四九）。有世親和無性兩家的注釋，皆名攝大乘論釋，世親的注釋本影響最大，也有三個漢譯本：①南朝陳真諦譯本，十五卷；②隋達摩笈多譯本，十卷；③唐玄奘譯本，十卷。這部論對中國佛教影響甚大，陳、隋之際出現了專門弘揚該論的攝論師。

〔四〕地持論，亦名地持經，全稱菩薩地持經，八卷，北涼曇無讖譯，瑜伽師地論中菩薩地的同本異譯。

〔五〕十地論，即十地經論(Daśabhūmikasūtraśāstra)，十二卷或十五卷，古印度世親著，元魏勒那摩提和菩提留支共譯，是華嚴經十地品的釋論。這部論對中國佛教影響甚大，南北朝時出現了專門弘揚該論的地論師。

〔六〕脇比丘，即脇尊者（Pārśva），北天竺犍陀羅國人，付法藏因緣傳的第十祖，相傳原爲婆羅門教徒，六十歲出家爲僧，師事佛陀密多，曾勸迦膩色迦王舉行第四次佛教結集。

〔七〕四阿含優婆提舍，即四阿含論。

〔八〕善見毘婆沙，即善見律毘婆沙（Samantapāśadikā），略稱爲毘婆沙律、善見律、善見論等，佛音造，蕭齊僧伽跋陀羅譯於永明七年（四八九），共十八卷，前四卷敍述三次佛教結集和阿育王時代佛教向印度國外的傳播，後部分主要解釋四分律。　毘尼，即毘奈耶（Vinaya），意譯爲「律」，毘尼藏即律藏。

〔九〕語見大智度論第一百卷：「毘尼名比丘作罪佛結戒，是應行是不應行，作是事得是罪，略說有八十部……有八十部毘婆沙解釋。」（大正藏卷二十五，第七五六頁）　毘婆沙是梵文 Vibhāṣa 的音譯，意譯廣解，即廣泛解釋。是佛教疏的一種文體。

〔一〇〕善見律，即善見律毘婆沙。　師子國，即今斯里蘭卡。十誦律（Sarvāstivādavinaya），是說一切有部的根本律書，因將戒律分爲十項（十誦）進行敍述，故稱十誦律，原爲後秦鳩摩羅什與弗若多羅共譯，弗若多羅中途夭亡，龜茲僧曇摩流支續譯成五十八卷，又經東晉卑摩羅叉補充，最後成六十一卷。　「善見律別釋師子國要用十誦律」，意謂善見律毘婆沙特別解釋師子國主要利用的十誦律，但十誦律並非流傳於師子國，五分律是法顯從師子國得到的。所以，日本鳳潭著頭書三論玄義懷疑十誦律是五分律之誤。

〔一一〕舍利弗別釋佛九分毘曇，係指舍利弗阿毘曇。

〔一二〕一藏，「藏」是梵文 Pitaka 的意譯，原意是盛東西的竹篋，佛教的用意近似於「全書」，用經、律、論三藏概括全部佛教典籍。「一藏」是三藏中的一藏。

〔一三〕十二門論，是中論的入門書，因分十二品，故稱十二門論。龍樹著，姚秦鳩摩羅什譯於弘始十一年（六〇九），一卷。有吉藏疏二卷及略疏一卷，元康疏二卷，法藏疏一卷。

〔一四〕百論（Śataśāstra），是印度大乘佛教中觀學派和中國佛教三論宗所依據的主要論書之一，提婆著，婆藪釋，姚秦鳩摩羅什譯於弘始六年（四〇四），二卷。梵文原本共二十品，每品五頌，合爲百頌，故稱百論。但漢譯本只存前十品。該論是四百論的入門書，第一品捨罪福品概括了四百論前八品的主要內容，另外九品相當於四百論的後八品。主要內容是破斥數論、勝論等外道主張，論證空義。

【本段大意】其次闡明各部論的通義和別義。佛教的論分爲兩種：一、是通論，二、是別論。如果既破斥對大乘教的迷惑，又破斥對小乘教的迷惑；既闡明大乘教的道理，又闡明小乘教的道理，就稱爲通論，如中論就是通論。因爲中論的前二十五品破斥對大乘教的迷惑，闡明大乘教的道理；後兩品破斥對小乘教的迷惑，闡明小乘教的道理。第二是別論。特別破斥對大乘教或小乘教的迷惑，特別闡明大乘教或小乘教的道理，就稱爲別論。如攝大乘論、地持論等是大乘通論，十地經論和大智度論等是大乘別論。如成實論等，對小乘佛教的經、律、論三藏都講到了，所以稱爲小乘通論。馬鳴菩薩的老師脇尊者撰四阿含論，特別解釋經藏，善見律毘婆沙特別解釋律藏，大智度論稱：「八十部律，有八十部毘婆沙進行解釋。」善見律毘婆沙解釋師子國（今斯里蘭卡）着重利用的十誦律（疑爲五分律之誤），舍利弗所造的舍利弗阿毘曇，特別解釋釋迦牟尼佛所説的九分毘曇。像這樣的論，特別解釋小乘佛教三藏中的一藏，爲小乘別論。在三藏之中又有通、別之分，如果從總的方面解釋三藏中的任何一藏，就稱爲通論；如果特別解釋一藏中的一部，就稱爲別論。問：「既然中論又解釋大乘，又解釋小乘，應當稱爲大、小通論，不應當稱爲大乘論。」答：「中論雖然又解釋大乘，又解釋小乘，但最終目的是爲了闡明大乘，是大乘論。中論的初分（前二十五品）是講大乘，中分（最後兩品）的主要内容是講小乘，後分（結尾部分）又歸結到大乘。由於這方面的意義，所以中論稱爲大乘論。」問：「十二門論是什麽論呢？」答：「是大乘通論，因爲十二門論始終破斥對大乘佛教的迷惑，始終闡明大乘佛教道理，没有破斥對小乘佛教的迷惑，没有特別闡明小乘佛教的道理，所以是大乘通論。」問：「百論又怎麽樣呢？」答：「百論既破斥障礙大乘教的邪見，又破斥障礙小乘教的邪見，既闡明如來佛大乘教的『正確』觀點，又闡明小乘教的『正確』觀點，所以百論是大乘教和小乘教的通論。但是，這部論始終是爲了闡明大乘佛教，所以百論又是大乘通論。」

次明衆論立名不同門〔一〕：衆論立名凡有三種：一從法爲名，如成實論等，「實」謂四諦之理，「成」謂能成之文。故云：「爲成是法，故造斯論〔二〕。」謂從法立名也；二、從人立名，如舍利弗阿毘曇等，智度論云：「犢子道人受持此毘曇，亦名犢子毘曇也。〔三〕」；三、從喻立名，如甘露味毘曇等〔四〕，亦如訶梨跋摩師鳩摩羅陀造日出論等也〔五〕。四論立名〔六〕，並是從法，非人非喻，就中自開四種：大智度論從所釋之經立名〔七〕，「大」謂摩訶〔八〕，「智」謂般若〔九〕，「度」謂波羅密〔一〇〕，「論」釋經題〔一一〕，故從所釋爲名；中論從理、實立名〔一二〕；十二門從言教爲目〔一三〕；百論從偈句爲稱也。若通而爲言，四論通顯中道〔一四〕，理、實並得〔一五〕，就理立名；四論同有言教開通，理、實並得，以教爲稱；同有偈句，通得從偈立名。今欲互相開避，故有四部差別，所以立名不同也。

## 校釋

〔一〕衆論，包括大乘論和小乘論。

〔二〕這兩句引文出自成實論卷三色相品。（見大正藏卷三十二，第二六一頁）

〔三〕語見大智度論卷二：「有人言佛在時，舍利弗解佛語故作阿毘曇，後犢子道人等讀誦乃至今，名爲舍利弗阿毘曇。」（大正藏卷二十五，第七十頁）有人說：釋迦牟尼佛在世時，舍利弗爲了解釋佛所說的話而作阿毘曇，以後的說一切有部、犢子部、賢胄部、法上部、正量部、密林山部等讀誦，一直到現在。舍利弗所作的阿毘曇稱爲舍利弗阿毘曇。

〔四〕甘露味毘曇，即現存的阿毘曇甘露味，二卷，瞿沙造，失譯，收在大正藏第二十八卷。

〔五〕訶梨跋摩師鳩摩羅陀造日出論，日本學者鳳潭著頭書三論玄義對這個問題提出懷疑，他認爲印度歷史上有兩個鳩摩羅陀：第一、譬喻師鳩摩羅陀，生活年代是釋迦牟尼逝後一百多年，約爲公元前三、四世紀；第二、訶梨跋摩的老師鳩摩羅陀，生活年代約爲公元三、四世紀。他認爲日出論的作者很可能是第一個鳩摩羅陀。

〔六〕四論，即大智度論、中論、十二門論、百論。這是三論宗所依據的四部主要論典。

〔七〕大智度論，是梵文 Mahā-prajñā-pāramitā-śāstra 的意譯，下文逐字解釋。該論所解釋的經是摩訶般若波羅蜜經。「摩訶般若波羅蜜」(Mahā-prajñā-pāramitā)意譯爲「大智度」，故稱「大智度論從所釋之經立名」。

〔八〕摩訶，是梵文 Mahā 的音譯，意譯爲「大」。

〔九〕般若，是梵文 Prajñā 的音譯，意譯爲「智」，即佛和菩薩所具有的智慧。

〔一〇〕密，大正藏本和金陵刻經處本都作「密」，只有續藏經本作「蜜」，一般寫作「蜜」。波羅蜜，是梵文 Pāramitā 的音譯波羅蜜多之略，意譯「度彼岸」，略稱爲「度」，意謂從生死苦海的此岸度至涅槃彼岸。

〔一一〕論，是梵文 Śāstra 的意譯。

〔一二〕理、實，「理」謂中道之理，「實」謂諸法實相。

〔一三〕「十二門從言教爲目」，十二門即龍樹的十二門論，該論共十二品，故稱「從言教爲目」。

〔一四〕中道(Madhyamāpratipad)，即遠離極端的不偏不倚的觀點方法，佛教各派對中道的解釋不盡相同，三論宗稱不生亦不滅、不常亦不斷、不一亦不異、不來亦不出的「八不」爲中道，吉藏認爲中道就是佛性。

〔一五〕「理、實並得」，在三論宗看來，中道之理和諸法實相都是「言亡慮絶」的，二者是等同的，只要懂得了中道之理，也就懂得了諸法實相。大智度論、中論、十二門論和百論都是闡明中道理論的，盡管有的論(如百論)没有講到諸法實相，只要講清中道理論，也就闡明了諸法實相，故稱「理、實並得」。

**【本段大意】**然後説明各部論的立名不同。各部論的立名共有三種情況：一、依其教法而立名，如成實論等，「實」是四諦之理，「成」是能成立四諦理論的語言文字，成實論説：「爲了成立四諦教法，所以才造這部論。」這就説明成實論是依其教法而立名；二、依人立名，如舍利弗阿毘曇等，大智度論稱：「因爲犢子部教徒接受並誦持這部毘曇，所以舍利弗毘曇也可以稱爲犢子毘曇。」；三、依其譬喻而立名，如甘露味毘曇等，又如訶梨跋摩的老師鳩摩羅陀所著作的日出論等。大智度論、中論、十二門論和百論這四部論的立名，都是依其教法，並不是依人，也不是依其譬喻，就中自然地分爲四種：大智度論依據它所解釋的摩訶般若波羅蜜經而立名，「大」是摩訶(Mahā)，「智」是般若(Prajñā)，「度」是波羅蜜(Pāramitā)，大智度論是解釋經的題目，即依據所解釋的經而立名；中論是依據中道理論和諸法實相而立名；十二門論依據這部論所用文字的品數而立題目；百論依據它包含偈頌的數目爲其名稱。如果籠統來講，這四部論都是闡明中道的，中道理論和諸法實相都論述了，都可以像中論那樣依據它們所闡明的理論立名；這四部論也都以語言文字論述中道理論和諸法實相，都可以像十二門論那樣用其語言文字的品數爲其稱呼；這四部論都有偈頌，也都可以像百論那樣依據它們包含偈頌的數目而立名。現在爲了互有側重，互有躲避，才把這四部論區别開來，所以這四部論的立名各不相同。

次明衆論旨歸門。通論大、小乘經，同明一道〔一〕，故以無得正觀爲宗〔二〕。但小乘教者，正觀猶遠，故就四諦教爲宗。大乘正明正觀，故諸大乘經，同以不二正觀爲宗〔三〕。但約方便用異，故有諸部差别。如明應説不應説〔四〕，今昔開會〔五〕，名爲法華；破斥八倒〔六〕，辨常無常用〔七〕，名爲涅槃。至論不二正道〔八〕，更無别異。在經既爾，在論亦然。雖諸部有異，同用不二正觀爲宗。又經、論同宗，佛説正觀爲經，論申正觀爲論，經論用異，正觀無别。故無量義經云〔九〕：「如水洗穢義同，約井池爲異〔一〇〕。」自昔及今，一切諸教，同治斷、常之病，同開正道，但約今昔教用異耳。

校釋

〔一〕一道，即中道，亦稱真如道、法性道等。

〔二〕無得，即無所得，也就是「空」。

〔三〕不二，亦稱無二，即佛教把各種事物，特别是互相矛盾的事物看成是毫無區别不可言説的境界，大乘義章卷一：「言不二者，無異之謂也，即是經中一實義也。一實之理，妙寂理相，如如平等，亡於彼此，故云不二。」(大正藏卷四十四，第四八一頁)可見，不二與真如、法性，以及三論宗的空、中道實相等同義。

〔四〕「應説不應説」，佛教主張對不同根機的人因人施教。對鈍根人先説小乘，後説大乘。剛開始的時候，小乘爲應説，大乘爲不應説；待人有了一定的「覺悟」以後，就要講大乘教，此時大乘爲應説，小乘爲不應説。對利根人可以直接講大乘，大乘爲應説，小乘爲不應説。

〔五〕「今昔開會」，「開會」即法華經的「會三歸一」，把聲聞、緣覺、菩薩三乘會歸一乘——佛乘。對鈍根人逐一講解聲聞、緣覺、菩薩三乘教法，最後講佛乘。在講前三乘的時候稱爲「昔」，在講佛乘的時候稱爲「今」。

〔六〕八倒，即八種顛倒，意謂八種錯誤的見解，見大般涅槃經卷二：「苦者計樂，樂者計苦……無常計常，常計無常……無我計我，我計無我……不淨計淨，淨計不淨，是顛倒法。」(大正藏卷十二，第三七七頁)這是説：認爲苦是樂，認爲樂是苦，認爲無常是常(永恆)，認爲常是無常，認爲無我是有我，認爲有我是無我，認爲不淨是淨，認爲淨是不淨，是八種錯誤的見解。常、樂、我、淨是涅槃四德（四種屬性），三論宗認爲涅槃非有非無，涅槃四德也是非有非無。認爲「有」構成四種錯誤，認爲「無」又構成四種錯誤，總共八種錯誤。

〔七〕常，佛教認爲涅槃等無爲法（Asaṃskṛtadharma），都不是因緣和合的，都是永恆不變的絶對「真理」，故稱爲「常」。　無常，佛教認爲世間的一切事物都是有爲法。（Saṃskṛtadharma），都是因緣和合的産物，都有生（産生）、住（持續）、異（變化）、滅（毀滅）四大特徵，都不是永恆的，故稱「無常」。

〔八〕至論，即講佛教終極道理的大乘論，而不是講方便法門的小乘論。　正道，即中道。

〔九〕無量義經，一卷，三品，蕭齊曇摩伽陀耶舍譯於建元三年（四八一），與妙法蓮華經、觀普賢經合稱「法華三部經」。因爲衆生「性欲無量故，説法無量；説法無量故，義亦無量。無量義者，從一法生，此一法者，即無相也。」（大正藏卷九，第三八五頁）認爲佛的教法盡管千差萬别，意義無量，但都産生於「無相」，即「空」，「無量義」只是佛的方便教法，不是佛教的最高「真理」。

〔一〇〕語見無量義經：「法譬如水，能洗垢穢，若井，若池，若江，若河、溪、大海，皆悉能洗諸有垢穢。其法水者，亦復如是，能洗衆生諸煩惱垢。」（大正藏卷九，第三八六頁）

【本段大意】然後説明各部論的宗旨。總論大乘經和小乘經，都是説明中道實相，所以各部論都以空和中道實相爲其宗旨。但是，小乘佛教離中道實相還遠，所以小乘佛教以四諦教法爲其宗旨。大乘佛教從正面説明中道實相，所以各部大乘經都以不二法門和中道實相爲其宗旨。但因所用方便法門各不相同，所以有各部經的差別。如說明哪些應該說，哪些不應該說，講「今」說佛乘，「昔」說聲聞、緣覺、菩薩三乘的，是妙法蓮華經；破斥八種錯誤見解，辨別常與無常作用的，是大般涅槃經。講佛教終極道理的論，都講不二法門和中道實相，沒有什麼不同。佛教的經既然是這樣，論也是這樣。各部論雖然名稱不同，但都是以不二法門和中道實相爲其宗旨，而且，佛教的經和論的宗旨是相同的，佛演說中道實相爲經，菩薩闡明中道實相爲論，經和論的作用不同，但所說明的中道實相並無區別。所以無量義經稱：「就像所有的一切水，在洗滌污穢方面的意義是等同的，盡管有井水、池水等的不同。」從過去到現在，佛的一切教法，都是治療斷見和常見疾病的，都是闡明中道實相的，但用於現在和過去的教法是不同的。

今四論約用不同，故辨四宗差別。智度論正釋大品，而龍樹開大品爲二道：前明般若道，次明方便道〔一〕。此之二道，卽是法身父母〔二〕，故大品以實慧、方便慧爲宗〔三〕。論中經二慧〔四〕，還以二慧爲宗。如中論申二諦，還以二諦爲宗也。問：「大品何故前明般若，後明方便耶？」答：「般若、方便實無前後，而作前後說者，般若爲體〔五〕，方便爲用〔六〕，故智度論云：『譬如金爲體，金上精巧爲用〔七〕。』故前明其體〔八〕，後辨其用也〔九〕。又非凡夫行，非賢聖行，是菩薩行〔一〇〕。般若超凡，方便越聖〔一一〕，要前超凡後方越聖，故前明般若，後辨方便。又衆生起見〔一二〕，凡有二種：一者有見〔一三〕，二者無見〔一四〕。般若破其有見〔一五〕，方便斥其無見〔一六〕。故前明般若，後辨方便。若明次第者，三藏多説有教〔一七〕，以破外道，而封執三藏之有，故般若次説空，惑者著般若之空，故次説方便令其離空。故智度論序云：『知邪病之自起，故阿含爲之作，以滯有之爲患，故般若爲之照〔一八〕。』卽斯意也。若約位而言，般若配於六地，故前明之，方便在於七地，故後説也〔一九〕。」問：「舊亦明大品二慧爲宗〔二〇〕，與今何異？」答：「今明聖心未曾二〔二一〕，爲衆生故無二説二，欲令因二悟於不二〔二二〕，故與舊不同。又雖明二慧，與舊亦異，舊義實慧但照空不達有，漚和但照有不達空〔二三〕，蓋是限局聖心〔二四〕，便成二見〔二五〕。今明至人體無礙之道〔二六〕，故有無礙之用，般若既照空卽能鑒有，方便既涉有卽能鑒空，具如二智中説〔二七〕。」

## 校釋

〔一〕摩訶般若經共九十品，前六十六品講般若道，亦稱實智、根本智，卽一乘佛的智慧；後二十四品講方便道，亦稱方便智、權智、後得智，卽聲聞、緣覺、菩薩三乘智慧。大乘義章卷十九：「知於一乘真實之法，名爲實智；了知三乘權化之法，名方便智。」（大正藏卷四十四，第八四六頁）

〔二〕法身（Dharmakāya），是佛的三身（法身報身、應身）之一，亦稱自性身，卽佛性、真如等，所以法身無相。以上兩句内容見大智度論卷七十六：「般若波羅蜜是母，五波羅蜜是父……六波羅蜜等法是三世十方佛父母。」（大正藏卷二十五，第五九八頁）五波羅蜜，卽布施、持戒、忍辱、精進、禪定。 般若波羅蜜相當於般若道，五波羅蜜相當於方便道。

〔三〕實慧，亦稱實智、根本智，即二道之一的般若道。 方便慧，亦稱方便智、權智等，即二道之一的方便道，是佛爲教化衆生臨時採取的方便手法。

〔四〕二慧，即實慧、方便慧。

〔五〕「般若爲體」， 意謂般若智慧是中道實相的本體。

〔六〕「方便爲用」，意謂方便智慧是對中道實相的具體運用。 三論宗認爲：佛爲衆生説法，最終目的是要衆生領悟中道實相的道理，但爲了使衆生能够接受，要根據受教者的不同情況，因人施教，這就出現了各種不同的方便法門。

〔七〕語見大智度論第一百卷：「譬如金師，以巧方便故，以金作種種異物，雖皆是金，而各異名。」（大正藏卷二十五，第七五四頁）

〔八〕體，即中道實相的本體，也就是般若。

〔九〕用，即中道實相的具體運用，也就是菩薩爲度脱衆生所採取的各種方便手法。

〔一〇〕以上三句，可參見維摩經問疾品：「在於生死，不爲污行，住於涅槃，不永滅度，是菩薩行。 非凡夫行，非賢聖行，是菩薩行。」（大正藏卷十四，第五四五頁）菩薩爲了度脱衆生，來到衆生的生死世間（三界），不被三界所污染；菩薩住於涅槃境界，不願永久滅度，獨享涅槃的快樂，還要到三界來普度衆生。 所以，菩薩的行爲不同於一般世俗人的行爲，也不同於聲聞、緣覺二乘賢聖的行爲，因爲二乘賢聖只求自身的解脱。像這種既不同於塵世凡夫的行爲，又不同於二乘賢聖的行爲，就是菩薩行。

〔一一〕聖，卽聲聞、緣覺二乘「賢聖」。

〔一二〕見，是梵文Dṛṣṭi或Darśana的意譯，卽對各種事物的見解，可解釋爲觀點、主張等，大毘婆沙論卷九十五，認爲「見」有四義：觀視（觀察事物）、決度（形成判斷）、堅執（堅持自己的主張）、深入（深化認識）。佛教泛用時，一般指「錯誤」的見解。

〔一三〕有見，卽堅持事物永恒不滅的常見。三論宗批判的「有見」是指毘曇關於三世實有、五位七十五法實有的主張。

〔一四〕無見，相當於斷見。三論宗批判的「無見」係指成實論的空無。成實論的空與三論宗的空不同，成實論的「空」没有「有」的意思，故稱空無。三論宗的「空」含有「有」的意思，所以是卽空觀有，卽有觀空。

〔一五〕「般若破其有見」，般若講空，所以破其有見。

〔一六〕「方便斥其無見」，菩薩的方便法門要順應衆生講「有」，故稱「方便斥其無見」。

〔一七〕三藏，此指小乘佛教的經、律、論三藏。有教，「一切皆有」的説教。

〔一八〕智度論序，卽僧叡著摩訶般若波羅蜜經釋論序，該序稱：「正覺有以見邪思之自起，故阿含爲之作，知滯有之由惑，故般若爲之照。」（大正藏卷三十五，第五七頁）這是説：釋迦牟尼佛（正覺）看見外道興起，故作阿含經對外道進行破斥，又由於衆生停止在「有」上而生迷惑，所以又作般若經爲之照耀。

〔一九〕據十地經，菩薩具十波羅蜜：一、施，二、戒，三、忍，四、精進，五、静慮，六、般若，七、方便善巧，八、願，九、力，十、智。這十波羅蜜分别配於菩薩十地：一、歡喜地，二、離垢地，三、發光地，四、焰慧地，五、難勝地，六、現前地，七、遠行地，八、不動地，九、善慧地，十、法雲地。

〔二〇〕舊，指梁代三大法師：光宅寺法雲、莊嚴寺僧旻、開善寺智藏。

〔二一〕聖，卽釋迦牟尼佛。

〔二二〕「欲令因二悟於不二」，二，相當於二諦中的俗諦，主要講「有」；不二，相當於二諦中的真諦，主要講「空」。讓衆生因二領悟不二，也就是讓衆生因俗諦領悟真諦。

〔二三〕漚和，是梵文 Ulpāya 的音譯，意譯爲方便。

〔二四〕聖心，卽聖人之心，係指佛心。

〔二五〕二見，卽有見、空見，或常見、斷見。

〔二六〕無礙之道，卽非空非有的中道。

〔二七〕「具如二智中説」，都像大乘玄論卷四二智義十二門所講的。問：「波若照諸法實相，漚和照實相諸法，卽波若不照諸法，漚和不照實相，將非限局聖心，失無礙妙用？」答：「波若爲漚和之體，漚和是波若之用。體鑒實相，用照諸法，故開此二門。卽智無不圓，照無不盡。若同照實相，並鑒諸法，即二境不分，兩慧相濫。」問：「舊説亦然，與今何異？」答：「波若體非不能照諸法，但用既照，不煩波若照耳。若用既照諸法，而體復照者，既一境二照，亦應二境一智生，是故二慧不並照也。舊義波若不能照諸法，漚和不能照實相，雖復並觀，智、用恒別，即是格局聖心，封執二見。」（大正藏卷四十五，第五十五頁）這主要是説，般若的本體並不是不能認識各種事物的表面現象，但只用方便即可認識，就不用般若去認識了。如果方便已能認識各種事物的表面現象，般若也去認識，這就是表面現象這一境有般若、方便二慧去認識，既然如此，也應當實相、現象二境由一智（般若或方便）而生，所以般若、方便不同照一境。按照梁代三大法師的意見，般若不能認識事物的表面現象，方便不能認識中道實相，雖然般若、方便可同時並用，但般若、方便永遠是有區別的，這就限制了佛心，封閉執著於有見（或常見）和無見（或斷見）。

【本段大意】現在，按照大智度論、中論、十二門論和百論的不同作用，辨別這四部論宗旨之間的差別。大智度論是從正面解釋大品般若經的，龍樹把大品般若經的內容分爲二道：前面説明般若道，後面説明方便道。這二道就是產生佛之法身的父母。大品般若經以實慧、方便慧爲其宗旨，大智度論闡明大品般若經的實慧和方便慧這二慧，還是以這二慧爲其宗旨。如中論闡明二諦，還以二諦爲其宗旨。問：「大品般若經爲什麽前面闡明般若，後面闡明方便呢？」答：「般若和方便實際上並無前後，所以要分前後來説明，是因爲般若是中道實相的本體，方便是中道實相的應用，所以大智度論稱：『譬如金是本體，用金所做的各種精緻巧妙的東西是金的應用。』所以前面説明中道實相的本體，後面辨別中道實相的應用。 般若、方便的區分，不是一般人的行爲，也不是聲聞、緣覺二乘賢聖的行爲，是菩薩的行爲。般若智慧超過一般人，方便超越二乘賢聖，爲了在前面超過一般人，在後面超越二乘賢聖，所以前面說明般若，後面辨別方便。而且，衆生所産生的錯誤見解，共有二種：一是有見，即常見；二是無見，即斷見。 般若智慧破除衆生的有見，方便駁斥衆生的無見，所以前面闡明般若，後面辨別方便。 要說前後次第的話，小乘佛教的經、律、論三藏大多說明『諸法實有』的說教，用以破斥外道，而封閉執著於小乘三藏的『有』，所以般若經然後說明『空』。那些迷惑不解的人又執著於般若經所說的『空』，所以後面又說方便，使衆生脫離『空』見。所以僧叡著摩訶般若波羅蜜經釋論序稱：『佛知道外道邪見興起，所以作阿含經進行破斥，又因爲衆生學阿含經後又停止在有上，以成病患，所以又作般若經爲其照耀。』就是這個意思。如果按位置來說，般若配於六地現前地，所以要在前面說明，方便配於七地遠行地，所以要在後面說明。」問：「以前的梁代三大法師，也說明大品般若經以實慧、方便慧這二慧爲其宗旨，和現在講的有什麽不同呢？」答：「現在要說明， 佛心從來就不認爲世界上存在着千差萬別的事物，爲了對衆生進行說教， 把本來没有區別的東西說成是有區別的，是爲了讓衆生因區別而領悟没有區別的道理，所以與以前的梁代三大法師不同。而且，雖然是闡明實慧、方便慧這二慧，與以前的梁代三大法師也不同。按照以前梁代三大法師的意見，實慧只能說明『空』，不能說明『有』；方便只能說明『有』，不能說明『空』。這都是限制佛心，這就成了有見和無見，也就是常見和斷見。 現在要說明如來佛既體現了通達無礙的道理，所以有通達無礙的妙用，般若智慧既然能夠說明『空』，也能說明『有』； 方便既能說明『有』，也能說明『空』，這都像大乘玄論卷四二智義十二門中所說的。」

次明中論以二諦爲宗。所以用二諦爲宗者，二諦是佛法根本，如來自行、化他〔一〕，皆由二諦。自行由二諦者，如瓔珞經佛母品〔二〕，明二諦能生佛〔三〕，故二諦是佛母〔四〕。蓋取二智爲佛，二諦能生二智，故以二諦爲母。卽是如來自德圓滿由於二諦〔五〕。化他德由二諦者，如來有所說法，教化衆生，常依二諦，故中論云：「諸佛依二諦，爲衆生說法也〔六〕。」問：「何以知自、他兩德並由二諦耶〔七〕？」答：「十二門論云：『以識二諦故，卽得自利、他利及以共利〔八〕。』卽其事也。以二諦是自行化他之本，故申明二諦，以爲論宗，卽令一切衆生具得自、他二利也。」

## 校釋

〔一〕「自行、化他」，亦稱自利、利他，這是菩薩二德。自利，是自己覺悟；利他，是使衆生覺悟。

〔二〕瓔珞經，是菩薩瓔珞本業經的簡稱，二卷，姚秦竺法念譯。

〔三〕佛，是佛陀之略，佛陀是梵文 Buddha 的音譯，意譯爲覺。意謂對佛教義理的覺悟。

〔四〕上兩句內容，見瓔珞經佛母品，佛言：「佛子！所謂有諦、無諦、中道、第一義諦，是一切諸佛、菩薩智母……所以者何？諸佛、菩薩從法生故。」（大正藏卷二十四，第一〇一八頁）佛子，卽法王子，也就是菩薩。有諦，卽二諦中的俗諦。無諦，卽二諦中的真諦。第一義諦，也是真諦。

〔五〕自德，卽自化或自利。

〔六〕語見中論觀四諦品：「諸佛依二諦，爲衆生説法，一以世俗諦，二第一義諦，若人不能知分別於二諦，則於深佛法，不知真實義。若不依俗諦，不得第一義。不得第一義，則不得涅槃。」（大正藏卷三十，第三十三頁）

〔七〕自、他兩德，卽菩薩所具有的自利、利他兩種德行。利他與他利同義，意謂使他人覺悟。

〔八〕本段引文見十二門論觀性品：「若人不知二諦，則不知自利、利他、共利。」（大正藏卷三十，第一六五頁）共利，意謂菩薩使自己並使他人共同覺悟。

【本段大意】然後説明中論以真、俗二諦爲其宗旨。中論之所以要以二諦爲其宗旨，是因爲二諦是佛法的根本，如來佛自己覺悟，或使他人覺悟，都是由於真、俗二諦。關於自己覺悟是由於二諦的問題，如瓔珞經佛母品所説的，真、俗二諦能够產生佛，所以二諦是佛母，因爲佛具有實智、方便智這二智，真、俗二諦能够產生這二智，所以佛以真、俗二諦爲其母。也就是説，如來佛自度德行圓滿是由於真、俗二諦。所以説佛度他的德行由於真、俗二諦，因爲如來佛演説佛法以教化衆生，常是依據二諦，所以中論稱：「各位佛都是依據真、俗二諦爲衆生説法。」問：「怎麼知道佛的自利、利他兩種德行都是由於二諦呢？」答：「十二門論稱：『因爲認識了真、俗二諦的緣故，才獲得自利、他利和共利。』就是指的這件事情。因爲二諦是佛自己覺悟並使他人覺悟的根本，所以闡明真、俗二諦，以作爲中論的宗旨，其目的是爲了讓一切衆生都得到自利和他利。」

問：「何人迷二諦，論主破迷申二諦耶？」答：「有三種人迷於二諦：一者，小乘五百部，各執諸法有決定性〔一〕，聞畢竟空如刀傷心，此人失第一義諦。然既失第一義諦，亦失世諦。所以然者，空宛然而有，故有名空有〔二〕，方是世諦。彼既失空，亦是迷有，故失世諦。故五百部執出如來二諦之外；二者，方廣道人〔三〕，謂一切諸法如龜毛兔角〔四〕，無罪福報應，此人失於世諦。然有宛然而空，故空名有空〔五〕。既失空有，亦失有空。如斯之人，亦失二諦。又諸外道亦失二諦，如有見外道〔六〕，迷於真諦；空見外道〔七〕，迷於世諦。又凡夫著有，故迷真諦，二乘滯空〔八〕，迷世諦也。第三，人得二諦名，而失二諦旨，斯執甚多，今略出二種：或言二諦一體〔九〕，或言二諦異體〔一〇〕，並不成二諦之義。具如疏初序之〔一一〕。今破此之失，申明二諦，故用二諦爲宗也。」問：「何以得知此論用二諦爲宗耶？」答：「略有三種：一者，瓔珞經佛母品，明二諦不生不滅，乃至不來不去〔一二〕。今論正明八不〔一三〕，故知卽是辨於二諦，故以二諦爲宗；二者，青目序論意〔一四〕，明外人失二諦，龍樹菩薩爲是等故，造此中論，卽知破外迷失，申明二諦，故以二諦爲宗也；三者，關內曇影中論序云〔一五〕：『此論雖無理不窮，無言不盡，統其要歸，會通二諦〔一六〕。』今還述舊釋〔一七〕，故知二諦爲宗也。」

# 校釋

〔一〕「各執諸法有決定性」，意謂主張各種事物是絕對的有，或絕對的無。

〔二〕空有，根據三論宗二諦之一的俗諦看問題，各種事物是「有」，但這種「有」是假有，是虛幻不實的，實際上是「空」，所以俗諦所說的「有」叫做空有。

〔三〕方廣道人，是學習大乘佛教的小乘佛教徒，其觀點處於由小乘向大乘的過渡階段，類似於大乘，又不是大乘。

〔四〕「謂一切諸法如龜毛兔角」，認爲世間一切事物都像烏龜毛兔子角一樣，是絕對的「無」。這種觀點不同於三論宗的「空」，「空」意味着假有，「無」並沒有假有的意思。

〔五〕有空，即假有的「空」。三論宗二諦之一的真諦主要講「空」，這種「空」意味着假有，應當是即空觀有，所以這種「空」叫做有空。

〔六〕「有見外道」，即主張世間萬事萬物都是實有的外道，指順世外道。順世論主張物質世界是實存的。

〔七〕「空見外道」，即主張世間萬物都是空無的外道，可能指外道六師之一的末伽梨俱舍梨子，因爲他主張没有因果報應，没有今世，也没有後世，没有父母，也没有衆生等。

〔八〕二乘，即小乘佛教的聲聞乘和緣覺乘。

〔九〕主張真、俗二諦一體的是南北朝時代的著名成實師開善寺智藏（四五八——五二二）。

〔一〇〕主張真、俗二諦異體的是南北朝時代的著名成實師龍光寺僧綽。

〔一一〕「具如疏初序之」，指都像吉藏著中論疏開頭所說的。在中論疏卷二，吉藏以三論宗觀點，對中國東晉時期般若學派的六家七宗分別予以駁斥，指出他們對真、俗二諦的「錯誤」理解。這六家七宗是：道安的本無宗、支道林的即色宗、于法開的識含宗、道壹的幻化宗、支愍度的心無宗、于道邃的緣會宗，再加竺法深、竺法汰所創立的本無宗的分派本無異宗。（參見大正藏卷四十二，第二十九頁）

〔一二〕本段內容見菩薩瓔珞本業經佛母品：「佛子！不一亦不二，不常亦不斷，不來亦不去，不生亦不滅。」（大正藏卷二十四，第一〇一八頁）

〔一三〕「今論」，即中論。中論所講的「八不」是：「不生亦不滅，不常亦不斷，不一亦不異，不來亦不出。」（大正藏卷三十，第一頁）

〔一四〕「青目序論意」，青目是梵文 Pingala 的意譯，古印度大乘佛教中觀學派的著名論師，生平事迹不詳，曾爲中論作註釋，他對「八不」偈的註釋中首先列舉了外道和小乘佛教的「錯誤」見解，然後說：「不知佛意，但著文字，聞大乘法中說畢竟空，不知何因緣故空，即生見疑……於畢竟空中生種種過，龍樹菩薩爲是等故，造此中論。」（大正藏卷三十，第一頁）小乘佛教徒不知道佛的真正用意，只執著於佛經中的文字，聽到大乘佛法中說「畢竟空」，不知道是由於什麼緣故而空，於是產生很多懷疑……對「畢竟空」產生很多錯誤的理解。龍樹菩薩由於這些緣故，才創作了這部中論。

〔一五〕關內，卽關中，相當於現在的陝西省。曇影，東晉名僧，高僧傳卷六有傳，性情好靜，不好交遊，曾講正法華經和光贊般若經，聽衆常達千人，「後入關中，姚興大加禮接」，又隨從鳩摩羅什至長安，受姚興之命住逍遥園助什譯經，先譯成實論，後譯妙法蓮華經，曾著法華義疏四卷，並注釋中論，晚年隱居深山，晉義熙年中卒，年七十。他著的中論序見於出三藏記集第十一卷。

〔一六〕曇影著中論序原文如下：「其立意也，則無言不窮，無法不盡，然統其要歸，則會通二諦。」（見附錄）

〔一七〕舊釋，指曇影所作的中論序。

【本段大意】問：「由於什麽人迷失二諦，中論的作者龍樹才破除其迷惑，闡明二諦呢？」答：「有三種人迷失二諦：一、小乘五百部，認爲各種事物是絶對的有，或絶對的無，聽説世間萬物畢竟是空，如刀剜心一樣地難過。這種人就迷失了真諦，既然迷失了真諦，也就迷失了俗諦。這樣『空』似乎是『有』，所以稱爲空有，這才是俗諦。這種人既然迷失了『空』，也就迷失了『有』，這就迷失了俗諦。五百部的主張超出了二諦的範圍。二、學習大乘佛教的小乘佛教徒，認爲世間萬物就像烏龜毛兔子角一樣是絶對的無，沒有得罪或獲福的報應，這種人就喪失了俗諦。雖然是『有』又好像是『空』，所以『空』稱爲有空。既然喪失了空有，也就喪失了有空。像這樣的人，也就喪失了二諦。而且，各種外道也喪失了二諦，如主張『有』的外道，迷失真諦；主張『空』的外道，迷失俗諦。另外，一般人執著於『有』，所以迷失真諦，聲聞、緣覺二乘人停止在『空』上，這就迷失了俗諦。第三種人只得到二諦的名字，而喪失了二諦的宗旨，持這種主張的人很多，現在簡略説明其中的兩種：或者説真、俗二諦是一回事，或者説二諦是兩回事，都不能成立二諦的真正意義，都如中論疏開頭所説的。現在要破除這種迷失，闡明二諦，所以要用二諦作爲中論的宗旨。」問：「怎麼知道中論用二諦爲其宗旨呢？」答：「簡略説有三種：一、瓔珞經佛母品，説明二諦既不能産生，也不能消滅，乃至於既不是來，也不是去。現在中論正確地説明『八不』，由此可見，中論是辨別二諦，所以以二諦爲其宗旨；二、青目敍述中論的意思，説明外道迷失二諦，龍樹菩薩由於這個緣故而創作這部中論，由此可見，破除外道人的迷失，闡明二諦，所以以二諦爲其宗旨；三、關中曇影著中論序稱：『這部中論雖然是道理沒有不講完的，話沒有不講透的，但總括其主要宗旨，是爲了闡明二諦。』現在回過頭來敍述曇影中論序的解釋，所以知道中論以二諦爲其宗旨。」

問：「既名中論，何故不用中道爲宗，乃以二諦爲宗耶？」答：「即二諦是中道，既以二諦爲宗，即是中道爲宗〔一〕。所以然者，還就二諦以明中道，故有世諦中道、真諦中道、非真非俗中道〔二〕。但今欲名、宗兩舉，故中、諦互説，故宗舉其諦，名題其中。若以中道爲名，復以中道爲宗者，但得不二義，失其二義故也〔三〕。

## 校釋

〔一〕以上三句，參見中論疏卷二：「然離二諦無別中道，卽因緣二諦名爲中道。」（大正藏卷四十二，第二十頁）

〔二〕大乘玄論卷一對三種中道解釋如下：「世諦卽假生假滅，假生不生，假滅不滅，不生不滅爲世諦中道；非不生非不滅爲真諦中道；二諦合明中道者，非生滅非不生滅。」（大正藏卷四十五，第二十頁）

〔三〕以上幾句是説，因爲俗諦非實有非實無，是不二義；真諦非假有非假無，也是不二義；中道非真非俗，也是不二義。以二諦爲中論的宗旨，既有「不二」義，又有二義（真諦和俗諦之間的相互區别），如果以中道爲其宗旨，只有不二義，而喪失了二義。

【本段大意】問：「這部論既然稱爲中論，爲什麼不用中道爲其宗旨，而以二諦爲其宗旨呢？」答：「二諦就是中道，既然以二諦爲宗旨，就是以中道爲宗旨。所以如此，是因爲要用二諦説明中道，所以有世諦中道、真諦中道、非真非俗中道。但是現在想把中道之名和二諦之宗並提，所以要把中道和二諦互説，只要指出它的宗旨是二諦，中道之名也就在其中了。如果以中道爲名，並以中道爲其宗旨，只有不二的含義，喪失了二的含義。

問：「經何故立二諦耶〔一〕？」答：「此有兩義〔二〕：一者欲示佛法是中道故，以有世諦，是故不斷〔三〕，以第一義，是故不常〔四〕，所以立於二諦。又二慧是三世佛法身父母〔五〕，以有第一義故生般若，以有世諦故生方便，具實慧、方便慧，有十方、三世佛〔六〕，是故立二諦。又知第一義是自利，知世諦故能利他，具知二諦，卽得共利〔七〕，故立二諦。又有二諦故，佛語皆實，以世諦故說『有』是實，第一義故說『空』是實。又佛法漸深，先說世諦因果教化，後爲說第一義〔八〕。又成就得道智者，說第一義，無有說世諦〔九〕。又若不先說世諦因果，直說第一義，則生斷見，是故具明二諦也。」

## 校釋

〔一〕經，指前引的菩薩瓔珞本業經。

〔二〕兩義，從下文看，應是多義，日本聞證著三論玄義誘蒙推測「兩義」是「多義」之誤。日本鳳潭著頭書三論玄義則認爲前兩義是正，後五義是傍，後五義是解釋前兩義的。

〔三〕不斷，意謂不是斷見。因爲俗諦是對世俗人講「有」的，所以用俗諦消除斷見。

〔四〕不常，意謂不是常見。因爲真諦是對佛教「賢聖」講「空」的，所以用真諦消除常見。

〔五〕三世佛，有橫三賢和竪三賢之分。橫三賢是居住於三個佛世界的佛，即所謂居住於東方淨琉璃世界的藥師佛、居住於娑婆世界的釋迦牟尼佛、居住於西方極樂世界的阿彌陀佛。竪三賢是指過去、現在、未來三世的三世佛，卽過去世的燃燈佛、現在世的釋迦牟尼佛、未來世的彌勒佛。

〔六〕十方佛，有二種不同的說法，第一種是稱贊凈土佛攝受經所列的十方佛：①東方不動如來，②南方日月光如來，③西方無量壽如來，④北方無量光嚴通達覺慧如來，⑤下方一切妙法正理常放火王勝德光明如來，⑥上方梵音如來，⑦東南方最勝廣大雲雷音王如來，⑧西南方最勝日光名稱功德如來，⑨西北方無量功德火王光明如來，⑩東北方無數百千俱胝廣慧如來。第二種是十住毘婆沙論所列的十方佛：①東方無憂界善德如來，②南方歡喜界栴檀德如來，③西方善世界無量明如來，④北方無動界相德如來，⑤東南方月明界無憂如來，⑥西南方衆相界寶施如來，⑦西北方衆音界華德如來，⑧東北方安穩界三乘行如來，⑨上方衆月界廣衆德如來，⑩下方廣世界海德如來。除此之外，還有十吉祥經的東方十佛，華嚴經的沒有標明方向的十佛。

〔七〕「共」，原作「其」，據大正藏本改。

〔八〕以上三句，可參見成實論卷十三滅諦聚初立假名品：「又世諦者，是諸佛教化根本，謂布施、持戒，報生善處。若以此法調柔其心堪受道教，然後爲說第一義諦。如是佛法，初不頓深，猶如大海，漸漸轉深。」（大正藏卷三十二，第三二七頁）

〔九〕以上三句，參見成實論卷十三滅諦聚初立假名品：「羅睺羅比丘！今能成就得道智慧，當爲說實法，譬如癰熟，壞之則易，生則難破，如是以世諦智令心調柔，然後以第一智壞。」（大正藏 卷三十二，第三二七頁）

【本段大意】問：「瓔珞經爲什麼要立二諦呢？」答：「這有兩方面的意義：一、爲了説明佛法是中道的緣故，因爲有俗諦，所以不是斷見，因爲有真諦，所以不是常見，爲此而立二諦。而且，實慧和方便慧是三世佛法身的父母，因爲有真諦，所以産生般若智慧（實慧），因爲有俗諦，所以産生方便慧，有了實慧和方便慧，便有十方、三世諸佛，因此要立二諦。而且，真諦是使自己覺悟，懂得俗諦才能使他人覺悟，懂得了真、俗二諦，即可使自己和他人都得到覺悟，所以要立真、俗二諦。而且，有了真、俗二諦，才能説明佛説的話都是真實的，因有俗諦，説明『有』是真實的，因有真諦，説明『空』是真實的。而且，佛法逐漸變深，先説俗諦因果教化，然後説真諦。而且，對已經具有得道智慧的衆生説真諦，不用説俗諦。而且，如果不是先説俗諦因果，直接説真諦，就會産生斷見，所以真、俗二諦都要説清楚。」

次明百論宗者，百論破邪，申明二諦，具如空品末説〔一〕，亦應以二諦爲宗。但今欲與中論互相開避，中論以二諦爲宗，百論用二智爲宗，即欲明諦、智互相成也〔二〕。問：「百論何故用二智爲宗耶？」答：「提婆與外道對面擊揚〔三〕，鬬一時權巧智慧，但提婆權智，巧能破邪，巧能顯正。而實無所破，亦無所顯，故名實智。一論始終〔四〕，明此二智，故以二智爲宗。中論不與内諍一時權巧〔五〕，但共同學二諦之人，諍二諦得失，故以二諦爲宗。則中論用所申爲宗，百論用能申爲宗，欲明佛與菩薩能、所共相成也〔六〕。」

## 校釋

〔一〕「具如空品末說」，空品，卽百論的第十品破空品，其末有外道和佛教論師的一段對話。外曰：「若『空』不應『有』說，若都『空』以無說法爲是，今者何以說善、惡法教化耶？」內曰：「隨俗語故無過，諸佛說法，常依俗諦、第一義諦，是二皆實，非妄語也。」（大正藏卷三十，第一八一頁）

〔二〕諦、智，諦，卽眞諦和俗諦；智，卽權智和實智。

〔三〕「提婆與外道對面擊揚」，據姚秦鳩摩羅什翻譯的提婆菩薩傳，提婆以破外道而著稱，他提出這樣的論點：「一切諸聖中，佛聖最第一；一切諸法中，佛法正第一；一切救世中，佛僧爲第一。」（大正藏卷五十，第一八七頁）並揚言，誰要是破除了他的觀點，他就「斬首，以謝其屈」，外道論師也立下誓言，如不能破除他的觀點，也要斬首。但提婆提出：外道如不能破除他的觀點，不要斬首，只要皈依佛教卽可。提婆三個月內度百餘萬人。然後在林間著百論和四百論，這兩部論都以破斥外道爲其主要內容。

〔四〕一論，卽百論。

〔五〕權巧，卽權智，亦稱方便智，是佛和菩薩爲教化衆生或與外道辯論時所採取的權巧方便法門。

〔六〕能，卽能申，是佛和菩薩的實智和方便智；所，卽所申，係指眞諦和俗諦，因爲眞、俗二諦是佛和菩薩所申明的教法。

【本段大意】其次說明百論的宗旨問題，百論破除外道的錯誤見解，闡明眞諦和俗諦，都如該論破空品末了所說的，也應當以眞、俗二諦爲其宗旨。但現在爲了和中論互相開顯和躲避，中論以眞、俗二諦爲其宗旨，百論以實智和方便智爲其宗旨，就是爲了説明二諦和二智相輔相成的關係。問：「百論爲什麽要用二智爲其宗旨呢？」答：「提婆與外道當面辯論，用暫時的權巧方便智慧，提婆的權智能够巧妙地破除外道的錯誤見解，能够巧妙地闡明佛教正法。而實際上並沒有所破除的對象，也沒有所闡明的對象（因爲「一切皆空」），所以稱爲實智。百論這部論從始至終，説明權智和實智這二智，所以以二智爲其宗旨。中論不在佛教内部争論一時的權巧方便，但與學習真、俗二諦的人們争論真、俗二諦的得失，所以以二諦爲其宗旨。這樣中論用「所申」的二諦教法爲其宗旨，百論用「能申」的二智爲其宗旨，是爲了説明佛與菩薩的「能申」、「所申」相輔相成的關係。」

次明十二門論宗者，此論亦破内迷，申明二諦，亦以二諦爲宗。但今欲示三論不同，宜以境智爲宗〔一〕。所言境智者，論云〔二〕：「大分深義〔三〕，所謂空也〔四〕。若通達是義，卽通達大乘，具足六波羅密無所障礙〔五〕。」大分深義，謂實相之境。由實相境發生般若，由般若故萬行得成，卽是境智之義。故用境智爲宗也。

## 校釋

〔一〕境智，所觀的對象稱爲境，能觀之心稱爲智。三論宗的「境」是中道實相，其「智」是佛和菩薩所具有的權智和實智。

〔二〕論，卽十二門論。

〔三〕「大分深義」，「大」爲大乘，「分」爲部分，大乘佛教分爲淺義和深義兩部分，淺義是講「有」的俗諦，深義是講「空」的真諦。

〔四〕「所謂空也」，大乘佛教的深奧部分是真諦，其特點是「空」。

〔五〕「密」字，金陵刻經處本和續藏經本的三論玄義都作「密」，只有大正藏本的三論玄義作「蜜」，大正藏本的十二門論也作「蜜」，通常多作「蜜」。本段引文見十二門論觀因緣門。（大正藏卷三十，第一五九頁）

【本段大意】其次說明十二門論的宗旨，這部論也破除佛教內部的迷惑，闡明真、俗二諦，也以二諦爲其宗旨。但是，爲了表示中論、十二門論、百論這三部論的不同，宜以「境智」爲其宗旨。所謂「境智」，正如十二門論所說的：「大乘佛教的深義部分就是空，只要通達了這個意思，也就懂得了大乘佛教，對於修行六度，就不會有任何障礙了。」大乘佛教的深義部分，就是中道實相之境，由實相境產生般若智慧，由於般若智慧可使自己的一切行爲得以成就，這就是「境智」的意思，所以十二門論以境智爲其宗旨。

次明四論破、申不同門〔一〕，所言破、申者，凡有三義：一者，破外人迷教之病，故名爲破。申佛二諦教門，故名爲申；二者，申佛正教而邪迷自破，故名爲申破耳；三者，論主申明佛破，故名申破。諸大乘經破衆生虛妄，以顯一道〔二〕。但末代鈍根不了如來破病顯道之意〔三〕，四依菩薩還申明佛破，故名申破。非是經中自立義，論中自明破也。問：「何以知龍樹中佛破耶？」答：「最後邪見品云〔四〕：『瞿曇大聖主〔五〕，憐愍説是法，悉斷一切見，我今稽首禮〔六〕。』故知論主申明佛破，非自有破也。」問：「經中有立有破，論主何故一向破耶？」答：「末世鈍根〔七〕，迷佛立破，並皆成病，是以論主須並破之，然後具得申如來立破。」問：「論主申佛破得稱論主破，論主申佛立應名論主立耶？」答：「亦得爾也。」

## 校釋

〔一〕「四論破申不同門」，四論，即三論宗主要依據的四部論：大智度論、中論、十二門論、百論。本段內容可參見吉藏著大乘玄論卷五明破申大意門，大正藏卷四十五，第六十八頁。

〔二〕一道，即中道。

〔三〕末代，即佛教的末法時期，是佛教三時（正法時、像法時、末法時）之一，即釋迦牟尼佛去世已久，其教法處於微末時期，佛教經典一般認爲末法時期爲一萬年。　病，即「外人迷教之病」。　道，即中道。

〔四〕邪見品，即中論卷四觀破邪品。

〔五〕瞿曇，是梵文Gautama的音譯，另譯喬達摩，是釋迦牟尼的族姓。佛教神話傳説：釋迦牟尼的祖先原爲國王，後出家，師事梨俱吠陀的「作者」瞿曇仙人，從其師姓，也稱爲瞿曇。爲了區別起見，將老師稱爲大瞿曇，弟子稱爲小瞿曇。後小瞿曇被盜賊殺害，大瞿曇用他的血和上泥土分爲兩分，成一男一女，由這一男一女繁殖爲一個種族，所以把這個種族稱爲瞿曇。

〔六〕稽首禮，吉藏著百論疏卷上稱：「禮有三種：一者下禮，所謂揖也；二者中禮，四支著地，頂不戴足；三者上禮，一身之中，頭尊足卑，今以己之尊，禮彼之卑，蓋是敬情之至，故是上禮。」（大正藏卷四十二，第二四一頁）下禮作揖；中禮，兩支胳膊和兩支腿都着地，但不用自己的頭頂對方之足；上禮，用自己最尊貴的頭頂對方最卑下的脚，表示最高的敬意。「稽首禮」屬於第三種，是至高無上的禮。　本段引文是中論觀破邪品最後的一偈。見大正藏卷三十，第三九頁。

〔七〕末世，即佛教的末法時期。

【本段大意】其次說明大智度論、中論、十二門論、百論這四部論破斥和申明的不同，所謂破斥和申明，共有三方面的含義：一、破斥外道迷惑教法之毛病，稱爲「破」。申明佛說教的真、俗二諦，稱爲「申」。二、申明佛的「正確」教法，外道的迷惑自然而破，故稱爲申、破。三、論的作者們申明佛所破斥的，稱爲申、破。各部大乘佛經破斥衆生的虛妄，以顯明中道。但是，末法時期的鈍根人，不了解如來佛破斥外道之病顯明中道的用意，四依菩薩龍樹再次申明佛的所破，所以稱爲申、破。並不是經中本來是「立」的意思，到論中變爲「破」的意思。問：「怎麽知道龍樹是申明佛之所破呢？」答：「中論的最後一品觀破邪品稱：『瞿曇佛憐愍衆生而演說這種教法，是爲了斷除一切邪見，現在我要向他致以至高無上的敬禮。』由此可見，論主龍樹是申明佛的所破，並不是自己有所破斥。」問：「經中有立有破，論主龍樹爲什麽一直進行破斥呢？」答：「末法時期的鈍根人，對佛的立和破迷惑不解，而且，都成了毛病，所以論主龍樹必須對此全部破斥，然後才能申明如來佛的立和破。」問：「是不是論主申明佛之所破而稱之爲論主的『破』，論主申明佛之所立應稱爲論主的『立』呢？」答：「也可以這樣説。」

問：「四論破申云何同異〔一〕？」答：「三論通破衆迷，通申衆教；智度論別破般若之迷〔二〕，別申般若之教。就三論中自開二類：百論正破外，傍破内；餘二論正破内〔三〕，傍破外。所以三論破内外者，一切衆病不出二種：一、外道邪畫起迷，二、内人稟教失旨。若破斯二，則衆病皆除。」問：「百論破外可有明文，何處有破内文耶？」答：「破塵品中，外人以内義爲證，論主卽破其所引，具如彼明〔四〕。」問：「何故得破内耶？」答：「有三種義：一者，如向釋之，外人立義不成，引内爲證，故須破内；二者，内人立義與外道同，如立虛空常遍〔五〕，乃至立涅槃身智俱無〔六〕，並與外道同〔七〕，故須破内；三者，外道立義與内人同，故須破之。如破因中無果品，説外道立於三相〔八〕，前後相生，與譬喻部同，立三相展轉一時生，與薩婆多部同〔九〕，故須破内。故肇法師云：「邪辨逼真，殆亂正道〔一〇〕。」」問：「中論何故傍破外耶？」答：「凡有四義：一者，欲顯中觀，無法不窮，無言不説〔一一〕。若一法不窮，一言不盡，則戲論不滅，中觀不生，是故内外並皆破之；二者，内人立義與外道同，故須破外；三者，外道立義與內人同，故須破外；四者，欲顯中實非內非外〔一二〕，不正不邪，故須破外。」問：「百論破外亦有收取義不？」答：「亦有四句：一者破而不取，卽是外道邪言，障中迷觀〔一三〕，於緣無益有損〔一四〕；二者取而不破，外道偷竊如來遺餘善法，今並收之。如賊盜牛，卽其證也。又外道各邪心推畫，冥智與內同〔一五〕，如蟲食木，偶得成字〔一六〕，亦取而不破；三者亦破亦取，外道偷竊佛教，不識旨歸，今破其迷教之情，收取所迷之教；四者不破不取，卽顯道門〔一七〕，未曾內、外也。」

## 校釋

〔一〕「四論破申云何同異」，本段內容可參見僧叡著中論序：「百論治外以閑邪，斯文祛內以流滯，大智度論之淵博，十二門觀之精詣。尋斯四者，真若日月入懷，無不朗然鑒徹矣。」（見附録）這是說：百論破斥外道，以消除「錯誤」的主張，中論破斥佛教內部的迷惑，使其不得泛濫，大智度論以淵博而著稱，十二門論看上去很精練。學過這四部論，宛如日月入懷，無不明朗透徹。

〔二〕般若之迷，意謂對般若智慧迷惑不解，係指執著於「有」而不懂得「空」的人。

〔三〕餘二論，卽龍樹著中論和十二門論。

〔四〕本段內容見百論第六品破塵品。「外曰：『色應現見，信經故。汝經言：色名四大，及四大造，造色分中，色入所攝，是現見。汝云何言無現見見色？』內曰：『四大非眼見，云何生現見？地堅相、水濕相、火熱相、風動相，是四大，非眼見者，此所造色應非現見。』」（大正藏卷三十，第一七六——一七七頁）這是數論外道和佛教的對話。數論外道引用佛經的語言論證自己的觀點，論主提婆對這種外道進行批駁，就破除了對佛教的誤解。

〔五〕「虛空常遍」，世俗人認爲過去、現在、未來三時都有虛空存在，故稱爲「常」（永恒的存在）；認爲一切處所都有虛空，故稱爲「遍」。合而言之，即爲「虛空常遍」。

〔六〕「乃至立涅槃身智俱無」，百論破常品破五種常法：①時，②方，③虛空，④微塵，⑤涅槃。「乃至」，是指出虛空和涅槃兩種常法，用以代表這五種常法。「立涅槃身智俱無」，涅槃就是身體和智慧都沒有了，是徹底死亡的代稱，如僧肇著涅槃無名論所說的「灰身滅智」。這是小乘佛教對涅槃的解釋，數論外道與此基本一致。

〔七〕「並與外道同」，小乘佛教關於「虛空常遍」和「涅槃身智俱無」的主張，與數論外道基本相同。

〔八〕以上兩句內容見百論破因中無果品。「外曰：『如生、住、滅，如有爲相，生、住、壞次第有，初、中、後亦如是。』」（大正藏卷三十，第一七八頁）生、住、壞，即生、住、滅，是有爲法三相，全稱是生（產生）、住（相續）、異（變化）、滅（毀滅）四相，異相可以包括在滅相之中；因爲逐步消滅的過程就是異相。所以，有爲法四相可以簡化爲生、住、滅三相。

〔九〕以上四句內容，見中論疏卷五，「問：『三相爲一時爲前後？』答：『譬喩部云：前生次住後滅，故三相前後。成實論文云：「三有爲皆在現在。」淨名經云：「汝等比丘！即時亦生亦老亦死。」觀此經論是一時有。阿毘曇云：「體卽同時，用有前後，如三相與法必俱，法在未來，相亦未來；法起現在，相亦現在；法謝過去，相亦同謝。」故有爲法必與相共俱。』」（大正藏卷四十二，第七十七頁）。

〔一〇〕以上兩句見僧肇著百論序：「於時外道紛然，異端競起，邪辯逼眞，殆亂正道。」（見附錄）

〔一一〕以上兩句，語出僧叡著中論序：「以『中』爲名者，照其實也；以『論』爲稱者，盡其言也。」（見附錄）這是說：中論以「中」爲名，是爲了表明這部論的內容是講中道實理，稱其爲「論」，表示無言不盡。

〔一二〕中實，是中道實相之略。

〔一三〕「障中迷觀」，意謂障礙中道的迷惑觀點。

〔一四〕緣，意謂條件，此處特指認識中道實相的條件。

〔一五〕「冥智與內同」，關於涅槃的理論，外道與小乘佛教相同。

〔一六〕「如蟲食木，偶得成字」，見大般涅槃經卷二哀歎品：「如蟲食木，有成字者，此蟲不知是字非字，智人見之，終不唱言是蟲解字，亦不驚怪。」（大正藏卷十二，第三七八頁）這是說：外道爲了騙人，偶爾也說些符合佛教道理的話，其話是對是錯，外道是不知道的。就像蟲子爲了找食吃啃木頭一樣，偶爾也能找到食物吃，但它所啃的木頭究竟有沒有食物，蟲子事先是不知道的。蟲子卽使找到食物吃，聰明人也不會認爲它事先就知道這裏有食物，不會對它找到食物而感到震驚奇怪。

〔一七〕道門，即中道實相。

【本段大意】問：「龍樹的大智度論、中論、十二門論及其弟子提婆的百論，這四部論對於破斥和申明有哪些相同點，有哪些不同點呢？」答：「中論、十二門論、百論這三部論是從總的方面破斥各種迷惑，從總的方面申明各種教法。大智度論特別破斥對般若智慧的迷惑，特別申明般若智慧的教法。中論、十二門論、百論這三部論分爲兩類：百論從正面破斥外道，從側面破斥佛教内部的迷惑；中論、十二門論這兩部論從正面破斥佛教内部的迷惑，從側面破斥外道。中論、十二門論、百論這三部論破斥的佛教内部迷惑和外道一切弊病，概括起來不出兩類：一、外道通過錯誤的謀畫所引起的迷惑；二、佛教内部的人，信仰佛教而迷失其宗旨。只要破除了這兩種弊病，一切弊病都可以消除。」問：「百論破斥外道可有明文作依據，什麼地方有破内的文字呢？」答：「百論破塵品中，外道引用佛教語言作爲論據，論主提婆破斥其引文，這就是破内的文字。」問：「爲什麼要破内呢？」答：「有三方面的意義：一、像向來所解釋的，外道理論不能成立，而引用佛經以爲證據，所以必須破内；二、佛教内部某些派別的主張與外道相同，如主張虛空是永恒普遍的存在，乃至於主張涅槃是肉體和智慧的徹底消亡，這都與外道相同。所以，必須破内；三、外道的主張與佛教内部某些部派相同，所以必須進行破斥。如百論破因中無果品，說外道認爲有爲法有生、住、滅三相，由前者產生後者，這種主張與經量部的前身譬喻師相同，成立生、住、滅三相輾轉同時而生的主張，與說一切有部相同，所以必須破内。僧肇法師說：

「錯誤的理論危害佛教『真理』，擾亂中道實相之理。」問：「中論爲什麼要從側面破斥外道呢？」答：「共有四方面的意義：一、爲了闡明中道實相之理，沒有任何教法不說窮盡，沒有任何話不說透徹。只要有一種教法不說窮盡，只要有一句話不說透徹，反對佛教的『無稽之談』就不會熄滅，中道實相之理就不能產生，所以對內和對外都要進行破斥；二、佛教內部的某些部派所成立的主張與外道相同，所以必須破外；三、外道成立的主張與佛教內部的某些部派相同，所以必須破外；四、爲了闡明中道實相不屬於佛教內部，也不屬於外道，不正確，也不錯誤，所以必須破外。」問：「百論破斥外道的時候是不是也有吸收的意思？」答：「也有四句：一、只破斥而不收取，這就是外道的錯誤言論，因爲這種錯誤言論障礙中道，迷失中道實相，對於認識『真理』的條件沒有任何益處，只有損害；二、只收取而不破斥，外道偷盜如來佛遺留下的善美教法，現在要全部收取。如賊盜牛之論，就是一個例證。另外，外道以各種錯誤的心情進行推測謀畫，關於涅槃的理論與佛教內部的某些部派相同，就像蟲子爲尋找食物而啃木頭一樣，偶而也能找到食物。像這種情況，也只是收取而不破斥；三、既要破斥又要收取，外道偷盜佛的某些教法，但不認識佛教的宗旨，現在要破斥它對佛教迷惑不解的心情，收取其所迷惑的佛教；四、既不破斥又不收取，就是要闡明中道實相，從來就不屬於佛教內部，也不屬於外道。

次明別釋三論，問：「既有四論，何故常稱三論耶？」答：「略有八義：一者，三論各具三義：一破邪，二顯正，三言教。以同具此三義，故合名三論。二者，三論具合，方備三義，中論明所顯之理，百論破於邪執，十二門名爲言教〔一〕。以三義相成，故名爲三論。三者，中論爲廣論〔二〕，百論爲次論〔三〕，十二門爲略論〔四〕。三部具上、中、下三品，故名三論。四者，一切經論凡有三種：一但偈論〔五〕，卽是中論；二但長行論〔六〕，所謂百論；三亦長行亦偈論〔七〕，卽十二門論。以三部互相開避，而共相成。五者，此之三部，同是大乘通論，故名三論。六者，此三部同顯不二實相，故名三論。七者，同是四依菩薩所造。八者，同是像末所作〔八〕。但欲綱維大法也〔九〕。」

## 校釋

〔一〕「十二門名爲言教」，參見吉藏著十二門論疏卷上觀因緣門：「雖復八萬法藏，略攝但有十二部經，今通釋十二部經故論亦十二……十二部經但爲顯於一理，此十二門亦當爲通理，以通理故則識一切教。」（大正藏卷四十二，第一七四頁）佛的教法雖然有八萬法藏，但簡略地包含在十二種類型的佛經當中，現在想從總的方面解釋這十二種類型的佛經，所以這部論要分爲十二門……十二種類型的佛經只是爲了闡明中道實理，這十二門也應當是爲了解釋中道實理，通釋這種道理，就能認識佛的一切教法。

〔二〕「中論爲廣論」，三論當中，中論篇幅最長，共計四卷。

〔三〕「百論爲次論」，三論當中，百論的篇幅僅次於中論，共計二卷。

〔四〕「十二門爲略論」，三論當中，十二門論最簡略，只有一卷。

〔五〕「但偈論」，但，是「僅」的意思。龍樹的中論原來純爲偈體，故稱「但偈論」。後有青目的長行注釋。

〔六〕「但長行論」，長行是佛經中直接敍述教義或解釋偈頌的散文體，和偈頌比較起來，字數較多，行長，故稱長行。提婆的百論原有一百偈，現存的漢譯本百論以婆藪的注釋爲主，只剩兩偈：一偈是皈敬頌，卽開頭部分對佛的贊美詩；另一偈是婆藪引阿難對難陀講的一首詩。兩個偈頌對文中內容都不起主要作用，所以稱百論爲「但長行論」。

〔七〕「亦長行亦偈論」，一部論當中既有長行又有偈頌。龍樹的十二門論，偈的作者是龍樹，對長行注釋文的作者說法不一，吉藏的十二門論疏舉出二說：①偈和長行都是龍樹所造，②龍樹造偈，青目造長行注釋。此處稱十二門論爲「亦長行亦偈論」是依據第一說，如依據第二說，十二門論則和中論一樣，屬於「但偈論」。

〔八〕「同是像末所作」，意謂三論都是像法時的末期所作。

〔九〕綱維，原爲佛教寺廟中的一種職位，意謂領導寺內僧衆，主持寺內佛教事務。方丈、上座、維那稱爲三綱。此處是提綱挈領地敍述三論的主要內容。

【本段大意】其次分別解釋龍樹的中論、十二門論和提婆的百論這三部論。問：「既然有龍樹的大智度論、中論、十二門論和提婆的百論這四部論，爲什麼經常稱三論呢？」答：「簡略來説有八方面的意義：一、三論中的每一部論都具有三方面的内容：一、破斥錯誤的理論，二、闡明佛教的「正確」主張，三、敍述釋迦牟尼佛的言論説教。因爲這三部論都具有這三方面的含義，所以把這三部論合稱爲三論。二、把這三部論合併在一起才具備上述三方面的内容，中論闡明佛教的中道實理，百論破斥外道的錯誤主張，十二門論主要敍述釋迦牟尼佛的言論説教。這三方面的内容相輔相成，所以稱爲三論。三、中論的篇幅最長，百論次之，十二門論最簡略。因爲這三部論分上、中、下三個等級，所以稱爲三論。四、佛教的一切經和論共分三種：一、只有偈頌題裁的論，如中論；二、只有散文體的論，如百論；三、既有散文體又有偈頌的論，如十二門論。這三部論互相開顯和迴避，而且共同相輔相成。五、這三部論都是解釋大乘佛教的大乘通論，所以稱爲三論。六、這三部論都是闡明不二法門和中道實相的，所以稱爲三論。七、這三部論都是四依菩薩所創作。八、這三部論都是佛教像法時的末期所創作。這種區分只是爲了提綱挈領地論述三論的主要内容。

次論三論通別門，以智度論對三論，則智度論爲別論，三論爲通論。就三論中自有三別，卽爲三例，百論爲通論之廣，中論爲通論之次，十二門爲通論之略。所以然者，百論通破障世、出世一切邪〔一〕，通申世、出世一切正，故名通論之廣。中論但破大、小二迷，通申大、小兩教〔二〕，不破世間迷，申世間教，故爲通論之次。十二門但破執大之迷，申大乘之教，爲通論之略。問：「何故爾耶？」答：「外道邪興，遍障世、出世、大、小一切教，故提婆遍破衆邪，備申衆教，是以論明始自三歸[三]，終竟二諦[四]，無教不申，無邪不破。中論爲對大、小學人封執二教[五]，故但破二迷[六]，但申二教，是以論文有大、小二章之說。十二門論辨觀行之精要[七]，明方等之宗本，故正破大迷，獨申大教，是以論文命宗，但說略解摩訶衍義[八]。問：「十二門亦備破小乘外道，云何言但破大迷，但申大教也？」答：「雖備破衆病，而正意爲申大乘，故論文前明略解大乘，而後則言末世衆生，薄福鈍根，雖尋經文不能通了，卽知尋大乘失旨，但小乘外道障彼大乘，故須破之耳。又欲令小乘外道同入大乘，故須破之。」問：「百論申大、小兩教，與中論何異？」答：「百論總申大小，然中論別申二教。又百論從淺至深[九]，中論從深至淺[一〇]。」問：「何故爾耶？」答：「百論爲迴邪入正[一一]，始行之人，故始自三歸，終入方等，故從淺至深。中論示諸佛本末之義，大乘爲本，小乘爲末，故從深至淺也。」

## 校釋

[一]「世、出世」，吉藏著百論疏卷上釋捨罪福品對此解釋如下：「佛法有二：一、世間教，二、出世法。若明五戒招人十善感天故，誡惡勸善，此世間教也。若明法尚應捨，何況非法乎？故依彼三空，捨於二善，得三乘聖道，謂出世間教也。今明捨罪謂世間教，次明捨福辨出世間教。」（大正藏卷

四十二，第二三九頁）

〔二〕「大、小兩教」，即大乘教和小乘教。吉藏著百論疏卷上釋捨罪福品對此解釋如下：「佛法有二：一、小乘教，二、大乘法。捨惡修善，棄生，死而取涅槃，謂小乘教也；無惡可捨，無善可取，涅槃非寂靜，生死不雜亂，謂大乘教也。」（大正藏卷四十二，第二三九頁）這是說：佛的教法分爲兩種：一、小乘教法，二、大乘教法。捨除惡行而修善行，拋棄生死而取涅槃之道，這就是小乘教法；以三空理論爲其依據，就沒有可捨除的惡行，沒有可取的善行，沒有寂靜的涅槃，也沒有雜亂的生死。這就是大乘教法。

〔三〕「是以論明始自三歸」，「三歸」即三皈依（Triśaraṇagamana），簡稱「三皈」或「三歸」：皈依佛，皈依法，皈依僧。大乘義章卷十：「歸依不同，隨境說三，所謂歸佛、歸法、歸僧。依佛爲師，故曰歸佛；憑法爲藥，故稱歸法；依僧爲友，故名歸僧。」（大正藏卷四十四，第六五四頁）百論以歸敬頌開頭，其內容是歸依佛、法、僧三寶，故稱「是以論明始自三歸」。

〔四〕「終竟二諦」，百論的最後一品（第十品）是斷空品，其內容分爲兩段：第一段破外道斷滅空（即主張空是斷絕消滅），第二段闡明二諦。故稱「終竟二諦」。

〔五〕二教，即大乘教和小乘教。

〔六〕二迷，即對大乘教和小乘教的迷惑。

〔七〕觀行，即於心觀理，如理身行。意謂「正確」理解佛教道理，理解以後要身體力行。

〔八〕摩訶衍，是梵文 Mahāyāna 的音譯，意譯大乘。十二門論一開始就指出：「今當略解摩訶衍義。」問曰：「解摩訶衍有何義利？」答曰：「摩訶衍者，是十方三世諸佛甚深法藏，爲大功德利根者說，末世衆生薄福鈍根，雖尋經文不能通了。我愍此等欲令開悟，又光闡如來無上大法，是故略解摩訶衍義。」（大正藏卷三十，第一五九頁）其回答稱：大乘佛教是十方三世諸佛非常深奧的教法，只能爲具大功德的利根人說，末法時期的薄福鈍根人，即使聽了也無法理解，佛憐愍他們，爲了讓他們開悟，又爲了發揚光大闡明如來佛的無上教法，所以要簡略解釋大乘教法。

〔九〕百論從淺至深，百論共分十品，第一品捨罪福品，以「空」論捨除罪和福，第二品破神品講我空，從第三品破一品至第九品破常品，共七品，講法空。前六品破無常法（非永恒的事物），破常品破常法（永恒的事物）。於破常法中，前破世間常，後破涅槃常，即破出世間常。第十品破空品，最後把「空」也破除掉。故稱「從淺至深」。

〔一〇〕中論從深至淺，中論前部分破除對大乘教的迷惑，闡明大乘教法；後部分破除對小乘教的迷惑，闡明小乘教法。故稱「從深至淺」。

〔一一〕邪，指外道。　正，指佛教。

【本段大意】其次論述中論、十二門論、百論的通和別，以大智度論對三論來說，大智度論是別論，三論是通論。三論當中本來就有三種區別，也就是三個例證，百論是最廣泛的通論，中論次之，十二門論最簡略。其所以如此，百論把障礙世間法、出世間法的一切錯誤主張都破斥了，對佛教的一切世間法、出世間法都闡明了，所以稱爲最廣泛的通論。中論只破除對大乘教和小乘教的迷惑，闡明大乘教和小乘教，不破斥對世間法的迷惑，沒有闡明世間教，所以是通論之次。十二門論只破除對大乘教的迷惑，只闡明大乘教法，所以是通論之略。問：「爲什麼呢？」答：「外道的錯誤主張興起，普遍障礙世間法、出世間法和大乘、小乘的一切教法，所以提婆普遍地破斥各種錯誤主張，闡明佛教的各種教法，所以這部論以三皈依的皈敬頌開始，以二諦論結束，沒有任何教法不予以闡明，沒有任何錯誤主張不予以破斥。中論因爲學習大乘教和小乘教的人們封閉執著於大乘教和小乘教，所以只破斥對大乘教和小乘教的迷惑，只闡明大乘教和小乘教。中論的文字分爲前後兩部分，前二十五品破大迷申大教，後兩品破小迷申小教。十二門論辨別於心觀理和如理身行的精華要點，闡明大乘佛教的宗旨和本源，所以從正面破斥對大乘佛教的迷惑，唯獨闡明大乘教法。十二門論一開頭就規定它的宗旨，只簡略解釋大乘教義。問：「十二門論對小乘教法和外道都破斥了，爲什麼説只破斥對大乘教的迷惑，只闡明大乘教法呢？」答：「它雖然破斥了小乘、外道等弊病，而十二門論的真正意思是爲了闡明大乘教法，所以該論一開頭就説明要簡略解釋大乘教法，然後才説末法時期的薄福鈍根衆生，雖讀佛經但不能理解。由此可見，欲學大乘却喪失宗旨，只有小乘、外道才障礙大乘教法，所以必須予以破斥。而且，爲了讓小乘佛教徒和外道都皈依大乘佛教，必須對它們進行破斥。」問：「百論闡明大乘教與小乘教，和中論有什麼不同呢？」答：「百論是從總的方面闡明大乘教和小乘教，中論分別闡明大乘教和小乘教。而且，百論是從淺至深，中論是從深至淺。」問：「爲什麼呢？」答：「百論是爲了讓外道改信佛教，因爲他們都是剛剛入門的人，所以從三皈依開始，以大乘教法結束，故爲從淺至深。中論表示各位佛所説教法的根本和枝末的意思，大乘教是本，小乘教是末，故爲從深至淺。」

次明四論用假不同門〔一〕，一切諸法，雖並是假，領其要用，凡有四門：一因緣假，二隨緣假，三對緣假。四就緣假也〔二〕。一、因緣假者，如空、有二諦〔三〕，有不自有〔四〕，因空故有，空不自空，因有故空〔五〕，故空、有是因緣假義也；二、隨緣假者，如隨三乘根性，説三乘教門也；三、對緣假者，如對治常，説於無常，對治無常，是故説常；四、就緣假者，外人執有諸法，諸佛菩薩就彼推求，檢竟不得，名就緣假。此四假，總收十二部經，八萬法藏〔六〕。然四論具用四假，但智度論多用因緣假，以釋經立義門故〔七〕，中論、十二門多用就緣假，百論多用對緣假。

## 校釋

〔一〕假，即假名。意謂虚幻不實，虚假。相當於俗諦的假有，真諦的空。

〔二〕大乘玄論卷五對四假解釋如下：「假乃衆多，略明四種：一、因緣，二、隨緣，三、就緣，四、對緣。若辨甚深因緣義，即是因緣假。隨緣所宜而説，即是隨緣假。即緣檢責，即是就緣假。若一一對破，如對常説無常等，即是對緣假也。」（大正藏卷四十五，第七十一頁）假名很多，簡略説明其中的四種：一、因緣假，二、隨緣假，三、就緣假，四、對緣假。如果辨別非常深奥的因緣意義，就是因緣假。隨順衆生的根緣，因人而宜地說法，就是隨緣假。衆生說「有」，佛和菩薩對「有」進行探究，結果是假有，這就是就緣假。如果對外道的錯誤主張逐一地進行對治和破除，如爲了對治「常」（永恒）而說「無常」（非永恒）等，這就是對緣假。

〔三〕「空、有二諦」，卽真、俗二諦，因真諦講空，俗諦講假有，故稱真、俗二諦爲空、有二諦。

〔四〕「有不自有」，意謂「有」不是有自性的「有」。三論宗認爲：「空」和「有」都不能孤立存在，都是相待而成立，因「空」而有「有」，因「有」而有「空」，所以「空」和「有」都沒有自性，都是假名。

〔五〕以上四句內容，可參見三論宗的初章：「無有可有，無無可無。無有可有，由無故有；無無可無，由有故無。由無故有，有不自有；由有故無，無不自無。」（大正藏卷四十五，第八十九頁）這是說：沒有「有」可以稱爲「有」，沒有「無」可以稱爲「無」。沒有「有」可以稱爲「有」，由於「無」而有「有」；沒有「無」可以稱爲「無」，由於「有」而有「無」。由於「無」而有「有」，「有」不是有自性的「有」；由於「有」而有「無」，「無」也不是有自性的「無」。

〔六〕以上三句，參見大智度論卷一：「四悉檀，總攝一切十二部經，八萬四千法藏。」（大正藏卷二十五，第五十九頁）悉檀，是梵文 Siddhānta 的音譯，意譯爲「成」，意謂從佛說之法成就衆生的佛道。四悉檀是：①世界悉檀，佛隨順世間有情，以神我等假名說法，使聽法者樂於接受；②各各爲人悉檀，佛根據衆生的不同根機，因人而宜地說法教化，以啓發他們的「覺悟」，增長他們的善根；③對治悉檀，佛針對衆生的弊病說法，如對貪欲重的人講慈悲，對愚癡的人講因緣，對衆生施捨種種法藥，以對治衆生的惡病；④第一義悉檀，佛對機緣成熟的衆生講第一義諦，使之證入聖道。三論宗認爲，四悉檀等於四假，世界悉檀等於就緣假，各各爲人悉檀等於隨緣假，對治悉檀等於對緣假，第一義悉檀等於因緣假。

法藏又稱爲法門，佛典稱佛的教法共八萬四千法藏，擧大數而言，稱爲八萬法藏。

〔七〕釋經，大智度論所解釋的經是摩訶般若波羅蜜經。

立義，即成立中道實相之義。

**【本段大意】**其次說明大智度論、中論、十二門論和百論這四部論所用假名的不同，世間萬事萬物雖然都是假名，但領會其主要用途，共分四種：一、因緣假，二、隨緣假，三、對緣假，四、就緣假。一、因緣假，如真、俗二諦，「有」不是有自性的「有」，因爲「空」而有「有」，「空」也不是有自性的「空」，因爲「有」而有「空」，所以空、有是因緣假；二、隨緣假，如隨順聲聞、緣覺、菩薩三乘的根機，因人而宜地說三乘教法；三、對緣假，如爲了對治常（永恒）而說無常（非永恒），爲了對治無常而說常；四、就緣假，外道認爲世間萬物都是實際存在的，各位佛和菩薩對此進行探求，最終結果是「空」，這就叫做就緣假。這四假包括佛說的十二種類型的經，包括佛說教的八萬法門。雖然這四部論都用四假，但大智度論較多應用因緣假，因爲該論解釋摩訶般若波羅蜜經，成立中道實相之理的緣故。中論和十二門論較多應用就緣假，百論較多應用對緣假。

次明四論對緣不同門，著於四論，略明二種〔一〕：提婆菩薩震論鼓於王庭，九十六師一時雲集，各建名理，立無方論〔二〕。提婆面拆邪師，後還閑林，撰集當時之言以爲百論。龍樹菩薩潛帷著筆，採取外情〔三〕，破病申經〔四〕，故造中論。問：「何故爾耶？」答：「龍樹聲聞天下，外道小乘不敢與交言，故潛帷著筆以造論也。提婆既爲弟子，物情所不畏憚，故與之交言，故後集以爲論〔五〕。」

## 校釋

〔一〕「著於四論，略明二種」，意思是大智度論、中論、十二門論、百論四論的作者是龍樹、提婆兩個人，只要説明這兩個人的情況，即可明瞭四論著作的兩種不同情況。

〔二〕無方論，意謂没有固定的方式方法，如前文所説的「適化無方」。

〔三〕外情，即外道的理論主張。

〔四〕「破病申經」，意謂破斥外道理論的弊病，闡明般若經的道理。

〔五〕「龍樹聲聞天下，……故後集以爲論。」本段内容可參見大乘玄論卷五，提婆與外道辯論，然後追記辯論的内容著成百論。龍樹没有與外道當面辯論，深居書房著書批判外道主張。對這種情況有人解釋説：龍樹威望高，外道不敢與之辯論，提婆是龍樹的弟子，外道不怕他，敢與之辯論。本段即採納這種解釋。吉藏的大乘玄論卷五認爲「此釋極不可解」。並對此解釋如下：龍樹所處的時代是正法時的末期像法時的初期，佛法尚且興盛，外道勢力不太强大，只要著書批判外道理論即可獲勝。提婆所處的時代是釋迦牟尼逝後八百多年，外道勢力强大，只有當面辯論，外道才能認輸。詳見大正藏卷四五，第七二頁。

【本段大意】然後說明大智度論、中論、十二門論、百論四論對緣的不同，關於這四部論的著作情況，簡略說明下列兩種：提婆菩薩在王宮擂響辯論的戰鼓，九十六種外道論師很快就匯集到一起，各自提出自己的理論主張，咸立無固定方式的理論。提婆與外道當面辯論獲勝，然後返回閑靜的密林，撰集與外道辯論時的言論以成百論。龍樹菩薩深居書房著書，研究外道情況，破斥外道理論的弊病，闡明般若經的道理，所以創作了中論。問：「這是什麼緣故呢？」答：「龍樹威望高，名揚天下，外道和小乘佛教徒都不敢和他當面辯論，所以深居書房提筆造論。既然提婆是龍樹的弟子，外道徒衆都不怕他，所以提婆要與外道當面辯論；然後撰集當時辯論的内容以成百論。

次明三論所破之緣有利鈍不同門，今略舉中、百二論明衆生得悟不同，凡有四種：一、自有一種根緣〔一〕，聞百論始捨罪福，終破空有〔二〕，當此言下得悟無生〔三〕；二、有諸外道雖聞提婆當時所破，言理俱屈，猶未得悟，後出家竟，稟受佛經〔四〕，方乃得悟，此中根人也；三、有諸外道聞提婆之言，不了尋經，翻更起迷，爲中論所破方得悟，此下根人也；四、有諸外道初稟提婆之言，乃至尋中論亦未得解，後因十二門觀玄略〔五〕，方乃得悟也。

## 校釋

〔一〕根緣，意謂人的根性與境遇之緣，卽人接受佛教義理快慢的天性。

〔二〕「百論始捨罪福，終破空有」，百論的第一品是捨罪福品，以「空」論捨除罪惡和幸福，故稱「始捨罪福」。百論的第九品是破常品，「常」與「有」同義；第十品是破空品。故稱「終破空有」。

〔三〕無生，卽脫離生死輪迴的涅槃境界。

〔四〕佛經，有二義：①泛指佛教的一切經典，包括經、律、論三藏；②特指三藏之一的經藏部分。此處用第二義。

〔五〕「十二門觀玄略」，「玄」意謂中論的深奧含義。「略」意謂十二門論是中論的略論。

【本段大意】其次說明龍樹的中論、十二門論和提婆的百論這三部論所破對象的根緣有銳利和遲鈍的不同，現在簡略舉出中論、百論這兩部論說明衆生獲得覺悟的不同，有四種情況：一、本來有一種根緣聽聞百論開頭講的捨除罪惡和幸福，最後講的破除空和有，聽聞這些言語卽可領悟脫離生死輪迴的涅槃境界；二、有的外道，雖然聽聞提婆當時對外道的破斥；盡管被批駁得理屈詞窮，還是沒能得到覺悟，出家以後讀誦佛經，接受教誨，才得到覺悟，這是中等根緣的人；三、有的外道，聽聞提婆言論仍不明瞭，再讀佛經，又對佛經迷惑不解，又受到中論的破斥，才得到覺悟，這是下等根緣的人；四、還有的外道，最初聽聞提婆的言論，又讀佛經，再讀中論，還是得不到覺悟，後讀中論深奧理論的略論十二門論才獲得覺悟。

次別釋中論名題門，此論立名有廣有略，所言略者，但稱中論，故叡法師序云〔一〕：「中論有五百偈，龍樹菩薩之所造〔二〕。」而後但釋中、論兩字〔三〕，故名爲略。問：「何故但稱中論，不題觀耶？」答：「中是所論之理實，論是能論之教門，若明理教，故義無不周也。所言廣者，加之以觀〔四〕，故影法師中論序云〔五〕：『寂此諸邊，名之爲中；問答拆徵，稱之爲論〔六〕。』又云：『觀者，直以觀辨於心，論宣於口耳〔七〕。』」問：「何故具題三字耶？」答：「因中發觀〔八〕，由觀宣論，要備三法，義乃圓足也。」

## 校釋

〔一〕叡，即僧叡。

〔二〕語見僧叡著中論序：「中論有五百偈，龍樹菩薩之所造也。」（見附録）中論號稱五百偈，實際四百四十六偈。

〔三〕「而後但釋中、論兩字」，僧叡著中論序自上段引文之後稱：「以中爲名者，照其實也，以論爲稱者，盡其言也。」（見附録）這是説：中論所以以「中」爲其名字，是爲了説明中道實相，以「論」爲其稱呼，是爲了把話説透徹。

〔四〕以上兩句是説，中論的繁稱是中觀論，中論的品名第一個字都是「觀」，所以吉藏著中論疏稱爲中觀論疏。

〔五〕影，即曇影。鳩摩羅什的著名弟子之一，曾助道安譯律，能講正法華經和光讚般若經，聽衆常達千人，姚秦主姚興大加禮接，後隨鳩摩羅什至長安助什譯經，曾著法華義疏四卷，並注中論。卒年七十。

〔六〕本段引文見曇影著中論序：「寂此諸邊，故名曰中，問答析徵，所以爲論，是作者之大意也。」（見附録）

〔七〕本段引文見曇影著中論序：「亦云中觀，直以觀辯於心，論宣於口耳。」（見附録）

〔八〕中，即中道實相。觀，即觀點或智慧。

【本段大意】其次專門解釋中論的題目，這部論的名字有繁稱和略稱，所謂略稱是只稱中論，所以僧叡法師的中論序稱：「中論共有五百偈頌，由龍樹菩薩所創作。」然後就解釋「中」和「論」這兩個字，所以稱之爲略稱。問：「其略稱爲什麽只稱中論，而不稱中觀論呢？」答：「『中』是這部論所論述的中道實相，『論』是能够進行論述的教法，只要説明了中道實理及其教法，意義就没有不周到的。所謂繁稱，再加上一個『觀』字，所以曇影法師的中論序稱：『消除了這些極端錯誤的見解，就稱爲中道，利用問答的方式進行分析論證就稱之爲論。』又稱：『所謂『觀』就是直接觀辨於心，『論』就是宣説於口。』」問：「這部論的名稱爲什麽要具備中、觀、論三個字呢？」答：「因中道實相而産生正確的觀點智慧，對這些正確的觀點智慧進行宣講就稱之爲論，只有具備中、觀、論三個字，意義才圓滿充足。」

次第門〔一〕，問「此三字有何次第耶〔二〕？」答：「有二種次第：一者能化次第〔三〕，二者所化次第〔四〕。能化次第者，中謂三世十方諸佛菩薩所行之道〔五〕，故前明中；由此道故〔六〕，發生諸佛菩薩正觀，故次明觀；由內有正觀〔七〕，故佛宣之於口，名之爲經；四依菩薩宣之於口，目之爲論也〔八〕。約所化悟入次第者，稟教之徒，因論識中，因中發觀〔九〕；若望於佛〔一〇〕，因教識理〔一一〕，因理發觀也。」

## 校釋

〔一〕次第門，前後幾段的開頭都有「次」、「次明」、「次論」等，唯獨本段無，所以日本尊佑著科注三論玄義懷疑開頭脱漏一個「次」字。

〔二〕「此三字有何次第耶？」吉藏著大乘玄論卷五認爲中、觀、論三個字没有固定次第，中論可以稱爲中觀論，也可以稱爲觀中論、論中觀，中觀論意謂由中道實相之境產生觀智——權智和實智，用這種觀智對事物反復進行研究，故稱之爲論。觀中論意謂用權、實二智觀中道實相之境，並用此二智研究考核是非。論中觀意謂這部論的功能是論述中觀，並非其他。詳見大正藏卷四十五，第七十六頁。

〔三〕「能化次第」，即中觀論是佛和菩薩對衆生進行教化的次第。

〔四〕「所化次第」，即論中觀是衆生接受佛和菩薩教化的次第。

〔五〕中，是中道的略稱。

〔六〕此道，卽中道。

〔七〕正觀，卽佛和菩薩的「正確」觀點或智慧，也就是權、實二智。

〔八〕「故佛宣之於口，名之爲經；四依菩薩宣之於口，目之爲論也」，據吉藏著大乘玄論卷五，若籠統來講，佛和菩薩的著作都可以稱爲經，也都可以稱爲論，如地持論稱大乘經和小乘經爲「內論」，付法藏因緣傳卷六稱百論爲百論經。吉藏著中論序疏又說，外國人稱論爲經，他又舉了付法藏因緣傳卷六的例子，又如大智度論卷二稱發智論爲發智經。但是，爲了區別師徒關係，稱佛（師）的著作爲經；稱菩薩（佛弟子）的著作爲論，論是解釋經的。

〔九〕觀，卽正觀。

〔一〇〕「若望於佛」，卽對於佛所說的經而言。因前文講論，此處講經。

〔一一〕理，卽中道實相的「眞理」。

【本段大意】其次說明中、觀、論三個字的次第。問：「這三個字有什麼次第呢？」答：「有兩種次第：一是佛和菩薩對衆生進行教化的次第卽中觀論，二是衆生接受佛和菩薩教化的次第卽論中觀。佛和菩薩對衆生進行教化的次第，卽中道是三世十方各位佛和菩薩所走的道路，所以首先說明『中』；由於中道的緣故，產生各位佛和菩薩的正觀，所以然後說明『觀』；由於佛和菩薩心有正觀，所以佛宣說於口稱之爲『經』，四依菩薩宣說於口，稱之爲『論』。對於接受佛和菩薩教化的衆生領悟佛教的次第來說，接受教化的徒衆，因爲論而認識中道，因中道而產生正觀；如果對於佛所說的經而言，因佛的說教而認識中道實相之理，因中道實相之理而產生正觀。」

次制立門〔一〕，所以但明三字不多不少者，略有三義：一者諸佛菩薩，凡有二德：一者自行〔二〕，二者化他〔三〕。「中」之與「觀」，謂自行也。「論」之一字，即是化他。自行化他，義無不攝，故但標三字。二者，化於衆生，要必具三：一者有所悟之理〔四〕，二者因理發觀，三者由觀宣論，故但明三也。三者，以中對觀，是境、智之名〔五〕；以觀對論，爲行、說之稱〔六〕；因中發觀，故以中爲境；以觀爲智，如說而行爲觀，如行而說爲論。以義唯此四〔七〕，故名字但有三名也。

## 校釋

〔一〕制立門，「制」爲制限。制立門，即立制限於中、觀、論三個字，不能多，也不能少。

〔二〕自行，亦稱自利、自度等，佛和菩薩的二功德之一，即佛和菩薩自身的覺悟。

〔三〕「化他」，亦稱利他、度他等，是佛和菩薩的另一種功德，即教化衆生，使之覺悟起來。

〔四〕「所悟之理」，即佛和菩薩所覺悟的中道實相之理。

〔五〕「境、智」，此處的「境」義爲中道實相。「智」又稱觀智，包括權、實二智。

〔六〕行，是權、實二智；說，是論說，即真、俗二諦。大乘玄論卷五稱：「如說而行即是二智，如行而說即是二諦。故如說而行，行則行我所說；如行而說，則說己所行，故所行如所說，所說如所行。是故行說不二，諦智平等也。」（大正藏卷四十五第七十六頁）像說的而行就是權、實二智，像行而說就是真、俗二諦。所以如說而行，行則行我所說的，如行而說，就是說自己所行的，所以行如所說，說如所行。所以行和說沒有區別，二諦和二智是一致的。

〔七〕「以義唯此四」，其意義只有境、智、行、說這四種。

【本段大意】其次說明中論的題目只限於中、觀、論三個字，所以只限於這三個字而不多不少，簡略來說有三方面的意義：第一、各位佛和菩薩共有兩種德行：一、自利，二、利他。由中道實相而產生正觀，這就是自利。「論」這一個字就是利他。自利和利他，沒有任何意義不包括在內，所以只標中、觀、論這三個字。第二、教化衆生一定要具備三個條件：一、有佛和菩薩所覺悟的中道實相之理，二、由中道實相之理而產生正觀，三、由正觀而宣講論，所以只講明中、觀、論三個字。第三、以中道對正觀來說，是境（中道實相）和智（二智）的名稱；以正觀對論來說，是行和說的名稱；由中道而產生正觀，所以以中道實相爲境；以正觀爲智慧，如說而行就是觀，如行而說就是論。其意義只有境、智、行、說這四種，所以中論的名稱只有中、觀、論三個字。

次論通別門〔一〕，通而爲言，三字皆「中」，皆「觀」，皆「論」。所言皆「中」者，理實不偏〔二〕，故理名爲「中」。因「中」理發「觀」，「觀」非偏觀，「觀」亦名「中」。因「中」、「觀」宣「論」，「論」非偏論，「論」亦名「中」。三字皆「觀」者，「中」是義相觀〔三〕，「觀」是心行觀〔四〕，「論」是名字觀〔五〕。亦如三種般若，「中」是實相般若〔六〕，「觀」是觀照般若〔七〕，「論」是文字般若〔八〕。三種皆「論」者。「論」是能論〔九〕，故名爲「論」。餘二所論〔一〇〕，亦名爲「論」也。就別而言，理實不偏，與其「中」名，智是達照〔一一〕，當其「觀」稱。「論」是言教，故目之爲「論」。

## 校釋

〔一〕通別門，從相同和相異兩方面論述中、觀、論三字。

〔二〕理實，以及下文的中理，都是中道實理的簡稱。

〔三〕「中是義相觀」，意謂中道實相是萬事萬物真實意義的相狀。「觀」是名稱和意義必定相應，即「觀」其名有其實，「觀」中道之名，必有中道之義。

〔四〕「觀是心行觀」，意謂正觀是心行（智慧）。前後兩個「觀」字意義不同，第一個「觀」是正觀，第二個「觀」與義相觀的「觀」字同義。

〔五〕「論是名字觀」，用語言文字寫成的論只是假名，中道實相是非內、非外、非住、非不住的，是「言亡慮絕」的，不可能用語言文字表達。通過這種假名認識到中道實相的「真理」，即可獲得解脫。

〔六〕「實相般若」，是般若智慧的本體，般若的實性，沒有任何虛妄成分。

〔七〕「觀照般若」，認識中道實相之理的智慧，即般若本身。

〔八〕「文字般若」，即詮釋實相般若和觀照般若的佛教經典，如般若經等。

〔九〕「能論」，與下文的所論相對，論本身是能論，是主動；中道實相和正觀是所論，是被論述的對象，是被動。

〔一〇〕「餘二」，即中（中道實相）、觀（正觀）二字。

〔一一〕「達照」，意謂慧心鑒達，認識無礙。達照的本。體是權、實二智，也就是正觀，故稱之爲「觀」。

【本段大意】其次論述中、觀、論三個字的相同點和相異點，要講這三個字的相同點，這三個字都可稱爲「中」，都可稱爲「觀」，也都可以稱爲「論」。所謂都可稱爲「中」，中道實理不偏不倚，所以這種道理稱爲「中」。因中道實理產生正觀，正觀不偏不倚，所以「觀」也可以稱爲「中」。因爲中道和正觀而宣講論，其論不偏不倚，所以「論」也可以稱爲「中」。關於中、觀、論三個字都是「觀」的問題，「中」是萬事萬物真實意義的相狀，「觀」是認識萬事萬物實相的智慧，「論」是事物的假名。這也像三種般若，「中」是實相般若，「觀」是觀照般若，「論」是文字般若。關於這三個字都是「論」的問題，「論」是起主動作用的能論，「中」和「觀」是起被動作用的所論，也稱爲「論」。就這三個字的區別而言，中道實理不偏不倚，所以稱爲「中」，智慧認識事物不受任何阻礙，所以應當稱爲「觀」，論是寫成文字的佛說教，所以稱爲「論」。

次明互發盡門〔一〕，就中有中發觀，觀發中〔二〕，緣盡觀，觀盡緣〔三〕。所言中發觀者，如涅槃經云：「十二因緣，不生不滅，能生觀智，譬如胡瓜。能發熱病也〔四〕。」觀發中者，衆生本謂因緣是生是滅〔五〕，不知是中，以正觀檢生滅不得，方悟因緣是中，此則因觀發中。緣盡於觀者，凡夫二乘及有所得偏邪之緣〔六〕，盡菩薩正觀之内，故名緣盡於觀。觀盡於緣者，邪緣既盡〔七〕，正觀亦息，故名觀盡於緣。緣盡於觀，故非緣；觀盡於緣，故非觀；非緣非觀，不知何以美之，强名正觀也。問：「既得緣盡觀，觀盡緣，亦得中盡觀，觀盡中不？」答：「亦得爾也。中是智境〔八〕，觀是境智〔九〕。境不自境，因智故境。智不自智，由境故智〔一〇〕。由智故境，境不自境，由境故智，智不自智。不自智則非智，不自境則非境，故是境盡於智，智盡於境。」問：「亦得緣發於觀，觀發於緣不？」答：「由邪緣故，得顯正觀，卽是緣發於觀。由正觀故，顯緣是邪，謂觀發於緣耳〔一一〕。」

## 校釋

〔一〕互發盡門，互相産生和互相消滅。本段主要講中道實相和正觀的關係問題。

〔二〕「中發觀，觀發中」，參見大乘玄論卷五：「中發於觀，觀發於中，今明非是用中境發解智，用觀智照中境，但此正觀能體中實，中實卽是正觀。」（大正藏卷四十五，第七十六頁）中發觀，觀發中，現在要說明，並不是中道實相之境産生智慧，也不是用智慧認識中道實相之境，這種正觀只是能夠體會中道實相，中道實相就是正觀。

〔三〕「緣盡觀，觀盡緣」，吉藏著中論疏卷三引用大智度論的話說：「緣是一邊，觀是一邊；因是一邊，果是一邊；乃至中偏、虛實並是二邊。第一義悉檀非緣非觀、非因非果，乃至非虛非實，故論云，一切言語道斷，心行處滅，但無名相中，爲衆生故，强名相說。」（大正藏卷四十二，第三十四頁）此處的「緣」是所緣，即六塵：色、聲、香、味、觸、法；「觀」即六根：眼、耳、鼻、舌、身、意；「因」是菩薩行的六度；「果」是成佛的覺悟；「中」是非有非無；「偏」是有無；「虛」即空；「實」即萬事萬物的真實存在。　本段引文是說：緣是一種邊見（極端錯誤的見解），觀是一種邊見，因是一種邊見，果是一種邊見，乃至於中與偏、虛與實都是相互對立的兩種邊見。第一義悉檀不是緣，不是觀，不是因，不是果，乃至於不是虛，不是實。故中論稱一切事物都不可用語言表達，也不可用思慮揣測，既無名字，又無相狀。爲了對衆生進行說教，勉强給事物安個名字和相狀。

〔四〕語出大般涅槃經卷二十七：「善男子！是觀十二因緣智慧，即是阿耨多羅三藐三菩提種子，以是義故，十二因緣名爲佛性。善男子！譬如胡瓜爲熱病。何以故？能爲熱病作因緣故，十二因緣亦復如是。」（大正藏卷十二，第五二四頁）這是說：認識十二因緣的智慧，就是產生無上正等覺的種子，由於這種意義，十二因緣就稱爲佛性。就像胡瓜能發熱病，什麼緣故呢？胡瓜是產生熱病的條件，十二因緣也是這樣。

〔五〕「衆生本謂因緣是生是滅」，「因」是內因，即事物產生的內部原因。「緣」是外緣，即事物產生的外部條件。一般人認爲：内因和外緣相結合使事物産生，内因和外緣分離使事物毁滅。

〔六〕二乘，即屬於小乘佛教的聲聞乘和緣覺乘。　有所得，意謂由於衆生的「虚妄心」，認爲世間森羅萬象的事物是實際存在的。這種認識與三論宗的「空」論直接對立，所以三論宗經典常對「有所得」思想進行批判。大智度論卷六十稱：「有所得者，所謂以我心於諸法中取相故。」（大正藏卷二十五，第四八四頁）這是説：主張有所得的人，以自己的「虚妄之心」認爲世間萬物的森羅萬象是實有的。

〔七〕邪緣，即上文所説的主張「有所得」的「偏邪」之緣。

〔八〕智境，「智」是能觀之心，「境」是心認識的對象。境有真、妄二種：在三論宗看來，真境就是「言亡慮絶」的中道實相，也就是空；妄境即主張萬物實存的有。妄境被智慧所斷，真境被智慧所證。由智慧所證得的中道實相之境就稱爲智境。

〔九〕境智，意謂與中道實相之境相應的智慧。

〔一〇〕以上四句是説：境和智相待而成立，都不能孤立存在。由於境而有智，由於智而有境，所以境和智都没有自性，都是虚幻不實的。

〔一一〕這段答話是説：正觀和邪緣相待而成立，都不能孤立存在，由於正觀而有邪緣，由於邪緣而有正觀，所以正觀和邪緣都没有自性，都是幻有，而非實有。

【本段大意】其次説明中、觀互相産生和緣、觀互相滅除的問題，其中有中道實相産生正觀，正觀産生中道實相，所緣破滅正觀，正觀破滅所緣。所謂中道實相產生正觀，如大般涅槃經所說的：「十二因緣智慧，既不是生，也不是滅，能產生權、實二智，就像胡瓜能發熱病一樣。」關於正觀產生中道實相的問題，衆生本來認爲因緣和合是生，因緣分離是滅，不知道是中道實相，以正觀進行檢驗，生和滅都是不存在的，這才知道因緣是中道實相，這就是因爲正觀產生中道實相。關於所緣破滅於正觀的問題，一般的人和小乘佛教的聲聞、緣覺二乘人及主張客觀事物實有的人，他們那種偏斜錯誤的所緣，破滅於菩薩的正觀智慧之內，所以稱爲所緣破滅於正觀。關於正觀破滅於所緣的問題，錯誤的所緣既然已經破滅，正觀智慧也就破滅了，所以稱爲正觀破滅於所緣。所緣破滅於正觀，所以不是所緣；正觀破滅於所緣，所以不是正觀。不是所緣，也不是正觀，不知用什麼名稱予以贊美，勉强給它按個名字叫正觀。問：「既然已經認識到所緣破滅正觀，正觀破滅所緣，是不是也認識到中道實相破滅正觀，正觀破滅中道實相呢？」答：「也認識到了。中道實相是智慧所證得之境，正觀是與中道實相相應的智慧。中道實相之境不是有自性的境，因爲正觀智慧而有中道實相之境，正觀智慧也不是有自性的智，由於中道實相之境而有智，由於智而有境，中道實相之境不是有自性的境，由於中道實相之境而有正觀之智，正觀之智不是有自性的智。沒有自性的智則不是智，沒有自性的境也不是境，所以境破滅於智，智破滅於境。」問：「是不是所緣產生於正觀，正觀產生於所緣呢？」答：「由於錯誤的所緣顯明正觀，就是所緣產生於正觀。由於正觀的緣故，顯明所緣是錯誤的，這就稱爲正觀產生於所緣。」

次明別釋三字門〔一〕，總論釋義〔二〕，凡有四種：一、依名釋義〔三〕，二、就理教釋義〔四〕，三、就互相釋義〔五〕，四、無方釋義也〔六〕。依名釋義者，中以實爲義，中以正爲義〔七〕。中以實爲義者，如涅槃釋本有今無偈云〔八〕：「我昔本無中道實義，是故現在有無量煩惱〔九〕。」叡師中論序云：「以中爲名者，照其實也〔一〇〕。」照，謂顯也。立於中名，爲欲顯諸法實，故云「照其實也。」所言「正」者，華嚴云：「正法性遠離，一切言語道，一切趣非趣〔一一〕，悉皆寂滅相〔一二〕。」此之正法，卽是中道，離偏曰中，對邪名正。肇公物不遷論云〔一三〕：「正觀論曰〔一四〕：『觀方知彼去，去者不至方〔一五〕。』故知中以正爲義也。」理教釋義者，中以不中爲義〔一六〕。所以然者，諸法實相，非中非不中，無名相法，爲衆生故，强名相說，欲令因此名，以悟無名，是故說中，爲顯不中。問：「中以不中爲義，出何文耶？」答：「華嚴云：『一切有無法，了達非有無〔一七〕。』若爾，一切中偏法，了達非中偏，卽其事也。」所言互相釋義者，中以偏爲義，偏以中爲義。所以然者，中偏是因緣之義〔一八〕，故說偏令悟中，說中令識偏。如經云：「說世諦，令識第一義諦；說第一義諦，令識世諦也〔一九〕。」四、無方釋義者，中以色爲義〔二〇〕，中以心爲義〔二一〕，是故華嚴經云：「一中解無量，無量中解一〔二二〕。」故一法得以一切法爲義，一切法得以一法爲義〔二三〕。

## 校釋

〔一〕「次明別釋三字門」，其次分別解釋中、觀、論三個字，實際上只解釋了中字，並沒解釋觀和論。對中、觀、論三個字的詳細解釋，可參見吉藏著大乘玄論卷五。

〔二〕「總論釋義」，三論宗對於任何名字，都從下述四個方面進行解釋：一、依名釋義，二、就理教釋義，三、就互相釋義，四、無方釋義。本段把這四個方面都講到了，故稱「總論釋義」。

〔三〕「依名釋義」，亦稱隨名釋。意謂依據名字解釋名字的意義，如對「中」的解釋，中就是不偏不倚的「正」，中就是「實」（實相）。

〔四〕「就理教釋義」，亦稱顯道釋。即說明佛教道理以解釋名稱，如說「中」是爲了讓衆生領悟不中。進而領悟非中非不中的神祕境界。

〔五〕「就互相釋義」，亦稱因緣釋。如真、俗二諦，真諦以俗諦爲其因緣，俗諦以真諦爲其因緣。真諦因俗諦而成立，俗諦因真諦而成立。

〔六〕「無方釋義」，用中道實相可以解釋任何事物，沒有固定方式和範圍，不受任何阻礙。

〔七〕「中以正爲義」，大乘玄論卷五用三種意義解釋中：「然釋中有三種：一者對偏，二者對邪，三者實義。」（大正藏卷四十五，第七十五頁）這三種意義可以歸納爲「正」一種意思，不偏不邪就是「正」，正就是中（中道），中就是實（實相）。

〔八〕涅槃是大般涅槃經的略稱，其本有今無偈如下：「本有今無，本無今有，三世有法，無有是處。」

（大正藏卷十二，第四六四頁）

〔九〕大般涅槃經對本有今無偈的解釋如下：「言本有者，我昔本有無量煩惱，以煩惱故，現在無有大般涅槃。言本無者，無般若波羅蜜，以般若波羅蜜故，現在具有諸煩惱……若有沙門、婆羅門、天、魔、梵、人說言如來去、來、現在說一切法是有相，無有是處。」（大正藏卷十二，第四六四——四六五頁）：所謂「本有」，因爲自己過去有很多煩惱，所以現在達不到涅槃。所謂「本無」，因爲没有般若智慧，所以現在有各種煩惱。如果有沙門、婆羅門、天神、魔鬼、梵天和人說：如來曾講過去、未來、現在的一切事物是有相狀的，這肯定都是錯誤的。

〔一〇〕僧叡中論序。（見附録）

〔一一〕趣，衆生死後往生的處所稱爲「趣」。非趣，即不再往生的涅槃境界。

〔一二〕本段引文出自晉譯大方廣佛華嚴經卷三十四，見大正藏卷九，第六一五頁。最後的「相」字原作「性」。

〔一三〕肇公，即僧肇。物不遷論，是肇論中的一篇論文。基本思想是通過相對主義的詭辯，否定事物的發展變化。

〔一四〕正觀論，物不遷論作中觀，即中論。

〔一五〕語見中論卷一觀去來品的偈：「已去無有去，未去亦無去。離已去未去，去時亦無去。」中論長行解釋說：「已去無有去，已去故。若離去有去業，是事不然。未去亦無去，未有去法故。去時名半去半未去，不離已去未去故。」（大正藏卷三十，第三頁）這是說：已經去了，就不存在「去」了，因爲已經去過了。如果離開已經去了，還有「去」這種動作，這是不可能的。「未來去」也没有「去」，因爲還没有「去」這種動作。「去時」有一半屬於「已經去」，有一半屬於「未來去」，離不開「已經去」和「未來去」，所以「去時亦無去」。

〔一六〕「中以不中爲義」，意謂「中」的意思是不中。三論宗否定一切，佛的一切教法它都否定。正如吉藏著二諦義卷中所説的：「就顯道釋義者，明俗是不俗義，真是不真義，真俗是不真俗義。」（大正藏卷四十五，第九十五頁）

〔一七〕本段引文出自晉譯大方廣佛華嚴經卷五如來光明覺品的偈文，全文如下：「一切有無法，了達非有無，如是正觀察，能見真實佛。」（大正藏卷九，第四二六頁）

〔一八〕「中偏是因緣之義」，意謂中和偏相待而成立，中是對偏而言，偏是對中而言。没有偏，中就不能成立，没有中，偏也不能成立。所以中和偏互爲因緣。

〔一九〕本段引文見大般涅槃經卷十七梵行品：「一切世諦，若於如來即是第一義諦。何以故？諸佛世尊爲第一義故説於世諦，亦令衆生得第一義諦，若使衆生不得如是第一義諦者，諸佛終不宜説世諦。」（大正藏卷十二，第四六五頁）

〔二〇〕色，梵文 Rūpa 的意譯，是由感覺器官所感知的物質現象，説一切有部的五位七十五法和唯識宗的五位百法都有色法（Rūpadharma），包括五根（眼、耳、鼻、舌、身）、五境（色、聲、香、味、觸）

和無表色。無表色是隱而不顯的色法。

〔二一〕心，是梵文Citta的意譯，音譯質多，與意、識同義，包括一切心理活動。

〔二二〕本段引文出自華嚴經如來光明覺品的偈文，見大正藏卷九，第四二三頁。

〔二三〕上兩句是說：因爲每一種事物（一法）都沒有自性，都是性空；一切事物（一切法）同樣沒有自性，同樣是性空。所以「一法」與「一切法」同義，「一切法」與「一法」同義。這也就是華嚴宗所講的「一即一切，一切即一」。

【本段大意】其次分別解釋中、觀、論三個字（實際只解釋「中」一個字），對名稱的解釋共有四種方式：一、依據名稱解釋其意義；二、用佛教道理解釋名稱的意義；三、用不同名稱之間的相互關係進行解釋，四、非固定方式的解釋。關於依據名稱進行解釋，中道以實相爲其意義，中以正爲其意義。關於中道以實相爲其意義，如大般涅槃經解釋本有今無偈所說的：「我過去由於不懂得中道實相的意義，所以現在有無數煩惱。」僧叡法師所著的中論序稱：「以中道爲其名稱，就可以照其實相。」照，就是顯示的意思。成立中道之名，是爲了顯示各種事物的實相，故稱「照其實也」。所謂「正」，華嚴經稱：「佛教正法，其本性遠離一切語言所表達的意思，也遠離一切往生的生死世界和無往生的涅槃境界，所有一切事物的相狀都是空寂。」佛的這種「正確」教法就是中道，遠離偏斜就是中，對錯誤（邪）而言稱爲正。僧肇的物不遷論稱：「中論說：『看上去事物似乎是到另外的地方去了，實際上並沒有到另外的地方去。』由此可見，中就是正的意思。」關於用佛教道理解釋名稱的意義，中以不中爲其意義。所以如此，是因爲一切事物的實相都是非中非不中，對於本來無名稱無相狀的事物，爲了對衆生進行説教，勉强按個名稱、相狀而演説，是爲了讓衆生通過這個名稱領悟無名，所以説中，是爲了顯示不中。問：「中以不中爲其意義，出自於什麽經文呢？」答：「華嚴經稱：『所説一切或有或無的事物，是爲了讓衆生領悟其非有非無的實相道理。』如果是這樣，所説一切或中或偏的事物，是爲了讓衆生領悟非中非偏的實相道理。這就是華嚴經的説教。」關於用不同名稱之間的相互關係進行解釋的問題，對偏説中，對中説偏。所以如此，中和偏相待而成立，中、偏之間互爲因緣，所以説偏是爲了使人領悟中，説中是爲了使人認識偏。正如涅槃經所説的：「説俗諦，是爲了讓人認識真諦，説真諦是爲了讓人認識俗諦。」四、關於以非固定方式解釋名稱意義的問題，中以物質現象爲其意義，中以心爲其意義，所以華嚴經稱：「用一種事物的性空理論可以解釋無限事物，用無限事物的性空理論可以解釋每一種事物。」所以，一種事物卽一切事物，一切事物卽一種事物。

問：「中有幾種？」答：「既稱爲中，則非多非一，隨義對緣，得説多一。所言一中者〔一〕，一道清淨〔二〕，更無二道。一道者，卽一中道也。所言二中者，則約二諦辨中，謂世諦中〔三〕、真諦中〔四〕。以世諦不偏，故名爲中。真諦不偏，名爲真諦中。所言三中者，二諦中及非真非俗中〔五〕。所言四中者，謂對偏中、盡偏中、絶待中、成假中也。對偏中者〔六〕，對大小學人斷常偏病，是故説對偏中也。盡偏中者〔七〕，大小學人有於斷常偏病，則不成中。

偏病若盡，則名爲中。是故經云：『衆生起見，凡有二種：一斷，二常。如是二見，不名中道。無常無斷，乃名中道〔八〕。』故名盡偏中也。絶待中者〔九〕，本對偏病，是故有中。偏病既除，中亦不立。非中非偏，爲出處衆生〔一〇〕，强名爲中，謂絶待中。故此論云：『若無有始終，中當云何有〔一一〕？』經亦云：『遠離二邊，不著中道〔一二〕。』卽其事也。成假中者〔一三〕，有無爲假，非有非無爲中，由非有非無，故說有無。如此之中，爲成於假〔一四〕，謂成假中也。所以然者，良由正道未曾有無，爲化衆生，假說有無，故以非有無爲中，有無爲假也。就成假中有單複疎密橫豎等義，具如中假義說〔一五〕，如說有爲單假，非有爲單中，無義亦爾。有無爲複假，非有非無爲複中〔一六〕。有無爲疎假，非有非無爲疎中，不有有爲密假，有不有爲密中〔一七〕。疎卽是橫，密卽是豎也〔一八〕。」

## 校釋

〔一〕「一中」，意謂只有一種中道。參見華嚴經：「文殊！法常爾，法王唯一法，一切無礙人，一道出生死。」（大正藏卷九，第四二九頁）這是說：佛的教法本來就永遠是這樣的，佛（法王）只有一種教法，一切不受煩惱阻礙的人，只能從一條道路上出離生死以達涅槃。

〔二〕「一道清淨」，意謂唯一的中道不受任何邪見的沾污。

〔三〕「世諦中」，亦稱用中，是佛和菩薩對衆生進行說教時所利用的一種中道，隨順適應衆生的接受能力，利用俗諦對其進行說教。

〔四〕「真諦中」，亦稱體中，是佛教道理的本體。

〔五〕「非真非俗中」，小乘五百部聞世諦中，往往認爲是定性的「有」；學習大乘佛教的方廣道人聞真諦中，往往認爲是定性的「空」。爲了破除這兩種邪見，故說非真非俗中。

〔六〕「對偏中」，吉藏著中論序疏稱：「對斷、常之偏明中，此是對偏中。」（大正藏卷四十二，第二頁）對斷見、常見的偏見說明中道，這就是對偏中。

〔七〕「盡偏中」，三論遊意義稱爲因緣中：「因緣中者，如「假有」不得言「有」，不得言「不有」，此「有」即是「中」也。」（續藏經第一輯，第七十三套第三册，第一七一葉）所謂因緣中，例如假有不能稱爲有，也不能稱爲不有，這種假有就是中道。

〔八〕語見大般涅槃經師子吼菩薩品：「衆生起見，凡有二種：一者常見，二者斷見。如是二見，不名中道，無常無斷，乃名中道。」（大正藏卷十二，第五二三頁）

〔九〕「絕待中」，三論遊意義稱：「絕待中者，本對偏故，所以有中，在偏既去，中亦不立，故非偏非中，强名中也。」（續藏經第一輯，第七十三套第三册，第一七一葉）

〔一〇〕「爲出處衆生」，爲了對衆生進行說教，使之脫離三界的生死輪迴，以達涅槃。

〔一一〕本段引文出自中論卷二觀本際品的一首偈，全文如下：「若無有始終，中當云何有？是故於此中，先後共亦無。」（大正藏卷三十，第十六頁）如果沒有開始和終結，怎麼能有中呢？所以這個中以及始（先）和終（後）都是不存在的。

〔一二〕本段引文見大集經虛空藏品：「世尊善知如是法，得至清涼泥洹道，去離二道不著中，知虛非真無自性。」（大正藏卷十二，第九十五頁）這是說：佛很善於理解「空」這種教法，使他達到沒有熱煩惱的清涼涅槃之道，使他脫離常見道和斷見道，不執著於中道，知道這些都是虛幻不實的，無自性的。

〔一三〕「成假中」，即成立於假名的中道。如有、無是假名，非有非無是中道。要說明非有非無，必須首先說明有、無，因爲二者相待而成立。成立於有、無這種假名的中道，就稱爲成假中。

〔一四〕假，即假名。

〔一五〕「具如中假義說」，吉藏著大乘玄論卷一、卷二、卷五等講到單、複，卷一講到疏、密，卷一、卷五講到橫、竪。這些部分的主要內容是講中道和假名，故稱「具如中假義說」。

〔一六〕以上五句，見大乘玄論卷一：「偏說一假有，不說無，是單假。偏說一假無，不說有，亦是單假。偏說一非有，即是單中。非無亦爾，雙說假有假無，是複假。雙說非有非無是複中。」（大正藏卷四十五，第二十頁）

〔一七〕「疏、密」，見大乘玄論卷一：「以其兩來就有、無二法辨，故是疏假。若辨密假，非有非不有，而有而不有，以其就一法明義。是即兩法疏，一法故密。」（大正藏卷四十五，第十八頁）這是說：就有和無二種概念進行辨別，所以是疏假。若辨別密假，既不是有又不是不有，或說既是有又是不有，因爲這是就一種概念説明意義。所以講到兩種概念（如有、無）就稱爲疎，只講一種概念（如有）就稱爲密。

〔一八〕關於豎、橫的解釋，見大乘玄論卷二：「『言豎者，謂之縱，縱只是深，即經之深旨……橫通諸論者，橫只是廣闊之稱，亦爲對治藥病，如有、無相治等，悉是橫論。』（大正藏卷四十五，第二十五頁）這是説：豎就是縱，縱僅是深，就是經的深奥宗旨……橫通達各部論，橫只是廣闊的意思，也是以藥治病，如有、無互相對治等，都是橫論。

【本段大意】問：「中道有幾種？」答：「既然稱爲中道，就不是多種，也不是一種，而是適應被説教對象的根緣，就需要説多種或一種。所謂一中，是説只有中道是清淨的，不可能有第二條道路。所謂一道，就是一種中道。所謂二中，就是按照二諦辨別中道，就是世諦中道，真諦中道。以世諦看問題沒有偏邪，所以稱爲中。以真諦看問題沒有偏邪，稱爲真諦中。所謂三中，就是世諦中、真諦中、非真非俗中。所謂四中，即對偏中、盡偏中、絕待中、成假中。對偏中，爲了對治學大乘教和小乘教的人們斷見、常見之弊病，所以要説對偏中。盡偏中，學習大乘教和小乘教的人們由於有斷見、常見之弊病，則不成爲中道。斷、常之偏病如果消除，則稱爲中道。所以大般涅槃經稱：『衆生所起的錯誤見解，共有二種：一是斷見，二是常見。這樣的兩種錯誤見解，不能稱爲中道。沒有常見，也沒有斷見，才能稱爲中道。』所以稱爲盡偏中。絕待中，本來是爲了對治偏病，所以才有中道。偏邪之弊病既然已經消除，中道也就不能成立了。此時的境界，既不是中，也不是偏，爲了對衆生進行説教，使之脱離三界輪迴以達涅槃，勉强按個名字稱爲中，這就是絶待中。所以中論稱：『如果沒有開始和終結，怎麽能有中呢？』大集經亦稱：『遠離斷、常二種邊見，不執著於中道。』説的就是絶待中。成假中，有和無是假名，非有非無是中道，由於要説明非有非無，所以説有、無。像這種中道，因爲成立於有、無之假名，所以稱爲成假中。所以如此，確實由於中道從來就沒有有和無，爲了教化衆生而假説有、無，所以以非有非無爲中道，以有、無爲假名。就成假中而言，有單、複、疎、密、横、竪等含義，都如大乘玄論中講到中道和假名意義時所説的，例如説「有」是單假，「非有」是單中，「無」的意義也是這樣（「無」是單假，「非無」是單中）。「有」和「無」是複假，「非有非無」是複中。「有」「無」是疎假，「非有」「非無」是疎中。本來不是「有」而説「有」是密假，本來是「假有」而説「不有」是密中。疎就是横，密就是竪。」

次釋中不同，得有四種：一、外道明中，二、毘曇明中，三、成實明中，四、大乘人明中也。外道説中者，僧佉人言〔一〕：「泥團非瓶非非瓶〔二〕。」即是中義也。衛世師云〔三〕：「聲不名大不名小〔四〕。」勒沙婆云〔五〕：「光非闇非明〔六〕。」此之三師，並以兩非爲中，而未知所以爲中耳。毘曇人釋中者，有事有理〔七〕。事中者，無漏大王不在邊地〔八〕，謂不在欲界及非想也〔九〕。理中者〔一〇〕，謂苦、集之理不斷不常也〔一一〕。成實人明中道者，論文直言離有離無，名聖中道〔一二〕。而論師云〔一三〕：「中道有三：一、世諦中道，二、真諦中道，三、非真非俗中道〔一四〕。」四、大乘人明中者，如攝大乘論師明〔一五〕，非安立諦〔一六〕，不著生死，不住涅槃，名之爲中也。義本者〔一七〕，以無住爲體中〔一八〕，此是合門〔一九〕。於體中開爲兩用，謂真俗，此是用中〔二〇〕，即是開門也。又中假師云〔二一〕：非有非無爲中，而有而無爲假也。

## 校釋

〔一〕僧佉是梵文Sāṅkhya的音譯，意譯數論，古印度六派哲學之一，依據的經典是數論經和金七十論，相傳創始人是迦毗羅(Kapila)，認爲世界是由包括「神我」在內的二十五諦組成。

〔二〕文見百論破空品：「僧佉經，泥團非瓶非非瓶。」(大正藏卷三十，第一八一頁)百論疏破空品解釋說：「泥團非瓶非非瓶者，泥形異瓶形，故言非瓶。更無別體，故非非瓶。」(大正藏卷四十二，第三〇八頁)這是說：泥團的形狀和瓶的形狀是不同的，故稱「泥團非瓶」。燒製後的泥團和瓶同體，並非異體，所以不能說泥團不是瓶，故稱「泥團非非瓶」。

〔三〕衛世師，梵文Vaiśeṣika音譯衛世師迦之略，意譯勝論派，古印度六派哲學之一，依據的經典是勝論經，相傳作者是迦那陀(Kanada)，用六句義分析整個世界。

〔四〕本句引文見百論破空品：「衛世師經，聲不名大不名小。」(大正藏卷三十，第一八一頁)百論疏破空品解釋說：「如鍾比雷不名爲大，比磬不名爲小。」(大正藏卷四十二，第三〇八頁)

〔五〕勒沙婆(Ṛṣabha)，相傳爲耆那教的創始人，神話人物，全稱爲勒沙婆提婆(Ṛṣabhadeva)。耆那教的實際創始人是筏陀摩那(Vardhamāna)，佛教稱他爲尼乾陀·若提子(Nirgrantha-jñātiputra)，意譯離繫親子，佛教把他列爲外道六師之一。耆那教徒尊稱他爲大雄(Mahāvīra)。

〔六〕文見百論破空品：「尼乾法，光非明非闇。」(大正藏卷三十，第一八一頁)百論疏破空品解釋說：「光非明非闇者，月光比日故非明，比星故非闇。」(大正藏卷四十二，第三〇八頁)

〔七〕「有事有理」，事與理相對而言，非因緣和合的無爲法稱爲「理」，因緣和合的有爲法稱爲「事」。又俗諦稱爲「事」，真諦稱爲「理」。

〔八〕無漏大王，是一種禪定的名字，稱爲無漏禪或無漏定，「無漏」意謂無煩惱。說一切有部認爲，菩薩十地的前九地有這種禪定。邊地，指欲界及非想處。欲界是佛教三界(欲界、色界、無色界)之一，在此居住的衆生有食欲和淫欲。無想處是無色界的最後一處非想非非想處。欲界是三界中最低的一界，非想處是無色界最高的一處，故稱邊地。

〔九〕以上兩句語出大乘義章卷十三：「無漏禪者，依如毘曇，前九地有，故雜心云：無漏大王不居邊地。欲界、非想名爲邊地。」(大正藏卷四十四，第七一九頁)大乘義章所引雜阿毘曇心論中的兩句話，現存本中無，日本鳳潭著頭書三論玄義推測，這兩句話可能出自開元録所載宋伊葉波羅譯雜阿毘曇論(已佚)。

〔一〇〕「理中」，關於理的中道問題。

〔一一〕「苦、集」，即四諦中的苦諦和集諦。

〔一二〕以上兩句，見成實論一切有無品：「若決定有，則墮常邊；若決定無，則墮斷邊；離此二邊，名聖中道。」(大正藏卷二十二,第二五六頁)。

〔一三〕論師,此指成實師。

〔一四〕本段引文出自中論疏所引成實師的一段話:「不常不斷名世諦中道……非有非無爲世諦中道……真諦四絶故名爲中……非真非俗名爲中道。」(大正藏卷四十二,第十一頁)

〔一五〕攝大乘論師,即攝論師,是我國陳、隋之際專門傳習攝大乘論的一派學者。

〔一六〕「非安立諦」,據吉藏著大乘玄論卷一,攝論師稱三無性爲非安立諦。三無性是針對三性設立的,針對衆生的遍計所執性立相無性,針對依他起性立生無性,針對圓成實性立勝義無性。「無性」是否定世俗人所主張的「實性」。

〔一七〕義本,參見維摩經觀衆生品:「從無住本,立一切法。」(大正藏卷十四,第五四七頁)以不執著於有、無等的絶百非爲根本,成立一切事物,稱爲義本。

〔一八〕無住,即真如(Tathatā),被佛教認爲是永恒「真理」或本體。佛教認爲,真如不能用肯定語氣表達,只能用一系列的否定語氣表達。　體中,即真如本體中道。

〔一九〕合門,真如本身是合門,與開門相對,將真如本體區分爲真、俗二諦就是開門。

〔二〇〕「用中」,佛教化衆生時所使用的中道。

〔二一〕中假師,三論宗内主張中道和假名實有的一派論師,法朗稱他們爲中假師。據續高僧傳卷七法朗傳,中假師是指禪衆寺的勇法師和長干寺的辯法師。法朗等主張中道和假名也要破除,不然的話，就會使人有所執著而不能成佛，所以他斥責說：「中假師罪重，永不見佛。」（吉藏著中論疏卷二，見大正藏卷四十二，第二十五頁）

【本段大意】其次解釋中道的不同種類，有四種：一、外道所說明的中道，二、以毘曇爲經典的說一切有部教徒所說明的中道，三、成實論所說明的中道，四、大乘佛教徒所說明的中道。關於外道所說明的中道，數論師稱：「泥團不是瓶，也不是非瓶。」這就是中道的意思。勝論派論師稱：「聲音不能稱爲大，也不能稱爲小。」傳說中的耆那教創始人勒沙婆稱：「光不是闇，也不是明。」這三派論師都以雙非爲中道，而不知道這樣講就是中道的原因。關於以毘曇爲經典的說一切有部教徒所解釋的中道，分事、理兩部分。關於事的中道，無漏禪不在邊地，即不在欲界和無色界的非想非非想處。關於理的中道，就是苦、集二諦之理既不是斷見，也不是常見。關於成實師所講的中道，成實論講到非有非無就是神聖的中道。成實師稱：「有三種中道：一、世諦中道，二、眞諦中道，三、非眞非俗中道。」四、關於大乘佛教徒所說的中道，如攝論師所說的三無性，不執著於生死，不停止在涅槃之上，就稱之爲中道。關於以眞如義爲根本的問題，以非有非無等的絕百非爲眞如本體的中道，這是合門。於眞如本體中道分出兩種用途，卽眞、俗二諦，這就是佛教化衆生時所使用的中道，這就是開門。中假師又稱：非有非無是中道，有或無是假名。

# 附録

## 唐京師延興寺吉藏傳

道宣

釋吉藏，俗姓安，本安息人也。祖世避仇，移居南海，因遂家於交、廣之間，後遷金陵，而生藏焉。年在孩童，父引之見於真諦，仍乞詺之。諦問其所懷，可爲吉藏，因遂名也。

歷世奉佛門無兩事，父後出家，名爲道諒。精勤自拔，苦節少倫，乞食聽法，以爲常業。每日持鉢將還，跣足入塔，遍獻佛像，然後分施，方始進之。乃至涕唾、便利，皆先以手承取，施應食衆生，然後遠棄，其篤謹之行，初無中失。諒恒將藏聽興皇寺道朗（按：應爲法朗）法師講，隨聞領解，悟若天真。年至七歲，投朗出家。採涉玄猷，日新幽致。凡所諮禀，妙達指歸，論難所標，獨高倫次，詞吐贍逸，弘裕多奇。至年十九，處衆覆述，精辯鋒遊，酬接時彥，綽有餘美，進譽揚邑，有光學衆。

具戒之後，聲聞轉高，陳桂陽王欽其風采，吐納義旨，欽味奉之。隋定百越，遂東遊秦望，止泊嘉祥，如常敷引。禹穴成市，問道千餘。志在傳燈，法輪相繼。開皇末歲，煬帝晉蕃，置四道場，國司供給，釋、李兩部各盡搜揚，以藏名解著功，召入慧日，禮事豐華，優賞倫異。王又於京師置日嚴寺，別教延藏往彼居之，欲使道振中原，行高帝壤。

既初登京輦，道俗雲奔，見其狀則傲岸出羣，聽其言則鍾鼓雷動。藏乃遊諸名肆，薄示言蹤，皆掩口杜辭，尠能其對。然京師欣尚妙重法華，乃因其利，即而開剖。

時有曇獻禪師，禪門鉦鼓，樹業光明，道俗陳迹，創首屈請敷演會宗。七衆聞風，造者萬計，隘溢堂宇，外流四面，乃露縵廣筵，猶自繁擁，豪族貴遊皆傾其金貝，清信道侶俱慕其芳風。藏法化不窮，財施塡積，隨散建諸福田，用既有餘，乃充十無盡。藏委付曇獻資於悲、敬。逮仁壽中年，曲池大像舉高百尺，繕修乃久，身猶未成，仍就而居之，誓當搆立，抽捨六物，並托四緣，旬日之間施物連續，即用莊嚴，峙然高映，故藏之福力能動物心，凡有所營，無非成就。

隋齊王暕夙奉音猷，一見欣至，而未知其神府也，乃屈臨第，並延論士，京輦英彥相從，前後六十餘人，並已陷折前鋒，令名自著者，皆來總集。藏爲論主，命章陳曰：「以有怯之心，登無畏之座，用木訥之口，釋解頤之談。」如此數百句。王顧學士傅德充曰：「曾未近鋒御寇，止如向述，恐罕追斯蹤。」充曰：「動言成論，驗之今日。」王及僚友同歎稱美。時沙門僧粲，自號三國論師，雄辯河傾，吐言折角，最先徵問，往還四十餘番。藏對引飛激，注贍滔然，兼之間施禮貌，詞彩鋪發，合席變情，赧然而退，於是芳譽更舉，頓爽由來。王謂未得盡言，更延兩日，探取義科，重令竪對，皆莫之抗也。王稽首禮謝，永歸師傅，並䞋吉祥麈尾及諸衣物。

晚以大業初歲，寫兩千部法華。隋曆告終，造二十五尊像，捨房安置，自處卑室，昏曉相仍，竭誠禮懺。又別置普賢菩薩像，帳設如前，躬對坐禪，觀實相理，鎮累年紀，不替於終。

及大唐義舉，初届京師，武皇親召釋宗，謁於虔化門下。衆以藏機悟有聞，乃推而敍，對曰：「惟四民塗炭，乘時拯溺，道俗慶賴，仰澤穹旻。」武皇欣然，勞問勤勤，不覺影移。語久，別敕優矜，更殊恒禮。武德之初，僧過繁結，置十大德，綱維法務，宛從初議，居其一焉。實際、定水欽仰道宗，兩寺連請，延而住止，遂通受雙願，兩以居之。

齊王元吉，久揖風猷，親承師範，又屈住延興，異供交獻。藏任物而赴，不滯行藏，年氣漸衰，屢增疾苦。敕賜良藥，中使相尋。自揣勢極難瘳，懸露非久，乃遺表於帝曰：「藏年高病積，德薄人微，曲蒙神散，尋得除愈，但風氣暴增，命在旦夕，悲戀之至，遺表奉辭。伏願久住世間，緝寧家國，慈濟四生，興隆三寶。」儲、后、諸王並具遺啓，累以大法。至於清旦，索湯沐浴，著新淨衣，侍者燒香，令稱佛號。藏跏坐儼思，如有喜色，齊時將及，奄然而化。春秋七十有五，即武德六年五月也。遺命露骸，而色愈鮮白。有敕慰贈，令於南山覓龕安置，東宮以下諸王公等，並致書慰問，並贈錢帛。

今上初爲秦王，偏所崇禮，乃通慰曰：「諸行無常，藏法師道濟三乘，名高十地，惟懷弘於般若，辯囿包於解脱，方當樹德淨土，闡教禪林，豈意湛露晞晨，業風飄世，長辭奈苑，遽掩松門，兼以情切緒言，見存遺旨，迹留人往，彌用悽傷！」乃送於南山至相寺，時屬炎熱，坐於繩床，屍不摧臭，跏趺不散。弟子慧朗，樹續風聲，收其餘骨，鑿石瘞於北巖，就而碑德。

初，藏年位息慈，英名馳譽；冠成之後，榮扇逾遠。貌像西梵，言實東華。含嚼珠玉，變態天挺，剖斷飛流，殆非積學。對晤帝王，神理增其恒習；決滯疑議，聽衆忘其久疲。然而愛狎風流，不拘檢約，貞素之識，或所議焉。加又縱達論宗，頗懷簡略，御衆之德，非其所長。在昔陳、隋廢興，江陰凌亂，道俗波迸，各棄城邑，乃率其所屬往諸寺中，但是文疏，並皆收聚，置於三間堂內。及平定後，方洮簡之。故目學之長，勿過於藏，注引宏廣，咸由此焉。講三論一百餘遍，法華三百餘遍，大品、智論、華嚴、維摩等各數十遍。並著玄疏，盛流於世。

及將終日，製死不怖論，落華而卒。詞云：「略舉十門以爲自慰，夫含齒戴髮，無不愛生而畏死者，不體之故也。夫死由生來，宜畏於生。吾若不生，何由有死？見其初生，卽知終死。宜應泣生，不應怖死。」文多不載。慧遠依承侍奉，俊悟當時，敷傳法化，光嗣餘景。末投迹於藍田之悟真寺，時講京邑，亟動衆心。人世卽目，故不廣敍。

（録自大正藏本唐道宣續高僧傳卷十一）

# 中論序

僧叡

中論有五百偈，龍樹菩薩之所造也。以「中」爲名者，照其實也；以論爲稱者，盡其言也。實非名不悟，故寄「中」以宣之。言非釋不盡，故假論以明之。其實既宣，其言既明，於菩薩之行，道場之照，朗然懸解矣。

夫滯惑生於倒見，三界以之而淪溺。偏悟起於厭智，耿介以之而致乖。故知大覺在乎曠照，小智纏乎隘心。照之不曠，則不足以夷有無，一道俗。知之不盡，則未可以涉中途，泯二際。道俗之不夷，二際之不泯，菩薩之憂也。是以龍樹大士，折之以中道，使惑趣之徒，望玄指而一變。括之以卽化，令玄悟之賓，喪諮詢於朝徹。蕩蕩焉！真可謂坦夷路於沖階，敞玄門於宇內，扇慧風於陳枚，流甘露於枯悴者矣。

夫栢梁之構興，則鄙茅茨之仄陋。覩斯論之宏曠，則知偏悟之鄙倍。幸哉！此區之赤縣，忽得移靈鷲以作鎮，險詖之邊情，乃蒙流光之餘惠。而今而後，談道之賢，始可與論實矣。云天竺諸國，敢預學者之流，無不翫味斯論，以爲喉衿。其染翰申釋者，甚亦不少。

今所出者，是天竺梵志，名賓伽羅，秦言青目之所釋也。其人雖信解深法，而辭不雅中。其中乖闕煩重者，法師皆裁而裨之，於通經之理盡矣，文或左右未盡善也。百論治外以閑邪，斯文祛內以流滯。大智釋論之淵博，十二門觀之精詣，尋斯四者，真若日月入懷，無不朗然鑒徹矣。予翫之味之不能釋手，遂復忘其鄙拙，託悟懷於一序，并目品義題之於首。豈期能釋耶？蓋是欣自同之懷耳。

（録自支那内學院本出三藏記集經序卷十一）

# 中論序

曇影

夫萬化非無宗，而宗之者無相。虛宗非無契，而契之者無心。故至人以無心之妙慧，而契彼無相之虛宗。

內外並冥，緣智俱寂，豈容名數於其間哉？但以悕玄之質，趣必有由。非名無以領數，非數無以擬宗，故遂設名而召之，立數而辯之。然則名數之生生於累者，可以造極而非其極，苟曰非極，復何常之有耶？是故如來逮真覺，應物接粗，啓之以有，後爲大乘，乃說空法，化適當時，所悟不二。

流之末葉象教之中，人根膚淺，道識不明，遂廢魚守筌，存指忘月，覩空教便謂罪福俱冥，聞說相則謂之爲真，是使有無交興，生滅迭爭，斷常諸邊，紛然競起。時有大士，厥號龍樹，爰託海宮逮無生忍，意在傍宗，載隆遺教，故作論以折中。其立意也則無言不窮，無法不盡。然統其要歸，則會通二諦，以真諦故無有，俗諦故無無。真故無有，則雖無而有。俗故無無，則雖有而無。雖有而無則不累於有，雖無而有則不滯於無。不滯於無則斷滅見息，不存於有則常等冰消。寂此諸邊，故名曰中。問答析微，所以爲論。是作者之大意也，亦云中觀。直以觀辯於心，論宣於口耳。羅什法師以秦弘始十一年於大寺出。

（録自支那內學院本出三藏記集卷十一）

# 十二門論序

僧叡

十二門論者，蓋是實相之折中，道場之要軌也。十二門者，總衆枝之大數也；門者，開通無滯之稱也；論之者，欲以窮其源盡其理也。若一理之不盡，則衆異紛然，有惑趣之乖。一源之不窮，則衆塗扶疏，有殊致之迹。殊致之不夷，乖趣之不泯，大士之憂也。是以龍樹菩薩開出者之由路，作十二門以正之。正之以十二，則有無兼暢，事無不盡。事盡於有無，則忘功於造化。理極於虛位，則喪我於二際。然則喪我在乎落筌，筌忘存乎遺寄。筌、我兼忘，始可以幾乎實矣。幾乎實矣，則虛、實兩冥，得失無際。冥而無際，則能忘造次於兩玄，泯顛沛於一致；整歸駕於道場，畢趣心於佛地。

恢恢焉！真可謂運虛刃於無閒，奏希聲於宇內，濟弱喪於玄津，出有無於域外者矣。遇哉！後之學者，夷路既坦，幽關既開，真得振和鸞於北溟，馳白牛以南迴，悟大覺於夢境，即百化以安歸。夫如是者焉，復知曜靈之方盛，玄陸之未晞也哉。

叡以鄙倍之淺識，猶敢明識虛關，希懷宗極，庶日用之有宜，冀歲計之能殖，況才之美者乎！不勝景仰之至。敢以鈍辭短思序而申之，並目品義題之於首，豈其能益也，庶以此微開疾進之路耳。羅什法師以秦弘始十一年於大寺出之。

（録自支那内學院本出三藏記集經序卷十一）

# 百論序

僧肇

百論者，蓋是通聖心之津塗，開眞諦之要論也。佛泥洹後八百餘年，有出家大士，厥名提婆，玄心獨悟，俊氣高朗，道映當時，神超世表，故能闢三藏之重關，坦十二之幽路，擅步迦夷，爲法城塹。於時外道紛然，異端競起，邪辯逼眞，殆亂正道，乃仰慨聖教之陵遲，俯悼羣迷之縱惑，將遠拯沈淪，故作斯論。所以防正閑邪，大明於宗極者矣。是以正化以之而隆，邪道以之而替，非夫領括衆妙，孰能若斯？論有百偈，故以百爲名。理致淵玄，統羣籍之要。文旨婉約，窮制作之美。然至趣幽簡，尠得其門。

有婆藪開士者，明慧內融，妙思奇拔，遠契玄蹤，爲之訓釋。使沈隱之義，彰於徽翰；風味宣流，被於來葉；文藻煥然，宗塗易曉。其爲論也，言而無當，破而無執。儻然靡據，而事不失眞；蕭焉無寄，而理自玄會；返本之道，著乎茲矣。

有天竺沙門鳩摩羅什，器量淵弘，俊神超邈，鑽仰累年，轉不可測，常味斯論，以爲心要。先雖親譯，而方言未融，至令思尋者躊躇於謬文，標位者乖迕於歸致。

大秦司隸校尉安成侯姚嵩，風韻清舒，沖心簡勝，博涉內外，理思兼通，少好大道，長而彌篤，雖復形羈時務，而法言不輟，每撫茲文，所慨良多。以弘始六年，歲次壽星，集理味沙門，與什考校正本，陶練覆疏，務存論旨，使質而不野，簡而必詣宗致，劃爾無間然矣。

論凡二十品，品各有五偈。後十品，其人以爲無益此土，故闕而不傳。冀明識君子，詳而覽焉。

（録自支那内學院本出三藏記集經序卷十一）

# 三論玄義檢幽集自序

〔日本〕中觀

夫至理無言，玄致幽寂。幽寂故心行處斷，無言故言語路絶。言語路絶，則有言傷其旨。心行處斷，則作意失其真。但悠悠夢境，悦忽虚起。蠢蠢之徒，非教孰啓？是以聖人資靈妙以應物，借微言以顯道。故曰兵者不祥之器，不獲已而用之。言者不真之物，不獲已而陳之。羣彙皆闇，衆經所以説；内外俱壅，三論所以開；邊陂未識，什公所以傳；諸家失旨，祖師所以釋；敷演傳弘偏只在一致者哉！此則將令乘蹄以得兔，藉指以知月；知月則廢指，得兔則亡蹄。經曰「依義莫依語」，此之謂也。

爰吾祖師酬楊堅詔製一卷，書號爲三論玄義。振三論綱領，提四論玄旨。慧日藻以流光，祥風麗以散馥，可謂玄玄而又玄焉！可知絶絶而又絶焉！余則不幸哉，遇玄風衰微之分，而握龍樹傳來之血脈，愍悟其門下，寧不嗟此絶墜，故檢文而扶幽，集釋而決壅，自顧才非寫器，解媿傳燈，後哲鑒志，勿嘲卑才。

于時弘安三年十一月二十一日，於木幡南院中觀敍之云爾。

（録自大正藏卷七十）

# 三論玄義誘蒙序

〔日本〕如　實

掘八不中道之鉗鎚，摧九十六種之邪窟，裂五百異部之見網，徑令趣涅槃之正途，乃是諸佛之心髓，三論之要旨也。慧日吉藏法師，妙悟真乘，敷演經論，無礙辯才，雲興泉湧，四方嚮化，聽徒川臻。平昔凡講三論百有餘遍，既而復著玄疏，並行於世，總括空宗之奧義，旨趣煥然而明暢，實乃破邪顯正之慧鏡，而學者可不留神研究乎！然玄義之爲作也，文義淵微容易難解，古來賢德箋之者尚矣。

茲聞證上人以安養爲指歸，兼涵唯識於胸，次轉三論于舌端，梵誦之暇，因閱舊鈔，而考其之所未考，蕪者剔之，疑者正之，悉摭精華，集而大成，題曰三論玄義誘蒙，凡三卷，命予序之，庶免後學負笈千里求師之意，是大有補於教乘也。且上人清素持身，慈而有忍，寬而有量，護念法門，嘗切於懷，余雖不敏，見斯盛舉，安得不爲之加嘆者也！

貞享丙寅歲，仲秋穀日。京師善導教寺沙門如實合十撰。

（録自大正藏卷七十）

# 科註三論玄義序

〔日本〕衍如精元

原夫諸佛貝多，爲衆生失道興也；菩薩對法，爲凡庸迷之造也。叔世達士，爲之鈔記，豈徒然哉？夫三論玄義爲書也，微言綺靡，打開衆教之玄關；至理瀏亮，括囊諸聖之靈府。至若異執之計，衆師之論，有空之癖，大執之病，挫之交乎八不之鋭鋒，療之投乎正觀之神藥。原始要終，盡乎其心源；提綱振領，解乎彼邪網。範圍義天，上憲章於大法；津梁苦海，下利見於沈迷。玄義之設，遠矣普哉。

由是中觀註之於前，貞海繼之於末，雖並研精覃思，其操觚浮漫，莫窺乎本根，其摛藻煩蕪，莫摘乎清英，覽者每緐病諸。有東關沙門尊祐，屬作爲科註七卷，片言靡不稽考，雙字靡不研究，科條頌文，註脚蹈義，於是玄論之文，如菱花對像也。實自非鑽極大士之集論，透徹没馱之契線，曷能發一篇之藴奥乎？只懼味道之君子至遺昔之難，忽於今之易也。吁戲！尊公之於學，謂之好筆端不宜乎？且夫慊心者之屬，非誇目者之徒也。余與厥能事，叨忘拙詞於是乎贅。

維時貞享三稔，歲在丙寅，暮秋穀日，衍如精元書於長谷管院山房。

（録自日本佛教大系第十五卷）

# 科註三論玄義自序

〔日本〕尊佑

三論者何爲而起也？佛泥洹後，異道紛紜，聳旗於五天，邪林鬱蓊，鳴鼓於四海。其爲事也，或懸投身於巖淵，撥無神於花菓，或偏有無，或弄於實相，却曳靈龜之尾矣。當此之時，聖教墜地，釋典瘞埃，奈羣有之迷亂，衆物之敗種何？遂使至妙雲靉靆，灑法雨於萬枯之卉木，南日赫奕，放智炬於千年之闇室，幄中飛檄，王庭聲鍾，鴻摧邪鍔，薦鏖逆黨，天啓景運，人復正路，倒瀾既回，教風重布，嗚夫不幸耶。蓋以三論者察燈照姸之秦鏡，拂塵亡影之驪珠，真空妙有之正中也。依之驀然有靡，邪幢歸正轍，愴然有悔，異執回中道，五印競無有不應其麾者，可謂二士者法城雄將，佛海真龍矣。

羅什請來，翻敷中華，轉流東陲，百家失色，諸子斷腸。若張蚊陳揭蜋斧之徒，都殞大教之網中，仰降金僊之跟下。爰嘉祥大師，學該四歲，慈洽三有，昭昭乎作疏鈎深，下濟沈淪，上罩空處。尋奉詔製玄義一卷，提三論綱領，摘大疏英華，所謂所以根機殊趣，樂欲非一也。至人用意，至矣，盡矣！殉道之人忽之乎，並僉東漸吾日域也。先著之鈔解者蓋二三家，各盡善矣，復何加哉！然典據未得盡，科義亦不辨。科義不辨，典據盡曷足檢幽致、鑑桂影乎？後學不克無遺憾。有小子語曰：「蓋折科節，補不足，誘始學，只官垂手不弘道之情。」余壯斯言，遂揮鉛刀，剪伐巨細之柯條，漫塗扶藺紙，指示三五之典據，題曰科註三論玄義，然猶未爲詳悉，唯駕強勇，詎謂歸至當乎？伏徯良匠之運斧云爾。

貞享第二，龍集乙丑，小春穀日，豐山鳳梧教院沙門尊佑書。

（録自日本佛教大系第十五卷）